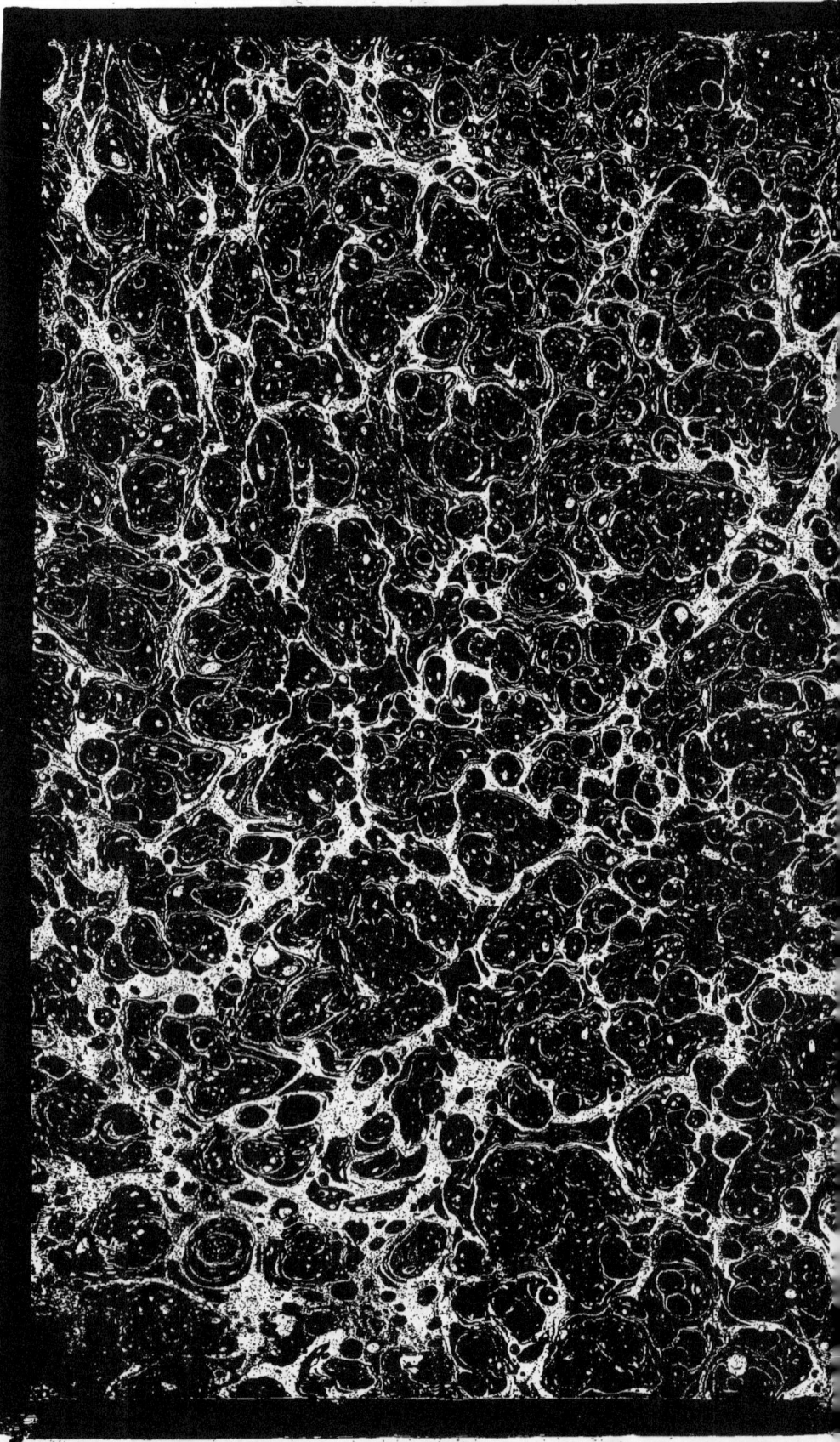

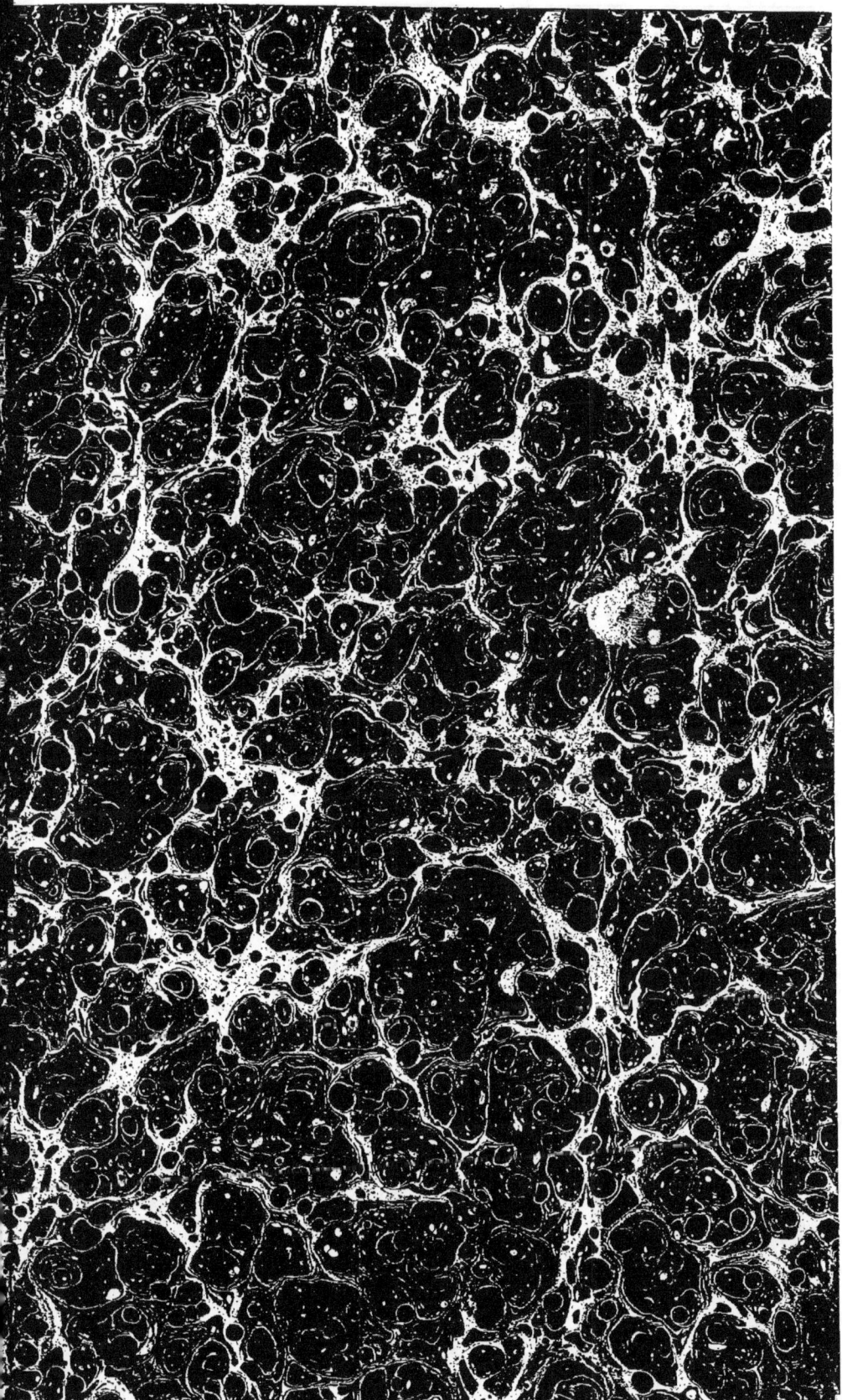

1291. 9ber.
H.

VOYAGE

AUX RÉGIONS ÉQUINOXIALES

DU

NOUVEAU CONTINENT.

IMPRIMERIE DE J. SMITH, RUE MONTMORENCY, N° 16.

VOYAGE

AUX RÉGIONS ÉQUINOXIALES

DU

NOUVEAU CONTINENT,

FAIT EN 1799, 1800, 1801, 1802, 1803 ET 1804,

PAR AL. DE HUMBOLDT ET A. BONPLAND;

RÉDIGÉ

PAR ALEXANDRE DE HUMBOLDT;

AVEC UN ATLAS GÉOGRAPHIQUE ET PHYSIQUE.

TOME DIXIÈME.

A PARIS,

CHEZ J. SMITH, LIBRAIRE, RUE MONTMORENCY, N° 16.
ET CHEZ GIDE, LIBRAIRE, RUE SAINT-MARC-FEYDEAU, N° 20.

1825.

VOYAGE

AUX RÉGIONS ÉQUINOXIALES

DU

NOUVEAU CONTINENT.

LIVRE IX.

SUITE DU

CHAPITRE XXVI.

ESQUISSE D'UN TABLEAU GÉOGNOSTIQUE DE L'AMÉRIQUE MÉRIDIONALE, AU NORD DE LA RIVIÈRE DES AMAZONES ET A L'EST DU MÉRIDIEN DE LA SIERRA NEVADA DE MERIDA.

LE but de ce mémoire est de coordonner les observations géognostiques que j'ai pu recueillir pendant le cours de mes voyages dans les montagnes de la Nouvelle-Andalousie et du Venezuela, sur les rives de l'Orénoque et dans les *Llanos* de Barcelone, de Calabozo et de l'Apure, par conséquent depuis la côte de la Mer des Antilles jusqu'à la vallée de l'Amazone, entre les parallèles de 2° et de 10° ½ de latitude boréale. En décrivant les objets à mesure qu'ils se présentent au voyageur, chaque fait reste isolé; on n'expose que ce que l'on a vu en suivant les sinuosités des routes; on apprend à connoître la suite des formations selon tel ou tel alignement, mais on ne peut saisir leur enchaînement mutuel. L'ordre des idées auquel doit s'astreindre la relation historique d'un voyage, a l'avantage de faire distinguer plus facilement ce qui est le résultat d'une observation directe ou celui d'une combinaison fondée sur l'analogie; mais, pour embrasser d'un coup d'œil le tableau géognostique d'une vaste partie du globe, pour contribuer aux progrès de la géognosie qui est une science d'enchaînemens, il faut renoncer à l'accumulation stérile de faits isolés et étudier les rapports qui existent entre les inégalités du sol, la direction des Cordillères et la nature minéralogique des terrains.

L'étendue du pays que j'ai traversé en différentes directions, a plus de 15,400 lieues carrées. Elle a déjà été l'objet d'une esquisse géognostique, tracée à la hâte sur les lieux même, après mon retour de l'Orénoque, et publiée en 1801 par M. de Lametherie, dans le Journal de Physique (Tom. XLV, p. 46). A cette époque, on ignoroit en Europe la direction de la Cordillère côtière du Venezuela et l'existence de la Cordillère de la Parime. Aucune mesure de hauteur n'avoit été tentée hors de la province de Quito; aucune roche de l'Amérique méridionale n'étoit nommée. Il n'existoit aucune description de la *superposition des roches* dans une région quelconque des tropiques. Dans de telles circonstances, un Essai qui tendoit à prouver l'*identité des formations dans les deux hémisphères* ne pouvoit manquer d'exciter l'intérêt des géognostes. L'étude des collections que j'ai rapportées et quatre années de voyages dans les Andes m'ont mis en état de rectifier mes premiers aperçus et d'étendre un travail qui, à cause de sa nouveauté, avoit été reçu avec quelque bienveillance. Les descriptions minéralogiques de chaque roche ont été données dans les chapitres précédens. Il ne me reste ici qu'à réunir les matériaux épars et à citer les pages dans lesquelles on trouve le détail des observations. Pour faire mieux saisir les rapports géognostiques les plus remarquables, je vais traiter d'une manière aphoristique en différentes sections la configuration du sol, la répartition générale des terrains, la direction et l'inclinaison des couches, et la nature des roches primitives, intermédiaires, secondaires et tertiaires. La nomenclature dont je me sers dans ce memoire est celle dont j'ai exposé récemment les principes dans un ouvrage de Géognosie générale[1].

Section I.

Configuration du pays. Inégalités du sol. Chaînes et groupes de montagnes. Arêtes de partage. Plaines ou Llanos.

L'Amérique méridionale est une de ces grandes masses triangulaires que forment les trois parties continentales de l'hémisphère austral du globe. Par sa configuration extérieure elle ressemble plus encore à l'Afrique qu'à la Nouvelle-Hollande. Les extrémités méridiona-

[1] *Voyez* mon *Essai sur le gisement des roches dans les deux hémisphères*, 1823.

les des trois continens sont rangées de manière qu'en faisant la traversée du cap de Bonne-Espérance (lat. 33° 55′) au cap de Horn (lat. 55° 58′), en doublant la pointe sud de la Terre de Diemen (lat. 43° 38′), on voit les terres se prolonger d'autant plus vers le pôle sud que l'on avance plus vers l'est. Des 571,000 lieues carrées marines [1] que renferme l'Amérique méridionale, un quart est couvert de montagnes qui sont ou distribuées en chaînons ou accumulées par groupes. Le reste sont des plaines formant de longues bandes non interrompues, couvertes de forêts ou de graminées, plus unies qu'on ne les trouve en Europe, et s'élevant progressivement, à 300 lieues de distance des côtes, de 30 à 170 toises de hauteur au-dessus du niveau de l'Océan (Tom. VI, p. 61-64; VII, p. 308). La chaîne de montagnes la plus considérable de l'Amérique méridionale s'étend du sud au nord, selon la plus grande dimension du continent : elle n'est pas centrale comme en Europe, ni considérablement éloignée des bords de la mer, comme l'Himalaya et l'Hindou-Koh, mais rejetée vers

[1] Presque le double de l'Europe. *Voyez* ci-après, p.....

l'extrémité occidentale du continent, presque sur les côtes de l'Océan-Pacifique. En fixant les yeux sur le profil que j'ai donné [1] de la configuration de l'Amérique méridionale, sous le parallèle du Chimborazo et du Grand-Para, à travers les plaines de l'Amazone, on voit les terres s'abaisser vers l'est en talus, comme un plan incliné, sous un angle de moins de 25 secondes, par une longueur de 600 lieues marines. Si, dans l'ancien état de notre planète, par quelque cause extraordinaire, l'Océan-Atlantique s'est jamais élevé à 1100 pieds de hauteur au-dessus de son niveau actuel (à une hauteur d'un tiers moindre que celle des plateaux intérieurs de l'Espagne et de la Bavière), les vagues ont dû se briser dans la province de Jaen de Bracamoros, contre les récifs qui

---

[1] *Carte de Colombia*, d'après les observations astronomiques de *M. de Humboldt*, par *A.-H. Brué*, 1823, à laquelle sont joints les profils des Cordillères et des plaines. En traçant une coupe par le parallèle de 5° lat. sud, de Jaen de Bracamoros, jusqu'au cap Saint-Roch, dans la plus grande largeur qu'offre l'Amérique méridionale de l'ouest à l'est, on trouve 880 lieues ou une pente régulière de $1\frac{32}{100}$ pieds par lieue de 17,130 pieds de roi, ou de $5\frac{3}{10}$ pouce par milles de 951 toises (Tom. VI, p. 244 et 245).

bordent la pente orientale de la Cordillère des Andes. L'exhaussement de cette arête est si peu considérable en le comparant au continent entier, que la largeur de celui-ci dans le parallèle du cap de Saint-Roch est 1400 fois plus grande que la hauteur moyenne des Andes.

Dans la partie montagneuse de l'Amérique méridionale, on distingue une chaîne et trois groupes de montagnes, savoir : la *Cordillère des Andes*, que le géognoste peut suivre sans interruption, depuis le cap Pilares dans la partie occidentale du détroit de Magellan jusqu'au promontoire de Paria, vis-à-vis l'île de la Trinité ; le groupe isolé de la *Sierra Nevada de Santa-Marta*, le groupe des *Montagnes de l'Orénoque* ou de *la Parime*, et celui des *Montagnes du Brésil*. Comme la Sierra de Santa Marta se trouve presque dans le méridien des Cordillères du Pérou et de la Nouvelle-Grenade, on tombe communément dans l'erreur de regarder les sommets neigeux qu'aperçoivent les navigateurs en passant l'embouchure du Rio Magdalena, comme l'extrémité boréale des Andes. Je prouverai bientôt que le groupe colossal de la Sierra de Santa Marta est presque entièrement isolé des montagnes d'Ocaña et de Pamplona qui appartiennent à la Cordillère orientale de la Nouvelle-Grenade. Les plaines chaudes que parcourt le Rio Cesar, et qui s'étendent vers le Valle de Upar, séparent la Sierra Nevada du Paramo de Cacota au sud de Pamplona. Le *seuil*, ou l'arête, qui partage les eaux entre le golfe de Maracaybo et le Rio Magdalena, se trouve dans la plaine même à l'est de la Laguna Zapatoza. Si l'on s'est trompé long-temps en considérant la Sierra de Santa Marta, à cause de ses neiges éternelles et de sa position en longitude, comme une continuation de la Cordillère des Andes, on a méconnu, d'un autre côté, la liaison de cette même Cordillère avec les montagnes côtières des provinces de Cumana et de Caracas. La chaîne du littoral du Venezuela, dont les différentes rangées forment la Montaña de Paria, l'isthme d'Araya, la Silla de Caracas et les montagnes de granite-gneis, au nord et au sud du lac de Valencia, se rattachent entre Portocabello, San Felipe et Tocuyo (par le Torito, le Picacho de Nirgua, la Palomera et Altar) aux Paramos de las Rosas et de Niquitao qui forment l'extrémité nord-est de la Sierra de Merida et de la Cordillère orientale des Andes de la Nouvelle-Grenade. Il suffit d'avoir indiqué ici cette liaison si importante sous les rapports géognostiques ; car, comme les dénominations Andes et Cordillères sont entièrement inusitées pour les chaînes des montagnes qui se prolongent depuis le bord oriental du golfe de Maracaybo jusqu'au promontoire de Paria, nous continuerons à désigner ces chaînes, dirigées de l'ouest à l'est, sous les noms de *chaîne du littoral* ou *chaîne côtière du Venezuela*.

Des trois groupes isolés de montagnes, c'est-à-dire de ceux qui ne sont pas des rameaux de la Cordillère des Andes et de sa continuation vers le littoral du Venezuela, il y en a un au nord et deux à l'est des Andes : le premier est la *Sierra Nevada de Santa Marta*; les deux autres sont la *Sierra de la Parime* entre les 4° et 8° de latitude boréale, et les *montagnes du Brésil* entre les 15° et 28° de latitude méridionale. De cette distribution singulière des grandes inégalités du sol naissent trois plaines ou bassins qui constituent ensemble une surface de 420,600 lieues carrées ou $\frac{4}{5}$ de toute l'Amérique méridionale, à l'est des Andes. Entre la *chaîne côtière du Venezuela* et le *groupe* de la Parime, s'étendent les *plaines de l'Apure et du Bas-Orénoque;* entre le *groupe de la Parime* et celui des *montagnes du Brésil*, les *plaines de l'Amazone, du Rio Negro et de la Madeira;* entre les *groupes du Brésil* et l'extrémité australe du continent, les *plaines du Rio de la Plata et de la Patagonie.* Comme le groupe de la Parime dans la Guyane espagnole et celui du Brésil (ou de Minas Geraes et de Goyaz) ne se rattachent pas vers l'ouest à la Cordillère des Andes de la Nouvelle-Grenade et du Haut-Pérou, les trois plaines du Bas-Orénoque, de l'Amazone et du Rio de la Plata communiquent ensemble par des *détroits terrestres* d'une largeur considérable. Ces détroits sont aussi des plaines dirigées du nord au sud et traversées par des arêtes insensibles à la vue, mais formant des *divortia aquarum.* Ces arêtes (et ce phénomène remarquable n'a point fixé jusqu'ici l'attention des géognostes), ces arêtes ou *lignes de faîtes* sont placées entre les 2° et 3° de latitude boréale et les 16° et 18° de latitude australe. Le *premier seuil* forme le partage des eaux qui se jettent au nord-est dans le Bas-Orénoque, au sud et sud-est dans le Rio Negro et l'Amazone : le *second seuil* divise les affluens de la rive droite de l'Amazone et du Rio de la Plata. La direction de ces lignes de faîtes est telle que si elles étoient marquées par des chaînes de montagnes, elles réuniroient le groupe de la Parime aux Andes de Timana (*Relat. hist.*, T. VIII, p. 400), et les montagnes du Brésil au promontoire des Andes de Santa Cruz de la Sierra, de Cochabamba et du Potosi. Nous n'énonçons une supposition si vague que pour faire saisir plus aisément la charpente de cette vaste partie du globe. Ces relèvemens de la plaine dans l'intersection de deux plans légèrement inclinés, ces deux seuils dont l'existence ne se manifeste, comme en Volhinie [1], que par le cours des eaux, sont parallèles à la chaîne côtière du Venezuela : ils offrent pour ainsi dire deux *systèmes de contre-pente peu développés*, dirigés de l'ouest à l'est, entre le Guaviare et le Caqueta, et entre le Mamoré et le Pilcomayo. Il est bien digne de remarque aussi que, dans l'hémisphère méridional, la

[1] Sur le partage d'eau entre le Dniéper (ou la Mer-Noire) et le Niémen (ou la Baltique), *voyez la Carte hydrographique de Pologne par MM. de Perthes et Komarcewsky*, 1809.

Cordillère des Andes envoie vers l'est un immense contre-fort, le promontoire de la Sierra Nevada de Cochabamba, là où part l'arête qui se prolonge entre les affluens du Madeira et du Paraguay, vers le groupe élevé des montagnes du Brésil ou de Minas Geraes. On diroit d'une chaîne longitudinale (les Andes) à laquelle trois chaînons transversaux (Montagnes du littoral du Venezuela, Montagnes de l'Orénoque ou de la Parime et Montagnes du Brésil) tendent à se rattacher, soit par un groupe intermédiaire (entre le lac de Valencia et Tocuyo), soit par de simples arêtes formées par l'intersection de contre-pentes dans les plaines. Des trois *Llanos* qui communiquent par des détroits terrestres, des *Llanos* du Bas-Orénoque, de l'Amazone et du Rio de la Plata ou de Buenos-Ayres, les deux extrêmes sont des steppes couvertes de graminées, tandis que le *Llano* intermédiaire, celui de l'Amazone, est une forêt épaisse. Quant aux deux détroits, formant des bandes dirigées du nord au sud (de l'Apure au Caqueta, à travers la Provincia de los Llanos et des sources du Mamorè au Rio Pilcamayo, à travers la province des Moxos et Chiquitos), ils offrent des steppes nues et herbeuses comme les plaines de Caracas et de Buenos-Ayres.

Dans l'immense espace de terrain à l'est des Andes, qui comprend plus de 480,000 lieues marines carrées, dont 92,000 en pays montueux, il n'y a aucun groupe qui s'élève jusqu'à la région des neiges perpétuelles, aucun même qui atteigne l'élévation de 1400 toises. Cet abaissement des montagnes dans la région orientale du Nouveau-Continent s'étend jusqu'aux 60° de latitude boréale; tandis que, dans la partie occidentale, sur la prolongation de la Cordillère des Andes, les plus hautes cimes s'élèvent au Mexique (lat. 18° 59′) à 2770 toises, dans les Montagnes Rocheuses (lat. 37° à 40°) à 1900 toises. Le groupe isolé des Alleghanis, qui correspond par sa position orientale et par sa direction au groupe du Brésil, ne dépasse pas 1040 toises [1]. Les grands sommets, ceux qui excèdent la hauteur du Mont-Blanc, n'appartiennent donc qu'à la

---

[1] Le point culminant des Alleghanis est Mouunt-Washington, dans le New-Hamsphire, lat. 44°¼. Il a, d'après le capitaine Patridge, 6634 pieds anglois.

chaîne longitudinale qui borde le bassin de l'Océan-Pacifique, depuis les 55° sud jusqu'aux 68° nord, c'est-à-dire la Cordillère des Andes. Le seul groupe isolé qui rivalise avec les sommets neigeux des Andes équinoxiales et qui atteint près de 3000 toises, est la Sierra de Santa-Marta. Aussi n'est-elle pas placée à l'est des Cordillères, mais entre le prolongement de deux de leurs branches, celles de Merida et de Veragua. Les Cordillères, là où elles bordent la Mer des Antilles, dans la partie que nous désignons sous le nom de *Chaîne du littoral de Venezuela*, ne parviennent plus à cette hauteur extraordinaire (2400 toises) qu'elles ont dans leur prolongement vers Chita et Merida. En considérant isolément les groupes de l'est, ceux du littoral du Venezuela, de la Parime et du Brésil, on les voit diminuer du nord au sud. Les plus hautes cimes de chaque groupe sont la Silla de Caracas (1350 toises), le pic Duida (1300 t.), l'Itacolumi et l'Itambe [1]

---

[1] D'après la mesure de MM. Spix et Martius, l'Itambe do Villa de Principe a 5590 pieds de hauteur (*Martius*, *Physognomie des Pflanzenreichs in Brasilien*, 1824, p. 23.)

(900 toises). Mais, comme je l'ai déjà fait observer dans un autre endroit [1], ce seroit une erreur de juger de la hauteur d'une chaîne de montagnes uniquement d'après la hauteur des sommets les plus élevés. Le pic de l'Himalaya [2], le plus exactement mesuré, est de 676 toises plus haut que le Chimborazo, le Chimborazo de 900 toises plus haut que le Mont-Blanc, le Mont-Blanc de 663 toises plus haut que le pic Nethou [3]. Ces différences ne donnent pas les rapports de la hauteur moyenne de l'Himalaya, des Andes, des Alpes et des Pyrénées, c'est-à-

---

[1] *Voyez* mon premier mémoire sur les Montagnes de l'Inde dans les *Annales de chimie et de physique*, 1816, Tom. III, p. 313.

[2] Le pic Iewahir, lat. 30° 22' 19", long. 77° 35' 7" à l'orient de Paris. Hauteur 4026 toises, d'après MM. Hodgson et Herbert.

[3] C'est ce pic, appelé aussi pic d'Anethou ou Malahita, ou pic oriental de Maladetta, qui est la plus haute cime des Pyrénées. Il a 1787 toises d'élévation, et excède par conséquent le Mont-Perdu de 40 toises. (Vidal et Reboul, dans les *Annales de chimie*, Tom. V, p. 234, et dans le *Journal de physique*, 1822, Déc., p. 418. Charpentier, *Essai sur la constit. géognost. des Pyrénées*, p. 323, 339.)

dire la hauteur du *dos des montagnes*, sur lequel s'élèvent des pics, des aiguilles, des pyramides ou des dômes arrondis. C'est la partie de ce *dos* où se pratiquent les *passages*, qui fournit une mesure précise du *minimum* de hauteur qu'atteignent les grandes chaînes. En comparant l'ensemble de mes mesures à celles de Moorcroft, Webb et Hodgson, de Saussure et de Ramond, j'évalue la *hauteur moyenne* du faîte de l'Himalaya, entre les méridiens de 75° et 77°, à 2450 toises; des Andes [1] (au Pérou, à

[1] Dans le passage de Quindiù, entre la vallée du Magdalena et celle du Rio Cauca, j'ai trouvé le point culminant (la Garita del Paramo) à 1798 toises de hauteur absolue. C'est cependant un des cols qu'on regarde comme des moins élevés. Les *passages des Andes* de Guanacas, de Guanami et de Micuipampa ont 2300, 1713 et 1817 toises de hauteur au-dessus de la surface de l'Océan. Même par les 33° de latitude sud, le chemin qui traverse les Andes entre Mendoza et Valparaiso a encore 1987 toises de hauteur. *Voyez* mes *Obs. astron.*, Tom. I, p. 312, 314 et 316, et *Caldas, Semanario de Santa-Fe de Bogota*, Tom. I, p. 8 et 38. Je ne fais pas mention du *Col de l'Assuay*, où j'ai passé, près de la Ladera de Cadlud, sur une crête de 2428 toises d'élévation, parce que c'est un passage sur une arête transversale qui réunit deux chaînons parallèles entre eux.

Quito et dans la Nouvelle-Grenade), à 1850 toises; du faîte des Alpes et des Pyrénées, à 1150 toises. La différence de la hauteur moyenne des Cordillères (entre les parallèles de 5° nord et 2° sud) et des Alpes de la Suisse est par conséquent de 200 toises plus petite que la différence de leurs plus hauts sommets; et, en comparant les *passages* des Alpes, on voit que l'élévation moyenne de leur faîte est à peu près la même, quoique le pic Nethou soit de 600 toises plus bas que le Mont-Blanc et le Mont-Rose. Au contraire, entre l'Himalaya [1]

---

[1] Les *passages* de l'Himalaya qui conduisent de la Tartarie chinoise dans l'Hindostan (Nitee-Ghaut, Bamsaru, Chatoulghati, etc.), ont de 2400 à 2700 toises de hauteur absolue. Quant à la cime la plus élevée de l'Himalaya, je ne l'ai voulu choisir que parmi les pics qui sont situés entre les méridiens du lac Manasarowar et de Balaspore, les seuls qui ont été mesurés avec beaucoup de précision par MM. Webb, Hodgson et Herbert (*Asiat. Research.*, Vol. XIV, p. 187-373; *Edinb. Phil. Journ.*, 1823, *in*-18, p. 312.) On ne connoît, dit le capitaine Hodgson, aucune mesure également précise au sud-est de lat. 30° 22' et long. 77° 37'. Il se peut que, sous le méridien de Gorukpur et dans celui de Rungpur, il y ait des sommets plus élevés encore. On a conclu, en effet, d'après des au-

et les Andes (en considérant ces chaînes dans les limites que je viens d'indiquer), les différences entre la hauteur moyenne des faîtes et la hauteur des sommets les plus élevés conservent à peu près les mêmes rapports. En appliquant un raisonnement analogue aux trois groupes de montagnes que nous avons fait connoître, à l'est des Andes, nous trouvons la hauteur moyenne de la chaîne du littoral de Venezuela de 750 toises; de la Sierra Parime, de 500 toises; du groupe brésilien, de 400 toises; d'où il suit que les montagnes de la région orientale de l'Amérique du sud sont, entre les tropiques, à l'élévation moyenne des Andes, dans le rapport de 1 à 3. Voici le ré-

gles pris à de très-grandes distances, que le pic Chamalari, près duquel Turner a passé en allant à Tissu-Lumbu, et le pic Dhawalagiri au sud de Mustung, près des sources du Gunduck, avoient jusqu'à 28,077 pieds anglois (4390 toises) de hauteur (*Journ. of the Roy. Instit.*, 1821, Vol. II, p. 242.) La mesure du Dhawalagiri, par Webb, si habilement discutée par M. Colebroke, a été confirmée par M. Blake: mais, dans le tableau présenté dans ce mémoire, j'ai cru qu'il seroit plus prudent pour le moment de donner la préférence au pic Iewahir, mesuré par M. Herbert. Ces mesures seront discutées dans un autre endroit.

sumé de quelques données numériques, dont la comparaison offre des idées plus précises sur la structure [1] des montagnes en général.

[1] Les *cols* ou *passages* indiquent le minimum de hauteur auquel s'abaisse le faîte des montagnes dans telle ou telle contrée; or, en jetant les yeux sur les principaux passages des *Alpes de la Suisse* (col de Seigne, 1263 t.; col Terret, 1191 t.; Mont-Cenis, 1060 t.; petit-Saint-Bernard, 1125 t.; grand-Saint-Bernard, 1246 t.; Simplon, 1029 t.; Saint-Gothard, 1065 t.; la Fourche, 1250 t.), et sur les cols des *Pyrénées* (Picade, 1243 t.; Benasque, 1231 t.; la Glère, 1196 t.; Pinède, 1291 t., Gavarnie, 1197 t.; Cavarère, 1151 t.; Tourmalet, 1126 t.), il seroit difficile d'affirmer que le faîte des Pyrénées est plus bas que la hauteur moyenne des Alpes de la Suisse (*Ramond, Voyage au Mont-Perdu*, p. 23.) Ce qui caractérise cette dernière chaîne, est l'élévation *relative* des sommets (c'est-à-dire l'élévation de ces sommets comparée à celle du faîte), qui est bien moindre dans les Pyrénées, dans les Andes et dans l'Himalaya : car, en adoptant même la mesure du Dhawalagiri (4390 t.), on ne trouve encore pour l'Himalaya que le rapport de 1: 1,7.

NOMS DES CHAINES DE MONTAGNES.	PLUS HAUTES CIMES.	HAUTEUR moyenne DES CRÊTES.	RAPPORT de la hr moyenne des crêtes à celle des cimes les plus élevées.
HIMALAYA (entre lat. bor. 30° 18' et 31° 53' et long. 75° 23' et 77° 38').........	4026 t.	2450 t.	1 : 1,6
CORDILLÈRES DES ANDES (entre lat. 5° bor. et 2° austr.).	3350 t.	1850 t.	1 : 1,8
ALPES DE LA SUISSE. (*Voyez la note précédente*.)......	2450 t.	1150 t.	1 : 2,1
PYRÉNÉES.....................	1787 t.	1150 t.	1 : 1,5
CHAINE du littoral de Venezuela.............	1350 t.	750 t.	1 : 1,8
GROUPE des montagnes de la Parime...........	1300 t.	500 t.	1 : 2,6
GROUPE des montagnes du Brésil.............	900 t.	400 t.	1 : 2,3

Si l'on distingue parmi les montagnes celles qui s'élèvent *sporadiquement* et forment de petits *systèmes isolés* (groupe des Canaries, des Azores, des îles Sandwich, des Monts-Dorés, des Euganées), et celles qui font partie d'une *chaîne continue* (Himalaya, Alpes, Andes), on observe que, malgré la prodigieuse [1] élévation des sommets de quelques systèmes isolés, les *points culminans du globe entier* appartiennent pourtant aux chaînes continues, aux Cordillères de l'Asie centrale et de l'Amérique du Sud.

Dans la partie des Andes que je connois le plus, entre les 8° de latitude sud et les 21° de latitude nord, toutes les cimes colossales sont de trachyte. On peut presque admettre comme une règle générale que, chaque fois que, dans cette région des tropiques, la masse des mon-

---

[1] Parmi les *systèmes isolés* ou *montagnes sporadiques*, on regarde assez généralement comme le sommet le plus élevé celui de Mowna Roa des îles Sandwich, auquel on donne 2500 toises, et qui, cependant, dans quelques saisons, se découvre entièrement de neiges. (*Relat. hist.*, Tom. I, p. 202-204.) Depuis 25 ans, une mesure exacte de cette cime, située dans des parages très-fréquentés, est réclamée en vain par les physiciens et les géognostes!

tagnes s'élève beaucoup au-dessus de la limite des neiges perpétuelles (2300-2470 toises), les roches vulgairement appelées primitives (par exemple le granite-gneis ou le micaschiste) disparoissent, et les sommets sont de trachyte ou porphyre trapéen. Je ne connois que quelques rares exceptions à cette loi dans les Cordillères de Quito, où les *Nevados* du Condorasto et du Cuvillan, placés vis-à-vis du Chimborazo trachytique, sont composés de micaschiste et renferment des filons d'argent sulfuré. De même, dans les groupes de montagnes sporadiques qui s'élèvent brusquement au milieu des plaines, les sommets les plus hauts (Mowna-Roa, pic de Ténériffe, Etna, pic des Azores) n'offrent que des roches volcaniques modernes. Cependant on auroit tort d'étendre cette loi à tous les continens et d'admettre en général que, sous chaque zone, les plus grands soulèvemens ont produit des *dômes de trachyte :* le granite-gneis et le micaschiste constituent, dans le groupe presque isolé de la Sierra Nevada de Grenade, le pic de Mulhacen [1], comme

[1] Ce pic, d'après le nivellement de M. Clemente Roxas, a 1826 toises de hauteur au-dessus du niveau de la mer; il est par conséquent de 39 toises plus élevé

dans les chaînes continues des Alpes, des Pyrénées et vraisemblement aussi de l'Himalaya [1], ils constituent les sommets de la crête. Peut-être ces phénomènes, discordans en apparence, sont-ils les effets d'une même cause : peut-être les granites, les gneis et toutes les prétendues *montagnes primitives neptuniennes* sont-elles dues à des forces volcaniques, aussi bien que les trachytes, mais à des forces dont l'action ressemble moins à celles des volcans encore enflammés de nos jours et qui vomissent des laves qui entrent immédiatement, au moment de l'éruption, en contact avec l'air atmosphérique. Il ne m'appartient pas de discuter ici cette grande question théorique.

---

que la plus haute cime des Pyrénées (le pic granitique de Nethou), et 83 toises plus bas que le pic trachytique de Ténériffe. La Sierra Nevada de Grenade forme un système de montagnes de micaschiste qui passe au gneis et au thonschiefer, et qui renferme des bancs d'euphotide et de grunstein. *Voyez* l'intéressante notice géognostique de don Jose Rodriquez dans les *Ann. de chimie*, Tom XX, p. 98.

[1] A en juger d'après les échantillons de roches recueillies dans les *cols* et *passages* de l'Himalaya ou roulés par les torrens.

Après avoir examiné la structure générale de l'Amérique méridionale, selon des considérations de *géognosie comparée*, je vais faire connoître séparément les *différens systèmes de montagnes et de plaines* dont les rapports mutuels ont une influence si puissante sur l'état de l'industrie et du commerce des peuples du Nouveau-Continent. Je ne donnerai qu'une vue générale des systèmes placés hors des limites de la région qui fait l'objet spécial de ce mémoire. Comme la géologie est essentiellement fondée sur l'étude des rapports de juxta-position et de gisement, je n'ai pu traiter isolément des chaînes du littoral et de la Parime, sans toucher les autres *systèmes* placés au sud et à l'ouest du Venezuela.

A. *Systèmes de montagnes.*

α. CORDILLÈRES DES ANDES. De toutes les chaînes du globe, c'est la plus continue, la plus longue, la plus constante dans sa direction du sud au nord et au nord nord-ouest. Elle se rapproche inégalement (de 22° et 33°) des pôles nord et sud. Son développement est de 2800 à 3000 lieues (de 20 au degré), longueur qui égale la distance du Cap-Finistère en Galice au Cap nord-est (Tschuktschoi-Noss) de l'Asie. Un peu moins de la moitié de cette chaîne appartient à l'Amérique méridionale, dont elle longe pour ainsi dire les côtes occidentales. Au nord des isthmes de Cupica et de Panama, après un énorme abaissement, elle prend l'apparence d'une crête presque centrale, formant la digue rocheuse qui réunit le grand continent de l'Amérique septentrionale au continent du sud. Les basses terres à l'est des Andes de Guatimala et de la Nouvelle-Espagne semblent avoir été englouties dans les flots, et forment aujourd'hui le fond de la Mer des Antilles. Comme au-delà du parallèle de la Floride le continent s'élargit de nouveau vers l'est, les Cordillères de Durango et du Nouveau-Mexique, de même que les Montagnes Rocheuses qui sont la continuation de ces Cordillères, paroissent de nouveau aussi rejetées vers l'ouest, c'est-à-dire vers les côtes de l'Océan-Pacifique, elles en restent cependant huit à dix fois plus éloignées que dans l'hémisphère austral. On peut regarder comme les deux extrémités des Andes l'écueil ou îlot granitique de Diego Ramirez au sud du cap de

Horn, et les montagnes qui aboutissent [1] à l'embouchure de la Rivière de Mackensie (lat. 69°, long. 130°½), plus de 12° à l'ouest des montagnes de grunstein [2] connues sous la dé-

---

[1] Je fixe la longitude de l'extrémité septentrionale de la chaîne des Andes dans les *Rocky Mountains*, d'après les corrections que les observations du capitaine Franklin ont apportées récemment à la carte de M. Mackensie. Les erreurs, par les 67° et 69° de latitude, paroissent de 4° à 6° en longitude : mais, dans le parallèle du lac des Esclaves, elles sont presque nulles. (Embouchure de la Rivière de Mackensie, d'après Franklin, 128°; d'après Mackensie, 135°; embouchure du Copper Mine River, d'après Franklin, 115° 37′; d'après Makensie et Hearne, 111°; embouchure de la Rivière de l'Esclave dans le lac de ce nom, d'après Franklin, 112° 45′; d'après Mackensie, 113° à *l'ouest de Greenwich*.) Il résulte de ces données, 1° que les Montagnes Rocheuses se trouvent, sous le parallèle de 60° et 65°, par 124 et 125° de long. *à l'ouest du méridien de Paris*; 2° que l'extrémité boréale de la chaîne à l'ouest de l'embouchure de la rivière de Mackensie est par les 130° 20′ de long.; 3° que le groupe des Montagnes de cuivre est par 118° et 119 de long., et 67° et 68 de latitude. *Franklin, Journ. to the Polar-Sea*, 638.

[2] *Voyez* un excellent mémoire géognostique de M. Richardson, dans *Franklin, Journ.* p. 528.

nomination de *Copper-Mountains*, et récemment visitées par le capitaine Franklin. Le pic colossal de Saint-Élie et celui du Beautems (*Mount-Fairweather*), du Nouveau-Norfolk, n'appartiennent pas, à proprement parler, à la prolongation septentrionale de la Cordillère des Andes, mais à un chaînon parallèle (aux *Alpes-Maritimes* de la côte nord-ouest), qui se prolonge vers la péninsule de la Californie, et qui est liée par des arêtes tranversales et un terrain montueux, entre les 45° et 53° de latitude aux Andes du Nouveau-Mexique (*Rocky Mountains*). Dans l'Amérique méridionale (et c'est à cette partie du Nouveau-Continent qu'est particulièrement restreint mon *Tableau géognostique*), la largeur moyenne de la Cordillère des Andes est de 18 à 22 lieues [1]. Ce n'est que dans les *nœuds de montagnes*, et partout où la Cordillère se grossit par des contreforts et se partage en plusieurs chaînons à peu

---

[1] Le peu de largeur de cette immense chaîne est un phénomène très-digne d'attention. Les Alpes de la Suisse s'étendent, dans les Grisons et dans le Tyrol, jusqu'à 36 et 40 lieues de largeur, soit dans le méridien du lac de Côme et du canton d'Apenzell, soit dans le méridien de Bassano et de Tegernsee.

près parallèles, qui se rejoignent par intervalles (par exemple au sud du lac de Titicaca), qu'elle a plus de 100 et 120 lieues de largeur dans une direction perpendiculaire à son axe. Les *Andes de l'Amérique méridionale* bordent vers l'ouest les plaines de l'Orénoque, de l'Amazone et du Rio de la Plata, semblables à un mur rocheux (*crête de filon*), qui auroit été soulevé à travers une crevasse de 1300 lieues de long, et dirigée du sud au nord. Cette partie soulevée (s'il est permis d'employer une expression fondée sur une *hypothèse géogonique*) a 58,900 lieues carrées de surface entre le parallèle du cap Pilar et du Choco septentrional. Pour se former une idée de la variété de roches que cet espace peut offrir à l'observation du voyageur, il faut se rappeler que les Pyrénées, d'après les évaluations de M. de Charpentier[1], n'occupent que 768 lieues carrées marines.

Le nom des Andes, en langue quichua (langue de l'Inca) qui manque des consonnes *d*, *f* et *g*, *Antis* ou *Ante*, me paroît dériver du mot péruvien *anta*, signifiant cuivre et métal en

---

[1] Près de 1200 l. c. de France. Voyez *Essai sur les Pyrénées*, p. 6.

général. On dit encore *antachacra*, mine de cuivre; *antacuri*, cuivre mêlé d'or; *puca anta*, cuivre ou métal rouge. De même que le groupe des Monts *Altai* [1], dans les dialectes turcs, a pris la dénomination du mot *altor* ou *altyn* (or), les Cordillères ont dû s'appeler *contrée de cuivre* ou *Anti-suyu*, à cause de l'abondance du métal que les Péruviens employoient pour leurs outils. L'inca Garcilasso, fils d'une princesse péruvienne qui écrivit avec une agréable naïveté l'histoire de son pays natal dans les premières années de la conquête, ne donne aucune étymologie du nom des Andes. Il se borne à opposer *Anti-suyu* ou la région des cimes couvertes de neiges éternelles (*ritiscca*) aux plaines ou *Yuncas*, c'est-à-dire à la région basse du Pérou. J'ai pensé que l'étymologie de la plus longue chaîne du globe ne devoit pas être sans intérêt pour la géographie minéralogique.

La structure de la Cordillère des Andes, c'est-à-dire sa disposition en plusieurs *chaînons* à peu près parallèles qui se rejoignent dans des

---

[1] *Klaproth, Asia polyglotta*, p. 211. Il me paroît moins probable que la peuplade des *Antis* ait donné son nom aux montagnes du Pérou.

nœuds de montagnes, est très-remarquable. Nos cartes indiquent cette structure de la manière la plus imparfaite ; et ce que La Condamine et Bouguer en avoient deviné, pendant leur long séjour sur le seul plateau de Quito, a été généralisé et mal interprété par ceux qui ont décrit toute la chaîne d'après le type des Andes équatoriales. Voici ce que j'ai pu rassembler de plus positif par mes propres recherches et par une correspondance active de vingt années avec les habitans de l'Amérique espagnole. Le groupe d'îles très-rapprochées, vulgairement appelé Terre-de-Feu, dans lequel commence la chaîne des Andes, est une plaine depuis le cap du Saint-Esprit jusqu'au canal Saint-Sébastien. A l'ouest de ce canal, entre le cap Saint-Valentin et le cap Pilares, le pays est hérissé de montagnes granitiques que recouvrent (du Morro de San Agueda au Cabo redondo) des calcaires coquilliers. Les navigateurs ont beaucoup exagéré l'élévation de ces montagnes de la Terre-de-Feu, parmi lesquelles il paroît y avoir un volcan [1] encore enflammé. M. de Churruca n'a trouvé le pic occidental du cap

[1] *Basil Hall, Journal of Chili and Peru*, 1824, T. I, p. 3.

Pilares (lat. 52° 45′ sud) que de 218 toises [1] : même le cap de Horn n'a probablement pas au-dessus de 500 toises [2] d'élévation. Sur la rive septentrionale du détroit de Magellan, la plaine s'étend depuis le cap des Vierges jusqu'au Cabo Negro : à ce cap, la Cordillère s'élève brusquement et remplit tout l'espace jusqu'au Cap Victoria (lat. 52° 22′). La région entre le cap de Horn et l'extrémité australe du continent ressemble assez à l'origine des Pyrénées, entre le cap Creux (près du golfe de Rosas) et le col de Pertus. On ignore la hauteur de la chaîne patagonique : il paroît cependant qu'au sud du parallèle de 48° aucun sommet n'atteint encore l'élévation du Canigou (1430 toises) qui est placé près de l'extrémité orientale des Pyrénées. Dans cette contrée australe, où les étés sont si froids et si courts, la limite inférieure des neiges éternelles doit s'abaisser pour le moins autant que dans l'hémisphère boréal, en Norwège, par les 63° et 64° de

[1] *Relacion del viage al Estrecho de Magellanes. Appendice*, 1793, p. 76.

[2] On le voit très-distinctement à 60 milles de distance; ce qui, sans compter les effets de la réfraction terrestre, lui donneroit 498 toises.

latitude, par conséquent au-dessous de 800 toises [1]. La grande largeur de la bande de neige dont ces cimes patagoniques sont enveloppées, ne justifie donc pas l'idée que les voyageurs se forment de leur hauteur, par les 48° de latitude sud. A mesure que l'on avance vers l'île de Chiloe, les Cordillères approchent de la côte. L'archipel des Chonos ou Huaytecas se présente comme les débris d'un immense groupe de montagnes englouties par les flots. Dés bras

[1] Pour porter un jugement sur la limite des neiges, entre les 48° et 51°, dans les Terres patagoniques, je me fonde sur l'analogie du climat des îles Malouines (lat. 51° 25'), seul point également austral que nous connoissions avec précision. La température moyenne de l'année entière dans les Malouines (8,3 cent.) correspond, il est vrai, à celle d'Édimbourg (lat. 55°57') dans l'hémisphère boréal; mais telle est la différence de la répartition de la chaleur, entre les différentes saisons, dans les deux hémisphères, sur une même ligne isotherme, que la température moyenne des étés est à Édimbourg de 14°,6, et aux îles Malouines à peine de 11°,4. Or la ligne isothère (d'égal été) de 11° à 12° passe dans notre hémisphère, sur les côtes orientales de la Westrobotnie, par les 64° de latitude, et l'on sait qu'à des étés si froids correspond une hauteur des neiges perpétuelles de 750 à 800 toises. *Voyez* mon *Mém. sur les lignes isothermes*, p 112.

de mer étroits (*esteros*) remplissent les vallées les plus basses des Andes, et rappellent les *fiords* de la Norwège et du Grônland. C'est là que se trouvent [1], rangés du sud au nord, les *Nevados* de Maca (lat. 45° 19′), de Cuptana (lat. 44° 58′), de Yantéles (lat. 43° 52′), du Corcovado, de Chayapirca (lat. 42° 52′) et de Llebcan (lat. 41° 49′). Le pic de Cuptana s'élève, comme le pic de Ténériffe, au sein des mers : mais comme il est à peine visible à 40 lieues de distance, son élévation ne peut atteindre que 1500 toises. Le Corcovado, placé sur la côte même du continent, vis-à-vis l'extrémité australe de l'île de Chiloe, paroît avoir plus de 1950 toises; c'est peut-être la plus haute cime du globe entier, *au sud du parallèle de 42° de latitude australe.* Comme au nord de San Carlos de Chiloe, dans toute la longueur du Chili jusqu'au désert d'Atacama, les basses régions occidentales n'ont pas été englouties par les flots, les Andes y paroissent plus éloi-

---

[1] *Manuscrits et cartes de Don Jose de Moraleda.* (*Voyez* aussi Sir Charles Giesecke, dans *Scoresby, Voy. to West-Greenland,* p. 467.)

gnées des côtes. L'abbé Molina [1], toujours positif en ce qui est douteux, affirme que les Cordillères du Chili forment trois chaînons parallèles dont l'intermédiaire est le plus élevé : mais pour prouver que cette division n'est aucunement générale, il suffit de rappeler le nivellement barométrique fait par MM. Bauza et Espinosa, en 1794, entre Mendoza et Santiago de Chili. Le chemin qui conduit de l'une de ces villes à l'autre s'élève peu à peu de 700 à 1987 toises; et, dès que l'on a passé le col des Andes (*La Cumbre*, entre les maisons de refuge appelées *Las Calaveras* et *Las Cuevas*), on descend continuellement sans s'arrêter jusque dans la vallée tempérée de Santiago de Chili, dont le fond n'est élevé que de 409 toises au-dessus du niveau de l'Océan. Le même nivellement nous a fait connoître *le minimum* de hauteur à laquelle se soutient au Chili, par les 33° de latitude australe, la limite inférieure des neiges. Cette limite ne s'abaisse pas en été à 2000 toises [2]. Je crois pouvoir conclure,

[1] *Saggio*, p. 4, 38, 48, comparé aux *manuscrits de M. Nee*, botaniste de l'expédition de Malaspina.

[2] Dans l'Himalaya, *sur la pente Méridionale*, les

d'après l'analogie des *montagnes neigeuses* du Mexique et de l'Europe australe, et en ayant égard à la différence des températures estivales des deux hémisphères, que de véritables *Nevados* ne pourroient avoir au Chili, sur le parallèle de Valdivia (lat. 40°), pas au-dessous de 1500 toises; sur celui de Valparaiso (lat. 33°), pas au-dessous de 2000 toises; sur celui de Copiapo (lat. 27°), pas au-dessous de 2200 toises de hauteur absolue. Ce sont des nombres-limites, des *minimum* d'élévation que devroit atteindre, par différens degrés de latitude, le faîte des Andes du Chili, pour que leurs sommets, plus ou moins agroupés, dépassassent la ligne des neiges perpétuelles. Les résultats numériques que je viens de consigner ici se fondent sur les lois de la distribution de la chaleur : ils ont encore aujourd'hui la même importance qu'ils avoient à l'époque déjà éloignée de mes voyages en Amérique; *car il n'existe dans l'immense étendue des Andes, depuis les 8° de lat. mér. jusqu'au détroit de Magellan, pas un seul Nevado dont on ait déterminé la hauteur au-dessus du niveau de l'Océan*, soit

neiges commencent, 3° plus près de l'équateur, déjà à 1970 toises.

par une simple mesure géométrique, soit par les moyens combinés de mesures barométriques et géométriques [1].

Entre les 33° et les 18° de latitude australe, entre les parallèles de Valparaiso et d'Arica, les Andes se renforcent vers l'est de trois contre-forts remarquables, ceux de la Sierra de Cordova, de Salta et des Nevados de Cochabamba. La *Sierra de Cordova* (entre les 33° et 31° de latitude) est en partie traversée, en partie côtoyée par les voyageurs qui se rendent de Buenos-Ayres à Mendoza. C'est pour ainsi dire le promontoire le plus méridional qui avance dans les Pampas, vers le méridien de 65° : il donne naissance à la grande rivière connue sous le nom de Desaguadero de Mendoza, et s'étend depuis San Juan de la Frontera

---

[1] L'emploi simultané de ces deux moyens est nécessaire partout où l'on ne peut mesurer une base au niveau de la mer ou exécuter un nivellement depuis le plateau sur lequel la base a été mesurée jusqu'aux côtes. Le manque de baromètres portatifs et l'ignorance de l'emploi des instrumens de réflexion et d'horizons artificiels ralentissent dans les hautes chaînes de montagnes les progrès de la géographie physique: ils ont nui surtout à l'hypsométrie des Andes et des Montagnes rocheuses.

et San Juan de la Punta jusqu'à la ville de Cordova. Le second contre-fort, la *Sierra de Salta et de Jujui*, dont la plus grande largeur se trouve sous les 25° de latitude, s'élargit progressivement depuis la vallée de Catamarca et depuis San Miguel del Tucuman vers le Rio Vermejo (long. 64°). Enfin le troisième contre-fort, le plus majestueux de tous, la *Sierra Nevada de Cochabamba et de Santa-Cruz* (des 22° aux 17° ½ de latitude), se lie au nœud des montagnes de Porco. Il forme le point de partage (*divortia aquarum*) entre le bassin de l'Amazone et celui du Rio de la Plata. Le Cachimayo et le Pilcomayo, qui naissent entre Potosi, Talavera de la Puna et La Plata ou Chuquisaca, courent vers le sud-est, tandis que le Parapiti et le Guapey (Guapaix ou Rio de Mizque) versent leurs eaux vers le nord-est dans le Mamorè. *L'arête de partage* étant placée près de Chayanta, au sud de Mizque, de Tomina et de Pomabamba, presque sur la pente méridionale de la Sierra de Cochabamba par les 19° et 20° de latitude, le Rio Guapey est forcé de faire le tour du groupe entier pour parvenir aux plaines de l'Amazone, à peu près comme fait en Europe le Poprad, affluent de la Vistule, pour parvenir de la partie méridionale des Carpathes, du Tatra, aux plaines de la Pologne. J'ai déjà fait observer plus haut que, là où les montagnes cessent (à l'ouest [1] du méridien de 66°½), l'arête de partage de Cochabamba remonte, vers le nord-est, aux 16° de latitude, en ne formant, par l'intersection de deux plans foiblement inclinés, qu'un *seuil* au milieu des savanes, et en séparant les eaux du Guaporè, affluent du Madeira, de celles de l'Aguapèhy et Jaurù, affluens du Rio Paraguay. Ce vaste pays, entre Santa Cruz de la Sierra, Villabella et Matogrosso, est l'un des plus inconnus de toute l'Amérique méridionale. Les deux contre-forts de Cordova et de Salta n'offrent qu'un terrain montueux [2] de

[1] Je suppose, avec le capitaine Basil Hall, le port de Valparaiso 71° 31′ à l'ouest de Groenwich, et je place Cordova 8° 40′, Santa-Cruz de la Sierra 7° 4′ à l'est de Valparaiso. Les longitudes indiquées dans le texte, et constamment rapportées au méridien de l'observatoire de Paris, ne sont pas prises des cartes publiées : elles se fondent sur des combinaisons de géographie astronomique dont on trouvera les élémens dans l'Analyse de mon Atlas de l'Amérique méridionale.

[2] J'ai de la peine à croire que la ville même de

CHAPITRE XXVI.

peu d'élévation, qui se lie au pied des Andes du Chili. Au contraire, le contre-fort de Cochabamba atteint la limite des neiges perpétuelles (2300 toises), et forme pour ainsi dire un rameau latéral des Cordillères qui part de leur faîte même, entre La Paz et Oruro. Les montagnes qui composent ce rameau (Cordillera des Chiriguanaès, de los Sauces et de Yuracarèes) se dirigent régulièrement de l'ouest à l'est. Leur pente orientale¹ est très-rapide ; et leurs sommets les plus élevés sont

Jujuy soit élevée de 650 toises au-dessus du niveau de l'Océan, comme le prétend M. Redhead, dans son livre *Sobre la dilatacion del aire atmosferico* (Buenos-Ayres, 1819,) p. 10.

[1] Je dois une connoissance plus parfaite de la Sierra de Cochabamba aux manuscrits de mon compatriote, le célèbre botaniste Taddæus Haenke, qu'un religieux de la congrégation de l'Escurial, le père Cisneros, a bien voulu me communiquer à Lima. M. Haenke, après avoir suivi l'expédition d'Alexandre Malaspina, s'étoit établi, en 1798, à Cochabamba, où il eut beaucoup à se louer de l'amitié de l'intendant Don Francisco de Viedma. Une partie des immenses herbiers de ce botaniste se trouve aujourd'hui conservée à Prague.

placés non au centre, mais dans la partie septentrionale du groupe.

La Cordillère principale du Chili et du Haut-Pérou, après avoir envoyé vers l'est les trois contre-forts de Cordova, de Salta et de Cochabamba ou Santa-Cruz, se ramifie pour la première fois d'une manière bien distincte en deux branches, dans le *nœud de Porco et du Potosi*, entre les 19° et 20° de latitude. Ces deux branches embrassent le plateau qui s'étend de Carangas à Lampa (lat. 19° ¾—15°) et qui renferme le petit lac alpin de Paria, le Desaguadero et la grande Laguna de Titicaca ou Chucuito, dont la partie méridionale porte le nom de Vinamarca. Pour donner une juste idée des dimensions colossales des Andes, je rappelle ici que la surface du seul lac de Titicaca (448 lieues carrées marines) excède vingt fois celle du lac de Genève, et deux fois la grandeur moyenne d'un département de la France. C'est sur les bords de ce lac que, près de Tiahuanacu et dans les hautes plaines du Collao, se trouvent des ruines qui attestent une culture [1] antérieure à celle que les Péru-

---

[1] *Garcilasso*, *Comentarios Reales*, T. I, p. 21.

viens croient devoir au règne de l'inca Manco-Capac. La Cordillère orientale, celle de La Paz, Palca, Ancuma et Pelechuco, se réunit, au nord-ouest d'Apolobamba, à la Cordillère occidentale qui est celle de Tacna, de Moquehua et d'Arequipa. La réunion des deux branches se fait dans le *nœud du Couzco*, le plus étendu de toute la chaîne des Andes, entre les parallèles de 14° et de 15°. La *ville impériale* du Couzco est placée près de l'extrémité orientale de ce nœud qui embrasse, dans une aréa de 3000 lieues carrées, les montagnes de Vilcanota, de Carabaya, d'Abancai, de Huando, de Parinacochas et d'Andahuaylas. Quoique ici, comme en général dans tout élargissement considérable d'une Cordillère, les sommets agroupés ne suivent pas des directions constantes et parallèles à l'axe principal, on observa pourtant, depuis les 18° de latitude, dans la disposition générale de la chaîne des Andes, un phénomène bien digne de l'attention des géologues. Tout le massif des Cordillères du Chili et du Haut-Pérou, depuis le détroit de Magellan jusqu'au parallèle du port d'Arica (18° 28′ 35″), est dirigé du sud au nord, dans le sens d'un méridien, au plus N. 5° E.; mais depuis le parallèle d'Arica, la côte et les deux Cordillères à l'est et à l'ouest du lac alpin de Titicaca changent brusquement de direction et inclinent vers le nord-ouest. Les Cordillères d'Ancuma et de Moquehua, et la vallée longitudinale, ou, pour mieux dire, le bassin de Titicaca, qu'elles enclavent, sont dirigées N. 42° O. Plus loin, les deux rameaux se réunissent de nouveau dans le *nœud des montagnes du Couzco*, et dès-lors la direction devient N. 80° O. Ce nœud, dont le plateau incline au nord-est, offre par conséquent un véritable coude, presque dirigé de l'est à l'ouest, de sorte que la partie des Andes au nord de Castrovireyna est reculée vers l'ouest de plus de 242,000 toises. Un phénomène géologique si extraordinaire rappelle la *variation d'allure* des filons, et surtout la disposition de deux parties de la chaîne des Pyrénées, parallèles entre elles, et liées par un coude presque rectangulaire, de 16,000 toises de long, près des sources de la Garonne [1] : mais dans les Andes, les axes de la chaîne, au sud et au nord du

---

[1] Entre la montagne de Tentenade et le Port d'Espot (*Charpentier*, p. 10.)

CHAPITRE XXVI.

coude, ne conservent pas de parallélisme. Au nord de Castrovireyna et d'Andahuaylas (lat. 14°), la direction est N. 22° O., lorsqu'au sud de 15° elle est N. 42° O. Les inflexions de la côte suivent les mêmes changemens. Le littoral, séparé de la Cordillère par une plaine de 15 lieues de large, se dirige, de même que la Cordillère : de Copiapo à Arica, entre les 27° ½ et 18° ½ de latitude, N. 5° E.; d'Arica à Pisco, entre les 18° ½ et 14° de latitude, d'abord N. 42° O., puis N. 65° O.; de Pisco à Truxillo, entre 14° et 8° de latitude N. 27° O. Ce parallélisme entre la côte et la Cordillère des Andes est un phénomène d'autant plus digne d'attention qu'on le trouve répété dans plusieurs parties du globe là où les montagnes ne forment également pas le littoral. A cette considération se joint une autre qui a rapport à la charpente générale des continens. J'insiste sur la position géographique du point (14° 28′ de latitude méridionale) où commence, sur le parallèle d'Arica, l'inflexion de la côte et la *variation d'allure* des Andes du Haut-Pérou. La ressemblance de configuration qu'offrent en grand les masses triangulaires de l'Amérique du Sud et de l'Afrique se manifeste dans plusieurs détails de leurs contours. Le golfe d'Arica et d'Ilo correspond au golfe de Guinée. L'inflexion de la côte occidentale de l'Afrique commence 3° au nord de l'équateur; et, si l'on considère géologiquement l'archipel de l'Inde comme les restes d'un continent détruit, comme le lien entre l'Asie orientale et la Nouvelle-Hollande, on voit le golfe de Guinée celui que forment Java, Bali et Sumbava avec la Terre de Witt et le golfe péruvien d'Arica, se suivre du nord-ouest au sud-est (lat. 3° N., lat. 10° S., lat. 14° $\frac{1}{2}$ S.), presque dans la même direction que les extrémités des trois continens de l'Afrique, de l'Australasie et de l'Amérique.

Après le grand *nœud des montagnes du Couzco et de Parinacochas*, par les 14° de latitude méridionale, les Andes présentent une *seconde bifurcation*, à l'est et à l'ouest du Rio de Jauja, qui se jette dans le Mantaro, affluent de l'Apurimac [1]. Le chaînon oriental se prolonge à l'est de Huanta, du couvent d'Ocopa et de

[1] *Voyez* le *Plan del curso de los Rios Huallaga y Ucayali por el Padre Sobreviela*, 1791. L'Apurimac forme, conjointement avec le Beni, le Rio Paro qui prend le nom d'Ucayali après son confluent avec le Rio Pachitea.

Tarma; le chaînon occidental à l'ouest de Castrovireyna, de Huancavelica, de Huarocheri et Yauli. Le bassin, ou plutôt le plateau élevé que ces chaînons enclavent, est presque de moitié moins long que le bassin de Chucuito ou Titicaca. Deux montagnes, couvertes de neiges éternelles, que l'on voit de la ville de Lima, et que les habitans nomment *Toldo de la Nieve*, appartiennent au chaînon occidental, à celui de Huarocheri.

Au nord-ouest des vallées de Salcabamba, sur le parallèle des ports de Huaura et de Guarmey, entre 11° et 10° de latitude, les deux chaînons se réunissent dans le *nœud de Huanuco et de Pasco*, célèbre par les mines de Yauricocha ou Santa-Rosa. C'est là que s'élèvent deux pics d'une hauteur colossale, les Nevados de Sasaguanca et de la Viuda. Le plateau même de ce nœud de montagnes paroît avoir, dans les Pampas de Bombon [1], plus de 1800 toises d'élévation au-dessus du niveau de l'Océan. A partir de ce point, au nord du parrallèle de Huanuco (lat. 11°), les Andes se divisent en trois chaînons, dont le premier,

---

[1] *Essai politique*, T. II, p. 406.

le plus oriental, s'élève entre Pozuzu et Muña, entre le Rio Huallaga et le Rio Pachitea, affluent de l'Ucayali; le second ou central, entre le Huallaga et le Haut-Maragnon; le troisième ou occidental, entre le Haut-Maragnon et les côtes de Truxillo et de Payta [1]. Le chaînon oriental est un petit rameau latéral qui s'abaisse en une rangée de collines. Dirigé d'abord au NNE., en bordant des Pampas del Sacramento, puis à l'ONO., là où il est brisé par le Rio Huallaga dans le *Pongo*, au-dessus du confluent du Chipurana, ce chaînon oriental se perd par les 6°$\frac{1}{4}$ de latitude, au nord-ouest de Lamas. Un arête transversale paroît le réunir au chaînon central, au sud du *Paramo* [2] de Piscoguanuna (ou Piscuayuna), et à l'ouest de Chachapoyas. Le chaînon intermédiaire ou central se prolonge du nœud de Pasco et Huanuco, vers le NNO., entre Xican et Chicoplaya; entre Huacarachuco et les sources du Rio Monzon, entre Pataz et Pajatan, Caxamarquilla et Moyobamba. Il s'élargit beaucoup dans le parallèle de Chachapoyas, et forme un terrain montueux traversé par des

[1] Tom VII, p. 49.
[2] Tom. II, p 321; VIII, p. 399.

vallées profondes et excessivement chaudes. Par les 6° de latitude, au nord du Paramo de Piscoguanuna, le chaînon central jette deux branches vers La Vellaca et San Borja. Nous verrons bientôt que la dernière branche forme, au-dessous du petit Rio Nieva, affluent de l'Amazone, les rochers qui bordent le fameux Pongo de Manseriche. Dans cette zone où le Pérou septentrional se rapproche des confins de la Nouvelle-Grenade, par les 10° et 5° de latitude, les deux chaînons oriental et central n'ont aucun sommet qui s'élève jusqu'à la région des neiges perpétuelles; les seules cimes neigeuses se trouvent dans le chaînon occidental. Le chaînon central, celui des Paramos de Callacalla et Piscoguanuna atteint à peine 1800 toises: il s'abaisse lentement jusqu'à 800 toises de hauteur, de sorte que le terrain montueux et tempéré qui s'étend au nord de Chachapoyas vers Pomacocha, La Vellaca et les sources du Rio Nieva, est encore riche en beaux arbres de quinquina. Dès que l'on passe le Rio Huallaga et le Pachitea, qui, avec le Beni, forme l'Ucayali, on ne trouve, en avançant vers l'est, que des rangées de collines. Le chaînon occidental des Andes, le plus élevé et le plus rapproché des côtes, se dirige presque parallèlement au littoral N. 27° O., entre Caxatambo et Huary, Conchucos et Guamachuco, par Caxamarca, le Paramo de Yanaguanga et Montan vers le Rio de Guancabamba. Il présente (entre 9° et 7° $\frac{1}{2}$) les trois *Nevados* de Pelagatos, Moyopata et Huaylillas. Ce dernier sommet neigeux, situé près de Guamachuco (par les 7° 55′ de latitude), mérite d'autant plus d'attention que, de là au nord jusqu'au Chimborazo, sur une longueur de 140 lieues, il n'existe pas une seule montagne qui entre dans la région des neiges perpétuelles. Cette dépression ou absence des neiges s'étend, dans le même intervalle, sur tous les chaînons latéraux; tandis que, au sud du Nevado de Huaylillas, on observe constamment que, lorsqu'un chaînon est très-bas, l'autre a des cimes qui dépassent 2460 toises de hauteur. Pour fixer davantage l'attention sur la branche des Andes qui s'étend à l'ouest de l'Amazone, celle de Conchucos et de Caxamarca, je rappellerai que c'est au sud de Micuipampa (par lat. 7° 1′) que j'ai trouvé l'équateur magnétique.

L'Amazone, ou, comme on a coutume de

dire dans ces régions peu visitées, le Haut-Maragnon, parcourt la partie occidentale de la vallée longitudinale que laissent entre elles les Cordillères de Chachapoyas et de Caxamarca. En embrassant d'un même coup d'œil cette vallée et celle du Rio Jauja, limitée par les Cordillères de Tarma et de Huarocheri, on est tenté de les considérer comme un seul et immense bassin de 180 lieues de long et traversé, au premier tiers de sa longueur, par une digue ou arête de 18,000 toises de largeur. En effet, les deux lacs alpins de Lauricocha et de Chinchaycocha, qui donnent naissance à la Rivière des Amazones et au Rio de Jauja, sont placés au sud et au nord de cette digue rocheuse formée par un prolongement du nœud de Huanuco et de Pasco. L'Amazone, pour sortir de la vallée longitudinale que bordent les chaînons de Caxamarca et de Chachapoyas, brise, comme nous l'avons déjà exposé dans un autre endroit[1], le dernier de ces chaînons qui mérite le nom de central sans être cependant le plus élevé. Ce point, où le grand fleuve pénètre dans les montagnes, est très-

---

[1] Tom. VII, p. 47.

remarquable. Entrant dans l'Amazone par le Rio Chamaya ou Guancabamba, j'ai trouvé, vis-à-vis le confluent, la montagne pittoresque de Patachuana; mais des deux côtes de l'Amazone, les rochers ne commencent qu'entre le Tambillo et Tomependa (lat. 5° 31′, long. 80° 56′). De là au Pongo de Rentema suit une longue série d'écueils dont le dernier est le Pongo de Tayouchouc, entre le détroit de Manseriche et le village de San Borja. L'Amazone ne change la direction de son cours, d'abord dirigée au nord, et puis à l'est, que près de Puyaya, 3 lieues au nord-est de Tomependa. Dans toute cette distance, entre Tambillo et San Borja, les eaux se sont frayé un chemin plus ou moins étroit, à travers les grès de la Cordillère de Chachapoyas. Les montagnes sont encore assez élevées près de l'Embarcadero, au confluent de l'Imasa, où des troncs de Cinchona, faciles à transplanter à Cayenne et aux Canaries, s'approchent de l'Amazone : mais dans le fameux détroit de Manseriche, les rochers ont à peine 40 toises d'élévation, et, plus à l'est, les dernières collines s'élèvent près de Xeberos, vers l'embouchure du Rio Huallaga.

CHAPITRE XXVI.

Pour ne pas interrompre la description des Cordillères, entre les 15° et 5° ½ de latitude, entre les nœuds de montagnes de Couzco et de Loxa, j'ai passé jusqu'ici sous silence l'élargissement extraordinaire que prennent les Andes près d'Apolobamba. Comme les sources du Rio Beni se trouvent dans ce contre-fort, qui se prolonge vers le nord au-delà du confluent de cette rivière avec l'Apurimac, je désignerai le groupe entier sous le nom de *contre-fort du Beni*. Voilà ce que j'ai appris de plus sûr sur ces contrées, par des personnes qui ont habité long-temps Apolobamba, le *Real* des mines de Pasco et le couvent d'Ocopa. Le long de tout le chaînon oriental de Titicaca, depuis La Paz jusqu'au nœud de Huanauco (lat. 17° ½ à 10° ½), un terrain montueux très-large est adossé vers l'est, à la pente des Andes. Ce n'est pas un élargissement du chaînon oriental même, ce sont plutôt des contre-forts de peu d'élévation qui suivent le pied des Andes comme un pénombre, en remplissant tout l'espace entre le Beni et le Pachitea. Une chaîne de collines borde même la rive orientale du Beni jusqu'au 8° de latitude; car, d'après des renseignemens très-exacts que m'a

4*

donnés le père Narcisso Gilbar, les rivières Coanache et Magua, deux affluens de l'Ucayali (débouchant par les 6° et 7° de lat.), viennent d'un terrain montueux entre l'Ucayali et le Javari. L'existence de ce terrain par une longitude si orientale (probablement long. 74°) est d'autant plus remarquable que, quatre degrés de latitude plus au nord, on ne trouve ni un rocher, ni une colline à l'est de Xeberos ou de l'embouchure du Huallaga (longitude 77° 56′).

Nous venons de voir que le contre-fort du Beni, espèce de rameau latéral, se perd vers les 8° de latitude : le chaînon entre l'Ucayali et l'Huallaga se termine sous le parallèle de 7° en se réunissant, à l'ouest de Lamas, au chaînon de Chachapoyas, prolongé entre l'Huallaga et l'Amazone. Enfin ce dernier chaînon, que nous avons aussi désigné sous le nom de central, après avoir formé les rapides et les cataractes de l'Amazone entre Tomependa et San Borja, tourne vers le nord nord-ouest, et se joint au chaînon occidental, celui de Caxamarca ou des Nevados de Pelagatos et Huaylillas, pour former le grand *nœud des montagnes de Loxa*. Ce nœud n'a qu'une hauteur moyenne de 1000 à 1200 toises; son climat tempéré le rend particulièrement propre à la végétation des arbres de quinquina, dont les plus belles espèces croissent dans les forêts célèbres de Caxanuma et d'Uritusinga, entre le Rio de Zamora et le Cachiyacu, entre Tavacona et Guancabamba. Pendant des siècles, avant que l'on eût connoissance du quinquina de Popayan et de Santa-Fe de Bogota (lat. bor. $2°\frac{1}{2}$ à $5°$), de Huacarachuco, de Huamalies et de Huanuco (lat. mér. $9°$ à $11°$), le nœud des montagnes de Loxa fut regardé comme la seule région d'où l'on pouvoit tirer l'écorce fébrifuge du Cinchona. Ce nœud occupe le vaste terrain entre Guancabamba, Ayavaca, Oña et les villes ruinées de Zamora et de Loyola, des $5°\frac{1}{2}$ aux $3°\frac{3}{4}$ de latitude. Quelques sommets (les *Paramos* d'Alpachaca, de Saraguru, Savanilla, Gueringa, Chulucanas, Guamani, Yamoca que j'ai pu mesurer) s'élèvent de 1580 à 1720 toises, mais ne se couvrent pas même sporadiquement de neiges dont la chute n'a lieu, par cette latitude, qu'au-dessus, et de 1860 et de 1900 toises de hauteur absolue. Vers l'est, en descendant au Rio de Santiago et au Rio de Chamaya, deux affluens de l'Amazone, les montagnes s'abaissent rapidement : elles n'ont plus, entre San-Felipe, Matara et Jaen de Bracamoros, que de 500 à 300 toises d'élévation.

En avançant des montagnes de micaschiste de Loxa vers le nord, entre les *Paramos* d'Alpachaca et de Sarar (par les 3° 15′ de lat.), le nœud de montagnes se ramifie en deux branches qui embrassent la vallée longitudinale de Cuenca. Cette séparation ne dure que sur une longueur de 12 lieues; car, par les 2° 27′ de latitude, les deux Cordillères se réunissent de nouveau dans le *nœud de l'Assuay*, groupe trachytique dont le plateau, près Cadlud, a 2428 toises de hauteur, et entre presque dans la région des neiges perpétuelles.

Au nœud de montagnes de l'Assuay, qui offre un *passage des Andes* très-fréquenté, entre Cuenca et Quito, succède (lat. 2° ½ à 0° 40′ sud) un autre partage des Cordillères devenu célèbre par les travaux de Bouguer et de La Condamine, qui ont placé leurs signaux tantôt sur l'une, tantôt sur l'autre des deux chaînes. L'orientale est celle du Chimborazo (3350 toises) et du Carguairazo; l'occidentale, la chaîne du volcan Sangay, des Collanes et de Llanganate. La dernière est brisée par le Rio Pastaza. Le fond du bassin longitudinal que limitent ces deux chaînons, depuis Alausi jusqu'à Llactacanga, est un peu plus élevé que le fond du bassin de Cuenca. Au nord de Llactacanga, par les 0° 40′ de latitude, entre les cimes d'Yliniza (2717 toises) et du Cotopaxi (2950 toises), dont la première appartient à la chaîne du Chimborazo, la seconde à celle du Sangay, se trouve le *nœud de Chisinche*, espèce de digue étroite qui ferme le bassin et qui partage les eaux entre l'Océan atlantique et la Mer du Sud. L'*Alto de Chisinche* n'a que 80 toises de hauteur au-dessus des plateaux environnans. Les eaux de sa pente septentrionale forment le Rio de San Pedro, qui, s'unissant au Rio Pita, se jette dans le Gualabamba, ou Rio de las Esmeraldas. Les eaux de la pente méridionale que l'on désigne plus particulièrement sous le nom de Cerro de Tiopullo vont au Rio de S. Felipe et au Pastaza, affluent de l'Amazone.

Au-delà de l'*arête de Chisinche*, la bipartition des Cordillères recommence et continue depuis 0° 40′ de latitude méridionale jusqu'à 0° 20' de latitude boréale, c'est-à-dire jusqu'au volcan d'Imbabura, près de la Villa de Ibarra. La Cordillère orientale présente les cimes neigeuses d'Antisana (2992 t.), de Guamani, de Cayambe (3070 t.), et d'Imbabura; la Cordillère occidentale, celles du Corazon, d'Atacazo, de Pichincha (2491 t.), et de Cotocache (2570 t.). Entre ces deux chaînons, que l'on peut regarder comme le sol classique de l'astronomie du 18° siècle, se prolonge une vallée dont une partie est de nouveau divisée longitudinalement par les collines d'Ichimbio et de Poignasi. A l'est de ces collines se trouvent les plateaux de Puembo et de Chillo; à l'ouest ceux de Quito, Iñaquito et Turubamba. L'équateur traverse le sommet du Nevado de Cayambe [1] et la vallée de Quito dans le village de San Antonio de Lulumbamba. Lorsqu'on considère le peu de masse du nœud de l'Assuay, et surtout de celui de Chisinche, on est tenté de regarder les trois bassins de

---

[1] Les hauteurs du Chimborazo, de Rucupichincha, de Cayambe et d'Antisana, différentes de celles que rapporte La Condamine dans l'inscription au couvent des Jésuites de Quito, sont les résultats de mes propres mesures géodésiques.

Cuenca, de Hambato et de Quito comme une seule vallée longue (depuis le Paramo de Sarar jusqu'à la Villa de Ibarra) de 73 lieues marines, large de 4 à 5 lieues, offrant une direction générale N, 8° E. et divisée par deux digues transversales, l'une entre Alausi et Cuenca (par les 2° 27′ de latitude australe), l'autre entre Machache et le Tambillo (par 0° 40′). Nulle part dans la Cordillère des Andes il y a plus de montagnes colossales rapprochées les unes des autres qu'à l'est et à l'ouest de ce vaste bassin de la province de Quito, un degré et demi au sud et un quart de degré au nord de l'équateur. Ce bassin, centre de la plus ancienne civilisation indigène, après celle du bassin de Titicaca, aboutit vers le sud au nœud des montagnes de Loxa, vers le nord au plateau de la province de Los Pastos.

Dans cette province, un peu au-delà de la Villa de Ibarra, entre les cimes neigeuses de Cotocache et d'Imbabura, les deux Cordillères de Quito se réunissent et forment un seul massif qui s'étend jusqu'à Meneses et Voisaco, de 0° 21′ lat. bor., à 1° 13′. J'appelle ce massif, sur lequel s'élèvent les volcans de Cumbal et de Chiles, le *nœud des montagnes de los Pastos*, à cause du nom de la province qui en forme le centre. Le volcan de Pasto, dont la dernière éruption est de l'année 1727, se trouve placé, au sud de Yenoi, près du bord septentrional de ce groupe dont les plateaux habités ont plus de 1600 toises d'élévation au-dessus du niveau de l'Océan. C'est le Thibet des régions équinoxiales du Nouveau-Monde.

Au nord de la ville de Pasto (lat. bor. 1° 13′; long. 79° 41′), les Andes se partagent de nouveau en deux branches pour entourer le plateau de Mamendoy et d'Almaguer. La Cordillère orientale renferme la Sienega de Sebondoy (lac alpin qui donne naissance au Putumayo), les sources du Jupura ou Caqueta et les Paramos d'Aponte et d'Iscansè. La Cordillère occidentale, celle de Mamacondy, appelée dans le pays *Cordillera de la Costa*, à cause de sa proximité au littoral de la Mer du Sud, est brisée par le grand Rio de Patias qui reçoit le Guaitara, le Guachicon et le Quilquasè. Le plateau ou bassin intermédiaire offre de grandes inégalités. Il est en partie rempli par les Paramos de Pitatumba et de Puruguay, et la séparation des deux chaînons m'a paru peu distincte jusqu'au parallèle d'Almaguer (latitude 1° 54′ ; long. 79° 15). La direction générale des Andes, depuis l'extrémité du bassin de la province de Quito jusqu'aux environs de Popayan, change de N. 8° E. en N. 36° E.; elle suit la direction des côtes d'Esmeraldas et de Barbacoas.

Sur le parallèle d'Almaguer, ou plutôt un peu au nord-est [1] de cette ville, la constitution géologique du terrain présente des changemens très-remarquables. La Cordillère, que nous venons de désigner sous le nom d'orientale, celle du lac de Sebondoy, s'élargit beaucoup entre Pansitarà et la Ceja. C'est le nœud du *Paramo de las Papas et de Socoboni* qui donne lieu à la naissance des grandes rivières du Cauca et du Magdalena, et qui se divise par les 2° 5′ de latitude en deux chaînons, à l'est et à l'ouest de la Plata Vieja et de Timana. Ces deux chaînons restent à peu près parallèles jusqu'aux 5° de latitude, et bordent la vallée longitudinale dans laquelle serpente le Rio Magdalena. Nous appelerons *Cordillère orientale de la Nouvelle-Grenade* celle qui se

---

[1] *Voyez* ma carte du Rio Magdalena, pl. 24 de l'*Atlas geographique et physique*.

prolonge vers Santa-Fe de Bogota et la Sierra Nevada de Merida, à l'est du Magdalena; *Cordillère centrale de la Nouvelle-Grenade*, celle qui se dirige entre le Magdalena et le Cauca vers Mariquita; *Cordillère occidentale de la Nouvelle-Grenade*, celle qui continue la *Cordillera de la Costa* du bassin d'Almaguer et qui sépare le lit du Rio Cauca du terrain platinifère du Choco. Pour plus de clarté on pourroit aussi nommer le premier chaînon celui de la *Suma Paz*, d'après le groupe colossal de montagnes au sud de Santa-Fe de Bogota qui verse les eaux de sa pente orientale dans le Rio Meta. Le second chaînon seroit désigné par le nom de chaînon de *Guanacas* ou de *Quindiu*, à cause de deux passages célèbres des Andes dans le chemin de Santa-Fe de Bogota à Popayan; le troisième chaînon seroit celui du *Choco* ou du *littoral*. A quelques lieues au sud de Popayan (lat. bor. 2° 21′), à l'ouest du Paramo de Palitarà et du volcan de Puracè, le *nœud des montagnes de Socoboni* envoie vers le nord-ouest une arête de micaschiste [1] qui partage les eaux entre la Mer du Sud et la

[1] *Voyez* mon *Essai géogn. sur le gisement des roches*, p. 130 et 131.

CHAPITRE XXVI.

Mer des Antilles, la pente nord les versant dans le Rio Cauca, et la pente sud dans le Rio de Patias.

La tripartition des Andes que nous venons de signaler (lat. bor. 1° 3/4 — 2° 1/4) rappelle au géognoste celle qui a lieu aux sources de l'Amazone dans le *nœud des montagnes de Huanuco et de Pasco* (lat. aust. 11°) : mais des trois chaînons qui bordent les bassins de l'Amazone et de l'Huallaga, le plus élevé est le plus occidental; tandis que, parmi les trois chaînons de la Nouvelle-Grenade, celui du Choco ou du littoral est le moins élevé de tous. C'est pour avoir ignoré cette tripartition des Andes dans la partie de l'Amérique du Sud, qui avoisine le Rio Atrato et l'isthme de Panama, que l'on a porté tant de jugemens erronés sur la possibilité d'un canal de jonction entre les deux mers [1].

La *chaîne orientale des Andes de la Nouvelle-Grenade* (je me sers d'une dénomination presque systématique, car le nom des Andes est inconnu dans les pays situés au nord de l'équateur), la chaîne orientale conserve pendant

[1] Tom. IX; p. 337.

quelque temps son parallélisme avec les deux autres chaînes (celles de Quindiù et du Choco): mais, au-delà de Tunja (lat. 5° ½), elle incline davantage vers le nord-est en passant assez brusquement de la direction N. 25° E. en celle N. 45° E. C'est comme un filon qui change d'*allure* et qui va rejoindre la côte après un *renflement* extraordinaire qu'il subit par l'agroupement des montagnes neigeuses de Merida. La tripartition des Cordillères et surtout l'écartement de leurs branches influent puissamment sur la prospérité des peuples de la Nouvelle-Grenade. La diversité des plateaux et des climats superposés varie les productions agricoles comme le caractère des habitans. Elle vivifie l'échange des productions, et renouvelle, au nord de l'équateur, sur une vaste surface, le tableau des vallées ardentes et des plaines froides et tempérées du Pérou. Il est digne de remarque aussi que, par l'écartement d'une des branches des Cordillères de Cundinamarca et par la déviation du chaînon de Bogota vers le nord-est, le groupe colossal des montagnes de Merida s'est trouvé enclavé dans le territoire de l'ancienne *Capitania general* de Venezuela, et que la continuité d'un même terrain montueux de Pamplona à Barquesimeto et Nirgua a facilité pour ainsi dire la réunion politique du territoire colombien. Aussi long-temps que le chaînon central (celui de Quindiù) présente des cimes neigeuses, aucun pic du chaînon oriental (celui de La Suma Paz) ne s'élève, sous les mêmes parallèles, jusqu'à la limite des neiges perpétuelles. Entre les 2° et 5° ½ de latitude, ni les *Paramos*, situés à l'est du Gigante et de Neiva, ni les cimes de la Suma Paz, de Chingasa, de Guachaneque et de Zoraca, ne surpassent la hauteur de 1900 à 2000 toises; tandis qu'au nord du parallèle du Paramo d'Ervé [1] (lat. 5° 5′), le dernier des Nevados de la Cordillère centrale, on découvre dans le chaînon oriental les cimes neigeuses de Chita (lat. 5° 50′) et de Mucuchies (lat. 8° 12′). Il en résulte que, dès les 5° de latitude, les seules montagnes qui conservent des neiges pendant toute l'année sont les Cordillères *de l'est*. Il y a plus encore: quoique la Sierra Nevada de Santa-Marta ne soit pas, à proprement parler, une continuation des Nevados de Chita et de Mucuchies (à

---

[1] Les neiges que l'on appelle à Santa Fe: *Mesa de Herveo*.

l'ouest de Patute et à l'est de Merida), elle se trouve du moins très-rapprochée de leur méridien.

Arrivés à l'extrémité boréale des Cordillères comprises entre le cap de Horn et l'isthme de Panama, nous nous bornerons à indiquer les plus hauts sommets des trois chaînons [1] qui se séparent dans le *nœud des montagnes de Soco-boni et de l'arête du Roble* (lat. 1° 50′ — 2° 20′). Je commence par le chaînon le plus oriental, celui de Timana et de la Suma Paz, qui divise les affluens du Magdalena et du Meta; il se prolonge par les Paramos de Chingasa, Guachaneque, Zoraca, Toquillo (près Labranza Grande), Chita, Almorsadero [2], Laura, Ca-

---

[1] *Voyez* plus haut, p. 340.

[2] Ce Paramo se trouve situé entre le pont de Chitaga et le village de Tequia. Le Rio Chitaga se jette dans le Sarare, le Rio Tequia dans le Rio Sogamozo. Les Paramos de l'Almorsadero et de Toquillo sont des plus élevés parmi les sommets qui, sur le chemin de Merida à Santa-Fe de Bogota, n'entrent pas dans la région des neiges perpétuelles. MM. Rivero et Boussingault ont trouvé que l'on passe le Paramo del Almorsadero à 2010 toises, le Paramo de Cacota à 1700 toises de hauteur.

cota, Zumbador et Porqueras, vers la Sierra Nevada de Merida. Ces Paramos indiquent dix exhaussemens partiels du dos des Cordillères. La pente du chaînon oriental est extrêmement rapide du côté de l'est, où elle borde le bassin du Meta et de l'Orénoque; à l'ouest, le chaînon oriental est élargi par des contre-forts sur lesquels se trouvent situées les villes de Santa-Fe de Bogota, de Tunja, de Sogamoso et de Leiva. C'est comme des plateaux adossés à la pente occidentale, plateaux qui ont 1300 ou 1400 toises de hauteur, et parmi lesquels celui de Bogota (fond d'un ancien lac) renferme dans le Campo de Gigantes, près de Suacha, des ossemens de Mastodontes.

Le chaînon intermédiaire ou central se dirige, à l'est de Popayan, par les hautes plaines de Malbasà, par les Paramos de Guanacas, de Huila, de Savelillo, d'Iraca, de Baraguan, de Tolima [1], de Ruiz et de Herveo vers la province d'Antioquia. Sous les 5° 15′ de latitude, ce chaînon, le seul qui présente les traces récentes du feu volcanique dans les cimes de

---

[1] Le passage de la *Montana de Quindiù*, sur le chemin d'Ibaguè à Carthago, se trouve, entre les Nevados de Tolima et de Baraguan.

Sotarà et de Puracè, s'élargit considérablement vers l'ouest et se réunit au chaînon occidental, que nous avons appelé le chaînon du Choco, parce que le terrain platinifère de cette province se trouve sur le versant qui est opposé à l'Océan-Pacifique. Par cette réunion de deux chaînons, le bassin de la province de Popayan est fermé au nord de Cartago Viejo; et la rivière de Cauca, en sortant des plaines de Buga, est forcée, depuis le Salto de San Antonio jusqu'à la Boca del Espiritu Santo, pendant un cours de 40 à 50 lieues, de se frayer un chemin à travers les montagnes. Comme la crête de la Cordillère orientale continue sa direction vers le NE, le bassin du Magdalena, qui est à peu près parallèle à celui du Cauca, se prolonge presque sans interruption vers Mompox. Le détroit de Carare n'est qu'une arête de rocher qui forme un *seuil* entouré de quelques collines isolées dans la plaine; ce n'est pas l'effet d'une véritable réunion de deux chaînes de montagnes. La différence de niveau entre le fond des deux bassins parallèles du Cauca et du Magdalena est très-remarquable. Le premier conserve, entre Cali et Cartago, 500 à 404 toises; le second, de Neiva à Ambalema, 265 à 150 toises de hauteur. On diroit, d'après différentes hypothèses géologiques, ou que les formations secondaires ne se sont pas accumulées à la même épaisseur entre les chaînons oriental et central qu'entre les chaînons central et occidental, ou que les dépôts se sont faits sur des fonds de roches primitives inégalement soulevées à l'est et à l'ouest des Andes de Quindiù. La différence moyenne de ces épaisseurs de formations ou de ces hauteurs est de 300 toises. Quant à l'arête rocheuse de l'Angostura de Carare, elle part du sud-est, du contre-fort de Muzo, à travers lequel serpente le Rio Negro. Par ce contre-fort et par ceux qui viennent de l'ouest, les chaînons oriental et central se rapprochent entre Nares, Honda et Mendales. En effet, le lit du Rio Magdalena est rétréci par les 5° et 5° 18′, à l'est par les montagnes du Sergento, à l'ouest, par des contre-forts qui tiennent aux montagnes granitiques de Mariquita et de S. Ana. Ce rétrécissement du lit de la rivière se trouve sous le même parallèle que le rétrécissement du Cauca, près du Salto de San Antonio; mais, dans le nœud des montagnes d'Antioquia, les chaînons central et occidental se réunissent eux-mêmes, tandis qu'entre Honda et Mendales, les faîtes des chaînons central et oriental restent tellement éloignés que ce ne sont que les contre-forts de chaque système qui se rapprochent et se confondent. Il est digne de remarque aussi que la Cordillère centrale de la Nouvelle-Grenade offre la cime la plus haute des Andes dans l'hémisphère boréal. Le pic de Tolima [1] (latitude 4° 46′), dont le nom est presque inconnu en Europe et que j'ai mesuré en 1801, s'élève au moins à 2865 toises de hauteur. Il domine par conséquent sur l'Imbabura et le Cotocache de la province de Quito, sur le Chiles du plateau de los Pastos, sur les deux volcans de Popayan, et même sur les Nevados du Mexique et le Mont Saint-Elie de l'Amérique russe. Le pic de Tolima, dont la forme rappelle celle du Cotopaxi, ne cède peut-être en hauteur qu'à la crête de la Sierra Nevada de Santa Marta, que l'on doit considérer comme un système de montagnes isolé.

[1] Le second rang de hauteur, dans l'hémisphère boréal, paroît occupé par le *Nevado de Huila* (lat. 2° 55′), entre Nataga et Quilichao. M. Caldas lui donne 2860 t. (Voyez *Semanario de Bogota*, Tom. I, p. 6.)

Le chaînon oriental, appelé aussi *chaînon du Choco et de la côte* (de la Mer du Sud), sépare les provinces de Popayan et d'Antioquia de celles de Barbacoas, du Raposo et du Choco. Peu élevé en général, si on le compare à la hauteur des chaînons central et oriental, il oppose cependant de grandes entraves aux communications entre la vallée du Cauca et le littoral [1]. C'est à son versant occidental qu'est adossé ce fameux *terrain aurifère et platinifère* [2] qui, depuis des siècles, verse

[1] Les chemins affreux qui traversent le chaînon occidental, sont ceux de Chisquio (à l'est du Rio de Micay), d'Anchicaya, de las Juntas, de Saint-Augustin, vis-à-vis Cartago, de Chami et d'Urrao. (*Seman.*, Tom. I, p. 32.)

[2] Le Choco Barbacoas et le Brésil sont les seuls pays de la terre où l'existence de grains de platine et de palladium ait été jusqu'à ce jour constatée avec certitude. La petite ville de Barbacoas est située sur la rive gauche du Rio Telembi (affluent du Patias ou Rio del Castigo), un peu au-dessus du confluent du Telembi et du Guagui ou Guaxi, à peu près par les 1° 48' de latitude. L'ancienne *Provincia*, ou plutôt le *Partido del Rasposo*, comprend le terrain malsain qui s'étend du Rio Dagua ou San Buenaventura au Rio Iscuandè, terme austral du Choco actuel.

dans le commerce plus de 13,000 marcs d'or par an. Cette zone alluviale a 10 et 12 lieues de large : elle atteint son maximum de richesse entre les parallèles de 2° et 6° de lat.; elle s'appauvrit sensiblement vers le nord et vers le sud, et disparoît presque entièrement entre les 1° ¼ de lat. bor. et l'équateur. Le terrain aurifère remplit le bassin du Cauca, comme les ravins et les plaines à l'ouest de la Cordillère du Choco; il s'élève quelquefois presque à 600 toises de hauteur au-dessus du niveau de la mer, et descend jusqu'à moins de 40 toises [1]. Le platine (et ce fait géognostique est digne d'attention) a été trouvé jusqu'ici *seulement à l'ouest* de la Cordillère du Choco, non à l'est, malgré l'analogie que présentent les fragmens de roches de grunstein, de phonolite, de trachyte et de quarz ferrugineux dont se composent les terrains de rapport sur les deux versans. Depuis l'arête de Los Robles, qui sépare le plateau d'Almaguer du bassin du

[1] M. Caldas n'assigne à la *limite supérieure de la zone d'or de lavage* que la hauteur de 350 toises (*Seman.*, Tom. I, p. 18) ; mais j'ai trouvé les *lavaderos* de Quilichao, au nord de Popayan, à 565 t. d'élévation. (*Obs. astron.*, Tom. I, p. 303.)

Cauca, le chaînon occidental forme d'abord, dans les Cerros de Carpinteria, à l'est du Rio San Juan de Micay, la continuation de la Cordillère de Sindagua, brisée par le Rio Patias; puis ce chaînon s'abaisse, vers le nord, entre Cali et Las Juntas de Dagua, à 800 à 900 toises de hauteur, et envoie des contre-forts considérables (par les $4° \frac{1}{4} - 5° \frac{1}{4}$ de latitude) vers les sources du Calima, du Tamana et de l'Andagueda. Les deux premières de ces rivières aurifères sont des affluens du Rio San Juan del Choco; le second verse ses eaux dans l'Atrato. Cet élargissement du chaînon occidental forme la partie montueuse du Choco; c'est là qu'entre le Tado et Zitarà, appelé aussi San Francisco de Quibdò, se trouve l'isthme de La Raspadura devenu célèbre depuis qu'un moine y a tracé une ligne navigable entre les deux océans [1]. Le point culminant de ce système de montagnes paroît être le Pic du Torrà, situé au sud-est de Novita [2].

[1] Tom. IX, p. 352 et 353

[2] Je suis surpris de voir que M. Pombo ait comparé le *Torrà del Choco*, qui n'entre pas dans la région des neiges, peut-être pas même dans celle des Paramos

L'extrémité boréale de cet élargissement de la Cordillère du Choco, que je viens de signaler, correspond à la jonction qu'offre vers l'est la même Cordillère avec le chaînon central, celui de Quindiù. Les montagnes d'Antioquia, sur lesquelles nous possédons les excellentes observations de M. Restrepo [1], peuvent être appelées un *nœud de montagnes*, parce qu'elles joignent sur la limite septentrionale des plaines de Buga ou du bassin du Cauca les chaînons central et occidental. Nous avons vu plus haut que la crête de la Cordillère orientale reste séparée du nœud à 35 lieues de distance, de sorte que le rétrécissement du lit du Rio Magdalena, entre Honda et Ambalema, ne résulte que du rapprochement des contre-forts de Mariquita et de

(Tom VIII, p. 399), aux montagnes colossales du Méxique. (*Noticias varias sobre las Quinas*, 1814, p. 67.)

[1] *Semanario de Bogota*, Tom. II, p. 41-96. Ce Mémoire renferme à la fois les résultats d'observations astronomiques, des mesures faites à l'aide du baromètre et des données statistiques sur les productions et le commerce de cette intéressante province, dont j'ai tenté de tracer, en 1816, d'après les travaux de M. Manuel Josè de Restrepo, la première carte géographique. (*Voyez* Pl. 24 de mon *Atlas*).

Guaduas. Il n'y a donc pas, à proprement parler, entre les 5° et 5° ¼ de latitude, un groupe de montagnes réunissant les *trois* chaînons à la fois. Dans le groupe de la province d'Antioquia, qui forme la jonction des Cordillères centrale et occidentale, on peut distinguer deux grandes masses, l'une entre le Magdalena et le Cauca, l'autre entre le Cauca et l'Atrato. La première de ces masses tient plus immédiatement aux cimes neigeuses d'Herveo : elle donne naissance, à l'est, au Rio de la Miel et au Nare ; vers le nord, au Porce et au Nechi. Sa hauteur moyenne n'est que de 1200 à 1350 toises. Le point culminant paroît placé près de Santa Rosa, au sud-ouest de la célèbre Vallée des Ours (*Valle de Osos*). Les villes mêmes de Rio Negro et de Marinilla sont construites sur des plateaux de 1060 toises d'élévation. La masse occidentale du nœud des montagnes d'Antioquia, entre le Cauca et l'Atrato, donne naissance, à son versant occidental, au Rio San Juan, au Bevara et au Murri. Elle atteint sa plus grande hauteur (et de toute la province d'Antioquia) dans l'*Alto del Viento*, au nord d'Urrao, que les premiers *Conquistadores* connoissoient sous le nom de

Cordillère d'Abibe [1] ou Dabeiba. Cette hauteur (lat. 7° 15′) n'excède cependant pas 1500 toises. En suivant le versant occidental de ce système de montagnes d'Antioquia, on trouve que le point de partage des eaux qui coulent vers la Mer du Sud et la Mer des Antilles (par les 5° ½ et 6° de latitude) correspond à peu près au parallèle de l'isthme de la Raspadura, entre le Rio San Juan et l'Atrato. Il est remarquable que, dans ce groupe de plus de 30 lieues de largeur, dépourvu de sommets aigus, entre 5° ¼ et 7° ¼ de latitude, les plus hautes masses se trouvent vers l'ouest; tandis que, plus au sud, avant la réunion des deux chaînons de Quindiù et du Choco, nous les avons vues à l'est du Cauca.

On connoît très-imparfaitement les ramifications du nœud d'Antioquia, au nord du parallèle de 7°; on sait seulement que leur abaissement est en général plus rapide et plus complet vers le NO, du côté de l'ancienne province de Biruquete [2] et du Darien, que

---

[1] Sierra de Abibe du géographe La Crux, avec le prétendu volcan d'Ebojito. (Tom. IX, p. 351, note 1.)

[2] Tom. IX, p. 337, note 2.

vers le N. et le NE, du côté de Zaragoza et de Simiti. Depuis la rive septentrionale du Rio Nare, près de son confluent avec le Samana, se prolonge un contre-fort connu sous le nom de la Simitarra et des montagnes de San Lucar. Nous l'appellerons : *premier rameau* du groupe d'Antioquia. Je l'ai vu, à l'ouest, en remontant le Rio Magdalena, depuis le Regidor et la bouche du Rio Simiti jusqu'à San Bartolomé (au sud de la bouche du Rio Sogamozo); tandis que, vers l'est, par les $7°\frac{3}{4}$ et $8°\frac{1}{4}$ de latitude, se montrent dans le lointain les contre-forts des montagnes [1] d'Ocaña, habitées par quelques tribus d'Indiens Motilones. Le *second rameau* du groupe d'Antioquia (à l'ouest de la Simitarra) part des montagnes de Santa Rosa, se prolonge entre Zaragoza et Caceres, et termine brusquement, au confluent du Cauca et du Rio Nechi (lat. 8° 33'), à moins que les collines, souvent coniques [2], entre l'embouchure du Rio Sinu et la petite ville de Tolù, ou

[1] Les montagnes d'Ocaña, liées à la Sierra de Perija, partent du chaînon oriental (celui de la Suma Paz) au NO de Pamplona.

[2] J'ai vu à la voile les *Tettas* de Cispata, de Santero, de Tolu, et de San Martin (lat. 9° 18°-9° 32').

même les hauteurs calcaires de Turbaco et de la Popa, près de Carthagène, ne puissent être regardées comme le prolongement le plus septentrional de ce second rameau. Un *troisième* s'avance vers le golfe d'Uraba [1] ou du Darien, entre le Rio San Jorge et l'Atrato. Il tient, vers le sud, à l'*Alto del Viento*, ou Sierra de Abibe, et se perd très-rapidement en avançant jusqu'au parallèle de 8°. Enfin, le *quatrième rameau* des Andes d'Antioquia, placé à l'ouest de Zitara et du Rio Atrato, éprouve long-temps, avant d'entrer dans l'isthme de Panama, une telle dépression, qu'entre le golfe de Cupica et l'embarcadère du Rio Naipipi on ne trouve plus qu'une plaine [2] à travers laquelle M. Gogueneche a projeté un canal de jonction des deux mers. Il seroit intéressant de connoître la configuration du sol entre le cap Garachine, ou golfe de S. Miguel, et le cap Tiburon, surtout vers les sources du Rio Tuyra et Chucunaque, ou Chuchunque, pour pouvoir déterminer avec précision où commencent à s'élever les montagnes de l'isthme

---

[1] *Semanario de Bogota*, Tom. II, p. 83.

[2] Tom. IX, p. 345-347.

de Panama, montagnes dont la *ligne de faîte* ne paroît pas avoir au-delà de 100 toises de hauteur. L'intérieur du Darfour n'est pas plus inconnu aux géographes que ce terrain humide, malsain, couvert d'épaisses forêts, qui s'étend au nord-ouest de Betoi et du confluent du Bevara avec l'Atrato vers l'isthme de Panama. Tout ce que nous savons positivement jusqu'à ce jour, c'est qu'entre Cupica et la rive gauche de l'Atrato il y a, soit un *détroit terrestre*, soit une absence totale de toute Cordillère. Les montagnes de l'isthme de Panama peuvent, par leur direction et par leur position géographique, être considérées comme une continuation des montagnes d'Antioquia et du Choco; mais il existe à peine, à l'ouest du Bas-Atrato, un seuil ou une foible arête dans la plaine. On ne trouve pas dans cette contrée un groupe de montagnes interposé comme celui qui lie indubitablement (entre Barguesimeto, Nirgua et Valencia) le chaînon oriental de la Nouvelle-Grenade (celui de la Suma Paz et de la Sierra Nevada de Merida) à la Cordillère du littoral de Venezuela.

Pour mieux graver dans la mémoire les résultats que par de laborieuses recherches j'ai obtenus sur la structure et la configuration des Andes, je vais les réunir sous forme de tableau, en commençant par la partie la plus australe du Nouveau-Continent. On verra que la Cordillère des Andes, considérée dans son étendue entière, depuis l'écueil rocheux de Diego Ramirez jusqu'à l'isthme de Panama, est tantôt ramifiée en chaînons plus ou moins parallèles, tantôt *articulée* par d'immenses *nœuds de montagnes*. On distingue neuf de ces nœuds, et par conséquent un égal nombre de points d'embranchemens et de ramifications. Ces dernières sont généralement des bifurcations : deux fois seulement, dans le nœud de Huanuco, près des sources de l'Amazone et de l'Huallaga (lat. 10° à 11°), et dans le nœud du Paramo de Las Papas (lat. 2°), près des sources du Magdalena et du Cauca, les Andes se divisent en trois chaînons. Des *bassins* presque fermés à leurs extrémités, parallèles à l'axe de la Cordillère, et limités par deux nœuds et deux chaînons latéraux, sont des traits caractéristiques de la structure des Andes. Parmi ces nœuds de montagnes, les uns, par exemple ceux du Couzco, de Loxa et de Los Pastos, ont 3300, 1500 et 1130 lieues carrées, tandis que d'autres non moins importans aux yeux du géologue sont restreints à de simples arêtes ou digues transversales. A ces dernières appartiennent les Altos de Chisinche (lat. 0° 40′ sud) et de los Robles (latitude 2° 20′ nord), au sud de Quito et de Popayan. Le nœud du Couzco, si célèbre dans les fastes de la civilisation péruvienne, offre une hauteur moyenne de 1200 à 1400 toises, une surface presque trois fois plus grande que la Suisse entière. L'arête de Chisinche, qui sépare les bassins de Tacunga et de Quito, a 1580 toises d'élévation absolue, mais à peine un mille de largeur. Ni dans les Andes, ni dans la plupart des grandes Cordillères de l'ancien continent, les nœuds ou groupes qui réunissent plusieurs chaînons partiels, n'offrent les sommets les plus élevés : il n'est pas même constant que dans les nœuds il y ait toujours un élargissement de la chaîne. Cette importance de masse et de hauteur attribuée si long-temps aux points d'où partent plusieurs branches considérables, étoit fondée, soit sur des préjugés théoriques, soit sur de fausses mesures. On se plaisoit à comparer les Cordillères aux fleuves qui grossissent selon qu'ils reçoivent un plus grand nombre d'affluens.

80 LIVRE IX.

HÉMISPHÈRE AUSTRAL.	NŒUDS ET CHAINONS DES ANDES DANS L'AMÉRIQUE MÉRIDIONALE.
Lat. 56° 35′	Rocher de Diego Ramirez. Cap de Horn. Andes Patagoniques. Débris des îles rocheuses des Huaytecas et Chonos. Cordillères du Chili, renforcées à l'est par les trois
Lat. 33°—31° Lat. 27°—25° Lat. 22°—18°	Contre-forts de la Sierra de Gordova. de la Sierra de Salta. de la Sierra de Cochabamba et de Santa-Cruz.
Lat. 20° ½—19° ½	NŒUD DE PORCO ET DE POTOSI. Division en deux chaînons, à l'est et à l'ouest du bassin de Titicaca : Chaînon oriental, Chaînon occidental, ou de la Paz et de Palca. ou de Tacna et d'Arequipa.
Lat. 15°—14°	NŒUD DU COUZCO. Deux chaînons, à l'est et à l'ouest du Rio de Jauja, élargis vers l'est par le contre-fort du Beni. Chaînon oriental, Chaînon occidental, ou d'Ocopa et Tarma. ou de Huancavelica.
Lat. 11°—10° ½	NŒUD DE HUANUCO ET DE PASCO. Ramification en trois chaînons séparés par les bassins de l'Huallaga et du Haut-Maragnon. Chaînon oriental, Chaînon central, Chaînon occidental, ou de Pozuzu et Muña. ou de Pataz et Chachapoyas. ou de Guamachuco et Caxamarca.
Lat. 5° ¼—3° ¼	NŒUD DE LOXA. Deux chaînons, à l'est et à l'ouest du bassin de Cuenca.
Lat. 2° 27′	NŒUD DE L'ASSUAY. Deux chaînons, à l'est et à l'ouest du bassin d'Alausi et d'Hambato. Chaînon oriental, Chaînon occidental, ou du Cotapaxi. ou du Chimborazo.
Lat. 0° 40′	NŒUD (ou plutôt arête) DE CHISINCHE. Deux chaînons, à l'est et à l'ouest de la vallée de Quito. Chaînon oriental, Chaînon occidental, ou d'Antisana. ou de Pichinca.

CHAPITRE XXVI.

HÉMISPHÈRE BORÉAL.	NŒUDS ET CHAÎNONS DES ANDES DANS L'AMÉRIQUE MÉRIDIONALE.
	L'équateur passe au sommet de Cayambe (appartenant au chaînon oriental ou d'Antisana).
Lat. $\frac{1}{2}°$ — $1°\frac{1}{4}$	Nœud de Los Pastos. Ramification en deux chaînons, à l'est et à l'ouest du plateau d'Almaguer.
Lat. 1° 55′ — 2° 20′	Nœud des sources du Magdalena et arête de Los Robles. Trois chaînons divisés par les bassins du Magdalena et du Cauca. Chaînon oriental, ‖ Chaînon central, ‖ Chaînon occidental, ou de Timana, Suma Paz, ‖ ou de Guanacas, Quindiù et ‖ avec le terrain platinifère du Chita et Merida. ‖ Ervé. ‖ Choco.
Lat. $5\frac{1}{2}°$ — 7°	Nœud de la province d'Antioquia dans lequel se réunissent seulement les chaînons de Quindiù et du Choco. Le chaînon oriental s'approche, par des contre-forts, vers Honda.
Lat. 7° — 9°	Ramification du nœud des montagnes d'Antioquia en 4 branches : 1° de la Sinitarra ; 2° de Caceres, Nechi et Altos de Tolù ; 3° entre le Rio S. Jorge et l'Atrato ; 4° à l'ouest de l'Atrato. Cette dernière branche, extrêmement basse, paroît liée tout au plus par une foible arête (*seuil*) au groupe montueux de l'isthme de Panama. Le chaînon oriental des Andes de la Nouvelle-Grenade, celui de la Suma Paz et de la Sierra Nevada de Merida, reste séparé de la Sierra Nevada de Santa Marta par les plaines du Rio Cesar ; mais il se réunit par les montagnes de Barquesimeto et de Nirgua à la Cordillère du littoral de Venezuela, dont les points culminans sont la Silla de Caracas, le Bergantin, le Turimiquiri et le promontoire de Paria.

Relat. hist., Tom. 10.

Parmi les bassins que présente le tableau des Andes et qui probablement ont formé autant de lacs, ou de petites mers intérieures, les bassins de Titicaca, du Rio Jauja et du Haut-Maragnon ont 3500, 1300 et 2400 lieues carrées de surface [1]. Le premier est tellement fermé, qu'aucune goutte d'eau n'en peut sortir, si ce n'est par l'effet de l'évaporation :

[1] Je vais offrir dans cette note l'ensemble de ces évaluations qui intéressent le géologue. *Area* des Andes, depuis la Terre de Feu jusqu'au Paramo de las Rosas (lat. 9°$\frac{1}{7}$ bor.), où commence le terrain montueux du Tocuyo et de Barquesimeto, partie de la Cordillère du littoral de Venezuela, 58,900 lieues carrées de 20 au degré. De cette surface, les seuls quatre contre-forts de Cordova, Salta, Cochabamba et Beni, occupent 25,300 l. c., et les trois bassins renfermés entre les 6° et 20° de latitude australe, 7200 l. c. En décomptant 33,200 l. c. pour l'ensemble des bassins enclavés et des contre-forts, on trouve, sur 65° de latitude, l'area des Cordillères élevées en forme de murs, de 25,700 l. c., d'où résulte (y compris les nœuds, et ayant égard aux inflexions des chaînons), une largeur moyenne des Andes de 18 à 20 lieues. (*Voyez* Tom. IX, p. 24) Dans les 58,900 l. c. ne sont pas comprises les vallées de l'Huallaga et du Rio Magdalena, à cause de la direction divergente des chaînons à l'est de Chicoplaya et de Santa-Fe de Bogota.

c'est une répétition de la vallée fermée de Mexico [1] et de ces nombreux bassins circulaires que l'on découvre dans la lune et qui sont environnés de hautes montagnes. Un immense lac alpin caractérise le bassin de Tiahuanaco ou Titicaca : ce phénomène est d'autant plus digne d'attention, que l'Amérique méridionale manque presque entièrement de ces réservoirs d'eaux douces, permanentes pendant la saison de sécheresse, que l'on trouve aux pieds des Alpes d'Europe sur les deux versans septentrional et méridional. Les autres bassins des Andes, par exemple ceux de Jauja, du Haut-Maragnon et du Cauca, versent leurs eaux dans des canaux naturels, que l'on peut considérer comme autant de crevasses placées soit à l'une des extrémités [2] du bassin, soit sur ses bords [3], presque au milieu d'un chaînon latéral. J'ai dû insister sur

[1] Nous le considérons dans son état primitif, en faisant abstraction de la tranchée ou coupure de montagne connue sous le nom de *Desague de Huehuetoca*.

[2] Bassin de l'Amazone et du Cauca.

[3] Bassin de Tarma ou du Rio Jauja, brisé latéralement à l'est par le Mantaro. Bassin d'Almaguer, brisé latéralement à l'ouest par le Rio de Patias.

cette *forme articulée* des Andes, sur ces nœuds ou arêtes transversales, sur cette longue suite de bassins intérieurs, depuis le Potosi, dans le Haut-Pérou, jusqu'au Salto de San Antonio dans la province d'Antioquia, parce que, dans la continuation des Andes appelées Cordillères du littoral de Venezuela, nous retrouverons ces mêmes digues transversales, ces mêmes phénomènes.

La ramification des Andes et de toutes les grandes masses de montagnes en plusieurs chaînons, mérite une considération particulière sous le rapport de la hauteur plus ou moins grande à laquelle se soutient le fond des bassins enclavés ou vallées longitudinales. Les géologues se sont occupés jusqu'ici beaucoup plus des resserremens successifs de ces bassins, de leur profondeur comparée aux murs de rocher qui les bordent, et de la correspondance entre les angles rentrans et saillans, que du niveau qu'atteint le fond des vallées. Aucune mesure précise ne nous indique encore la hauteur absolue des trois bassins de Titicaca, de Jauja et du Haut-Maragnon [1]; mais j'ai eu l'avantage de pouvoir déterminer les

[1] J'incline à croire que le fond de la partie méridionale du bassin du Haut-Maragnon, entre Huary

six autres bassins ou vallées longitudinales qui se suivent, comme par gradins, vers le nord. Le fond de la vallée de Cuenca, entre les nœuds de Loxa et de l'Assuay, a 1350 t.; la vallée d'Alausi et d'Hambato, entre le nœud de l'Assuay et l'arête de Chisinche, 1320 t.; la vallée de Quito [1] dans sa partie orientale 1340 t., et dans sa partie occidentale 1490 t.; le bassin d'Almaguer 1160 t.; le bassin [2] du

et Huacarachuco, dépasse pour le moins 350 toises; car j'ai trouvé les eaux moyennes du Maragnon, près de Tomependa, élvées de 194 toises au-dessus du niveau de l'Océan; et, d'après l'analogie du cours du Magdelena, entre Neiva et l'Angostura de Carare, le Haut-Maragnon peut-avoir, pendant un cours de 4° de latitude, plus de 150 toises de chute.

[1] La vallée de Quito, Iñaquito et Turubamba doit être considérée géognostiquement comme une même vallée avec celle de Puembo et de Chillo. Les collines interposées d'Ichimbio et de Poingasi masquent cette communication.

[2] Pour pouvoir comparer et ce bassin, qui est la partie la plus fertile de la province de Popayan, et le bassin du Magdalena à ceux de l'ancien continent, je citerai ici les plateaux de Mysone (380 à 420 t.) de l'intérieur de l'Espagne (350 t.), de la Suisse entre les Alpes et le Jura (270 t.), de la Bavière (260 t.), et de la Souabe (150 t.).

Rio Cauca, entre les hautes plaines de Cali, Buga et Cartago, 500 t.; la vallée du Magdalena, d'abord entre Neiva et Honda, 200 t., et plus loin, entre Honda et Mompox, 100 t. de hauteur moyenne au-dessus du niveau des mers [1]. Dans cette région, soumise à des me-

[1] Dans la région des Andes comprises entre les 4° de latitude méridionale et les 2° de latitude boréale, les *vallées longitudinales* ou bassins enclavés par des chaînons parallèles ont très-régulièrement entre 1200 et 1500 toises de hauteur; tandis que les *vallées transversales* sont remarquables par leur dépression, ou plutôt par l'abaissement rapide de leur fond. La vallée de Patias, dirigée du NE. au SO., n'a, par exemple, même au-dessus de la réunion du Rio Guachicon avec le Quilquasè, d'après les mesures barométriques de M. Caldas, que 350 toises de hauteur absolue, et cependant elle se trouve entourée des plus hautes cimes, des Paramos de Puntaurcu et Mamacondy. (*Seman.*, Tom. 1, p. 28, et Tom. II, p. 140). En sortant des plaines de la Lombardie et en pénétrant dans les Alpes du Tyrol par une ligne perpendiculaire à l'axe de la chaîne, on fait plus de 20 lieues marines vers le nord, et l'on ne trouve encore près de Botzen le fond de la vallée de l'Adige et de l'Eysack, qu'à 182 toises de hauteur absolue, hauteur qui n'excède que de 117 t. celle de Milan. (Tom. VI, p. 62). Cependant, de Botzen à la crête de Brenner (point culminant de 746

sures précises, les différens bassins offrent, depuis l'équateur, un abaissement très-sensible vers le nord. En général, l'élévation du fond des bassins enclavés mérite une grande attention de la part de ceux qui réfléchissent sur les causes de la formation des vallées. Je ne nie point que les dépressions dans les plaines peuvent quelquefois être l'effet d'anciens courans pélagiques ou de lentes érosions. J'aime à croire que des vallées transversales, qui ressemblent à des crevasses, ont été élargies par des eaux courantes; mais ces hypothèses d'*érosions successives* ne sauroient s'appliquer avec raison aux bassins entièrement fermés de Titicaca et de Mexico. Ces bassins, de même que ceux de Jauja, de Cuenca et d'Almaguer, qui ne perdent leurs eaux que par un émissaire latéral et étroit, sont dus à une cause plus

t.), il n'y a plus que 11 lieues. Le Valais est une vallée longitudinale; et dans un nivellement barométrique que j'ai fait très-récemment de Paris à Naples et à Berlin, j'ai été surpris de trouver que, de Sion à Brigg, le fond de la vallée ne s'élève aussi que de 225 à 350 t. de hauteur absolue : c'est à peu près le niveau des plaines de la Suisse qui, entre les Alpes et le Jura (par exemple entre Berne, Thoun et Fribroug), ont de 274 à 300 t.

instantanée, plus intimement liée au soulèvement de toute la chaîne. On peut dire que les phénomènes des escarpemens, ou pentes étroites du Sarenthal et de la vallée de l'Eysack en Tirol, se répètent à chaque pas, et sur une plus grande échelle, dans les Cordillères de l'Amérique équinoxiale. On croit y reconnoître ces affaissemens longitudinaux; « ces voûtes rocheuses qui, pour me servir des expressions d'un grand géologue [1], se brisent, lorsqu'elles sont étendues sur un grand espace, et laissent des fissures profondes et presque perpendiculaires. »

Si, pour compléter le tableau de la structure des Andes, depuis la Terre de Feu jusqu'à la Mer Polaire boréale, nous franchissons les limites de l'Amérique méridionale, nous voyons la Cordillère occidentale de la Nouvelle-Grenade, après la grande dépression qu'elle éprouve entre les bouches de l'Atrato et le golfe de Cupica, s'élever de nouveau dans l'isthme de Panama à 80 ou 100 toises de hauteur [2], s'agrandir vers l'ouest, dans les

[1] *Léopold de Buch*, *Tableau du Tyrol méridional*, 1823, p. 8.
[2] Tom. III, p. 345.

CHAPITRE XXVI.

Cordillères de Veragua et de Salamanca[1], et s'étendre par le Guatimala jusqu'aux confins du Mexique. Dans cet espace elle reste constamment rapprochée des côtes de la Mer du Sud, où, depuis le golfe de Nicoya jusqu'à Soconusco (lat. 9° ½-16°), se trouve une longue série de volcans[2], le plus souvent isolés, et

---

[1] S'il est vrai, comme l'assurent les navigateurs, que les montagnes placées à l'extrémité NO. de la république de Colombia, et connues sous les noms de Silla de Veragua et Castillo del Choco (dans le méridien de la Boca del Toro, et de la Laguna Chiriqui), sont visibles à 36 lieues de distance (*Purdy, Colombian Navigator*, p. 134), l'élévation de leurs sommets atteindrait près de 1400 toises et seroit peu différente de celle de la Silla de Caracas.

[2] *Voyez* la liste de 21 volcans du Guatimala, en partie éteints, en partie encore enflammés, que nous avons donnée, M. Arago et moi, dans *l'Annuaire du Bureau des longitudes pour* 1824, p. 175. Comme aucune montagne du Guatimala n'a été mesurée jusqu'ici, il est d'autant plus important de fixer approximativement la hauteur du *Volcan de agua* placé entre le Volcan de Pacaya et le *Volcan de Fuego*, appelé aussi *Volcan de Guatimala*. M. Juarros dit tout exprès que ce volcan qui, par des torrens d'eau et de pierres, ruina, le 11 septembre 1541, la Ciudad Vieja, ou

quelquefois liés à des contre-forts ou branches latérales. En franchissant l'isthme de Tehuantepec ou de Huasacualco, sur le territoire du Mexique, la Cordillère de l'*Amérique centrale* se maintient, d'abord dans l'intendance d'Oaxaca, à égale distance des deux océans ; ensuite des 18° ½ aux 21° de latitude, depuis la Misteca jusqu'aux mines de Zimapan, elle s'approche des côtes orientales. Presque sous le parallèle de la ville de Mexico, entre Toluca, Xalapa et Cordoba, elle atteint son maximum de hauteur. C'est là que s'élèvent plusieurs cimes colossales à 2400 et 2770 t. Plus au nord, la chaîne sous le nom de *Sierra Madre* [1] se dirige au N. 40° O. vers San Miguel el Grande et Guanaxuato. Près de cette dernière ville (lat. 21° 0′ 15″), où se trouvent les

Almolonga (l'ancienne capitale du pays, qu'il ne faut pas confondre avec l'Antigua Guatimala), conserve les neiges pendant plusieurs mois de l'année. Ce phénomène semble indiquer une hauteur de plus de 1750 t. (*Compendio de la Hist. de Guatemala*, Tom.   , p. 72-85 ; Tom. II, p. 351. *Remesal, Hist. de la Prov. de San Vicente*, Lib. IV, cap. 5).

[1] Dans la partie NE. de l'ancienne intendance de Mexico, entre Zimapan, El Doctor et Ixmicuilpan.

plus riches mines d'argent du monde connu, elle prend une largeur extraordinaire, et se divise en trois branches. La plus *orientale* avance vers Charcas et le Real de Catorce, et s'abaisse progressivement (en tournant au NE.) dans l'ancien royaume de Léon, dans la province de Cohahuila et le Texas. Du Rio Colorado de Texas cette branche se prolonge, en traversant l'Arkansas (à l'ouest d'Arkopolis), vers le confluent du Mississipi et du Missouri (lat. 38° 51′). Dans ces contrées elle porte le nom de *Montagnes d'Ozark* [1] et atteint 300 toises d'élévation. Un excellent observateur, M. Edwin James, pense qu'à l'est du Mississipi (lat. 44°. - 46°), les Wisconsan Hills, qui se prolongent au NNE. vers le Lac Supérieur, pourroient bien être une continuation des montagnes d'Ozark. Leur richesse en métaux semble les caractériser comme une

[1] Ozark est à la fois l'ancien nom de l'Arkansas et de la tribu des Indiens Quawpaws qui habitent les bords de cette grande rivière. Le point culminant des *Monts Ozark* se trouve, par les 37° ½ de latitude, entre les sources du White et Osage River. (*Long. Exped. to the Rocky Mount.*, 1823, *Tome II*, p. 80, 409, 423.)

prolongation de la Cordillère orientale du Mexique. Quant à la Cordillère ou branche occidentale, elle occupe une partie de la province de Guadalaxara, et se prolonge par Culiacan, Arispe, et les terrains aurifères de la Pimeria Alta et de la Sonora jusqu'aux bords du Rio Gila (lat. 33°-34°), une des plus anciennes demeures des peuples aztèques. Nous verrons bientôt que ce chaînon occidental paroît lié, par des contre-forts qui avancent vers l'ouest, aux *Alpes maritimes de la Californie*. Enfin la Cordillère centrale d'Anahuac, qui reste la plus élevée, se dirige d'abord, du sudest au nord-ouest, par Zacatecas vers Durango, puis du sud au nord, par Chihuahua, vers le Nouveau-Mexique. Elle prend successivement les noms de Sierra de Acha, Sierra de Los Mimbres, Sierra Verde et Sierra de las Grullas, et se réunit, vers les 29° et 30° de latitude, par des contre-forts, aux deux chaînons latéraux, ceux de Texas et de la Sonora, ce qui rend la séparation de ces chaînons plus imparfaite que les trifurcations des Andes dans l'Amérique méridionale.

La partie des Cordillères du Mexique, qui est la plus riche en couches et filons argentifères, est comprise entre les parallèles d'Oaxaca et de Cosiquiriachi (lat. 16° ½-29°); les seuls terrains de rapport ou d'alluvion, qui contiennent de l'or disséminé, s'étendent encore quelques degrés de plus vers le nord [1]. C'est un phénomène bien remarquable de voir l'or de lavage de Cinaloa et de la Sonora, comme celui de Barbacoas et du Choco, au sud et au nord de l'isthme de Panama, uniformément placé à l'ouest de la chaîne centrale, sur le versant opposé à l'Océan Pacifique. Les traces d'un feu volcanique encore actif, qui ne s'étoient plus montrées, sur une longueur de 200 lieues, depuis Pasto et Popayan jusqu'au golfe de Nicoya (lat. 1° ¼-6° ½), deviennent très-fréquentes sur les côtes occidentales du Guatimala (lat. 9° ½-16°) : elles cessent de nouveau dans les montagnes de granite-gneis d'Oaxaca, et reparoissent, peut-être vers le nord pour la dernière fois, dans la Cordillère centrale d'Anahuac, entre les 18°

---

[1] D'après la division des mines du Mexique en huit groupes (*Voyez* mon *Essai Polit.*, Tom. II, p. 502), les mines de Cosiquiriachi, Batopilas et du Parral appartiennent au *groupe de Chihuahua*, dans l'intendance de Durango ou de la Nouvelle-Biscaye.

¼ et 19° ½ de latitude, où les volcans de Tuxtla, d'Orizaba, de Popocatepetl, de Toluca, de Jorullo et de Colima, paroissent placés sur une crevasse [1] qui s'étend de l'ESE. à l'ONO. d'un océan à l'autre. Cet alignement des cimes, dont plusieurs entrent dans la limite des neiges perpétuelles, et sont les plus hautes cimes que présentent les Cordillères depuis le Pic de Tolima (lat. 4° 46′ bor.), est presque perpendiculaire au grand axe de la chaîne du Guatimala et d'Anáhuac, dirigée jusqu'au parallèle de 27° constamment N. 42° E. C'est, comme je l'ai fait observer plus haut, un trait caractéristique de tout nœud ou élargissement des Cordillères d'offrir des sommets dont l'agrou-

[1] Sur cette *zone des volcans* et le parallèle des plus grandes hauteurs de la Nouvelle-Espagne, *voyez*, Tom. II, p. 127. Si les relèvemens croisés du capitaine Basil-Hall (*Extracts from a Journal written on the coasts of Chili, Peru and Mexico*, 1824, Vol. II, p. 379), donnent des résultats également certains tant en latitude qu'en longitude, le Volcan de Colima se trouve au nord du parallèle de Puerto de Navidad, par 19° 36′ de latitude, et, comme le Volcan de Tuxtla, sinon hors de la zone, du moins hors du *parallèle moyen du feu volcanique au Mexique*, parallèle qui paroît tomber entre 18° 59′ et 19° 12′.

-pement est indépendant de la direction générale de l'axe. Dans la Nouvelle-Espagne, le dos même des montagnes forme des plaines très-élevées qui permettent aux voitures de rouler sur 400 lieues de longueur, depuis la capitale jusqu'à Santa-Fé et Taos, près des sources du Rio del Norte. Ce plateau immense se soutient constamment par 19° et 24° ½ de latitude à 950 et 1200 toises de hauteur, c'est-à-dire à la hauteur des passages du Grand-Saint-Bernard et du Splugen. Sur le dos des Cordillères d'Anahuac, qui s'abaisse progressivement de la ville de Mexico vers Taos (limite boréale des *Provincias internas*), on rencontre une série de bassins. Ils sont séparés les uns des autres par des collines qui frappent peu les yeux du voyageur, parce qu'elles ne s'élèvent que de 250 à 400 toises au-dessus des plaines environnantes. Ces bassins sont, tantôt fermés, comme la vallée de Tenochtitlan, où se trouvent de grands lacs alpins, tantôt ils offrent les traces d'anciens émissaires dépourvus d'eau.

Entre les 33° et 38° de latitude, le Rio del Norte, dans son cours supérieur, forme une grande vallée longitudinale. La chaîne centrale même y paroît divisée en plusieurs rangées parallèles. Cette disposition continue, vers le nord, dans les *Montagnes Rocheuses*[1] où, d'après les travaux courageux du capitaine Pike, du major Long et du docteur Edwin James, entre les parallèles de 37° et 41°, plusieurs sommets couverts de neiges éternelles (Spanish Peak, James Peak et Bighorn)[2] ont

[1] Les *Rocky Mountains* ont été désignés, à différentes époques, par les noms de *Chyppewyan*, *Missouri*, *Columbian*, *Caous*, *Stony*, *Shining* et *Sandy Mountains*. (*Voyez Long. Exped.*, Tom. II, p. 405; et *Humb.*, *Rel. hist.*, Tom. V, p. 10 et 11.)

[2] Ces pics, de granite amphibolique, ne forment pas trois montagnes isolées : chaque pic a plusieurs sommets pointus. *Spanish Peak* (lat. 37° 20′, long. 106° 55′) est placé entre la source de la branche septentrionale (*Northern Forck*) de Canadian River et la source de l'Arkansas. C'est peut-être la Sierra de Taos des anciennes cartes mexicaines, au NNE. de Taos (le *Tous de Melish* et de tant de cartes publiées aux États-Unis). Au Spanish Peak succède, vers le nord, *James Peak* (lat. 38° 38′, long. 107° 52′), entre les sources de l'Arkansas et du Padouca, affluent de la Rivière Platte (*Ne-Brasca*, c'est-à-dire *eau de peu de fond*, en langue des Indiens Otoes, et non, comme porte naïvement une nouvelle carte françoise, *Rio de la Plata*, rivière d'argent!) Enfin, par lat. 40° 13′, long. 108° 30°,

de 1600 à 1870 toises de hauteur absolue. Vers les 40° de latitude, au sud des sources

s'élève, entre les deux branches de la Rivière Platte, le *Bighorn* ou *Pic principal* (*Highest Peak*) du capitaine Pike, peut-être la Sierra de Almagre des habitans du Nouveau-Mexique. De ces trois grandes masses de montagnes, celle du milieu, James Peak, est évaluée à 11,500 pieds anglois (1798 toises) de hauteur absolue; mais de cette hauteur il n'y a que 8507 pieds anglois (1332 t.) mesurés trigonométriquement: la hauteur de la base au-dessus du niveau de la mer (468 toises) ne se fonde pas sur une mesure barométrique, mais sur des évaluations un peu vagues des pentes des trois rivières Platte, Missouri et Mississipi (*Long. Exped.*, Tom. II, p. 32, 382. *Ap.*, p. xxxviii). Le capitaine Pike, d'après des hypothèses analogues, mais certainement moins bonnes que celles du major Long et de M. James, avoit assigné à ce plateau ou aux plaines adossées aux Montagnes Rocheuses 1250 toises d'élévation. Dans deux coupes, M. James assigne aux plus hauts sommets des Montagnes Rocheuses, par 35° de latitude, 10,500 pieds anglois (1642 t.); par les 41°, près de 12,000 pieds anglois (1876 t.). La limite inférieure des neiges perpétuelles lui a paru par les 38°½ de latitude à 1530 t., hauteur qui correspond, dans le système des climats européens, à 40° de latitude. Les positions astronomiques que le major Long assigne à la pente orientale des Monta-

Relat. hist., Tom. 9.

du Padouca, affluent de la Rivière Platte, on voit se séparer de la chaîne centrale, vers le NE., une branche connue sous le nom des *Côtes Noires* [1]. Les Montagnes Rocheuses semblent d'abord s'abaisser beaucoup par les 46° 48′; puis elles s'exhaussent par les 48° et 49° où leurs crêtes ont 1200 à 1300 toises, leurs cols près de 950 toises. Entre les sources du Missouri et la rivière de Lewis, un des affluens de l'Oregon ou Columbia, les Cordillères forment, en s'élargissant, un coude

gnes Rocheuses (107° 20′ à l'ouest de Paris par 38° de latitude) paroissent mériter beaucoup de confiance, les pics étant liés par des lignes chronométriques et quelques observations des satellites de Jupiter au Mississipi: mais il ne faut point oublier que le gisement des pics par rapport à Taos et à Santa-Fe du Nouveau-Mexique est beaucoup plus incertain. Lafora et Rivera diffèrent de 18′ sur la latitude de Santa-Fe; et les combinaisons dont j'ai pu déduire la différence des méridiens de Santa-Fe et de Mexico sont loin d'être rassurantes. (*Voyez* mon *Essai polit.*, Tom. I, p. xl.) J'attends avec impatience des observations astronomiques faites à l'ouest des Pics.

[1] *Black Hills*, qui ont au plus 260 toises de hauteur. Ils se prolongent vers le parallèle de 46°.

qui rappelle celui du nœud du Couzco [1]. C'est là aussi que se trouve, sur la pente orientale des Montagnes Rocheuses, le partage d'eau entre la Mer des Antilles et la Mer Polaire. Ce point correspond à ceux que nous avons signalés plus haut dans les Andes de l'Amérique Méridionale, à l'est, sur le contre-fort de Cochabamba (lat. 19°-20° austr.); à l'ouest, dans l'Alto de los Robles (lat. 2° 20' bor.). L'arête qui part des Montagnes Rocheuses se prolonge de l'ouest à l'est vers le Lac Supérieur, entre les bassins de Missouri et celui des lacs Winnipeg et des Esclaves. Nous avons vu la Cordillère centrale du Mexique et les Montagnes Rocheuses suivre la direction N. 10° O. depuis les 25° aux 38° de latitude : de ce point à la Mer Polaire, la chaîne se prolonge dans la direction N. 24° O., et aboutit sous le parallèle de 69° à l'embouchure de la rivière de Mackensie [2].

[1] Tom. X, p. 44.

[2] Le bord oriental des *Montagnes Rocheuses* se trouve
par 38° de latit. par..... 107° 20' de long.
    40° .... 108° 30'
    63° .... 124° 40'
    68° .... 130° 30'

En développant ainsi à grands traits la structure de la Cordillère des Andes, depuis les 56° sud jusqu'au-delà du cercle arctique, nous avons reconnu que son extrémité boréale (long. 130° 30′) se trouve presque 61° de longitude à l'ouest de son extrémité australe (long. 69° 40′). C'est l'effet de la longue durée d'une direction SE-NO. au nord de l'isthme de Panama. Par l'élargissement extraordinaire que prend le Nouveau-Continent, par les 30° et les 60° de latitude boréale, la Cordillère des Andes, constamment rapprochée des côtes occidentales dans l'hémisphère austral, s'en éloigne de 400 lieues au nord des sources de la Rivière de la Paix. Les Andes du Chili peuvent être considérées comme des Alpes maritimes [1]; tandis que, dans leur continuation la plus septentrionale, les Montagnes Rocheuses sont une chaîne de l'intérieur d'un continent. Il existe sans doute, entre les 23° et 60° de latitude, depuis le cap Saint-Lucas en Californie

---

[1] Géognostiquement parlant, une chaîne du littoral n'est pas une rangée de montagnes que forme elle-même la côte. On étend ce nom à une chaîne qui est séparée de la côte par une plaine étroite.

jusqu'à Alaska, sur les côtes occidentales de la Mer du Kamtschatka, une véritable Cordillère du littoral; mais elle forme, comme nous l'avons déjà indiqué plus haut [1], un système de montagnes presque entièrement distinct des Andes du Mexique et du Canada. Ce système, que nous appellerons la *Cordillère de Californie ou de la Nouvelle-Albion*, est lié entre les 33° et 34° à la Pimeria alta et à la branche occidentale des Cordillères d'Anahuac; entre les 45° et 53° de latitude, par des arêtes transversales et des contre-forts qui s'élargissent vers l'est, aux Montagnes Rocheuses. Des voyageurs instruits qui parcourront un jour le terrain inconnu entre le cap Mendocino et les sources du Rio Colorado, nous apprendront si cette liaison des Alpes maritimes de la Californie ou de la Nouvelle-Albion à la branche occidentale des Cordillères du Mexique ressemble à celle que, malgré la dépression, ou plutôt l'interruption totale que l'on observe à l'ouest du Rio Atrato, les géographes admettent entre les montagnes de l'isthme de Panama et la branche occiden-

[1] Tom. X, p. 26-36.

tale des Andes dé la Nouvelle-Grenade. Les Alpes maritimes, peu élevées dans la péninsule de la Vieille-Californie, s'élèvent progressivement vers le nord dans la Sierra de Santa Lucia (lat. 34° $\frac{1}{2}$), dans la Sierra de San Marcos (lat. 37°-38°) et dans les montagnes neigeuses qui avoisinent le cap Mendocino (lat. 39°-41°). Ces dernières paroissent atteindre pour le moins 1500 toises de hauteur. Depuis le cap Mendocino, la chaîne suit les sinuosités de la côte de l'Océan-Pacifique, dont elle reste cependant éloignée de 20 à 25 lieues. Entre les hautes cimes du Mont Hood et du Mont Saint-Helen, par les 45° $\frac{3}{4}$ de latitude, elle est brisée par le grand Rio Colombia. Dans le Nouveau-Hanovre, le N.-Cornouaille et le N.-Norfolk [1], se répètent ces déchiremens d'une côte rocheuse, ces phénomènes géognostiques des *fiörds* que caractérisent la Patagonie occidentale et la Norwège. Là où la Cordillère tourne à l'ouest (lat. 58° $\frac{3}{4}$, long. 139° 40′), sont placés deux pics volcaniques [2], dont l'un, le

---

[1] Harmon, Journal of Travels in the interior of North America, p. 78.

[2] Des mesures trigonométriques faites par l'expédition de Malaspina, et qui paroissent mériter toute

Mont Saint-Élie, égale presque la hauteur du Cotopaxi; l'autre, la Montagne de Beautems, celle du Mont-Rose. Le premier excède, en élévation, tous les sommets des Cordillères du Mexique et des Montagnes Rocheuses, au nord du parallèle de 19° ¼ : il est même, dans l'hémisphère boréal, le point culminant de tout le monde connu au nord des 50° de latitude. Vers le nord-ouest des pics de Saint-Élie et de Beautems, la chaîne de Californie prend un élargissement extraordinaire [1] dans l'intérieur de l'Amérique russe. Les volcans

confiance, donnent au Mont Saint-Élie (lat. 60° 17′ 35″), non comme le veut Laperouse, 1980 toises, mais 2793 t.; au Mont Beautems (Fairweather, Montaña de Buentiempo, lat. 59° 0′ 42°), 2304 t. Voyez *Relacion del Viage al Estrecho de Fuca*, 1802, p. cxv et cxc. Comme le peu de soin qui a été mis à la publication du Voyage de Laperouse est la cause de beaucoup d'erreurs, qu'on a faussement attribuées à cet illustre et infortuné navigateur (Krusentern, *Reise um des Welt.*, Tom. II, p. 15), il seroit important de vérifier la mesure du Mont Saint-Élie sur le manuscrit des journaux de route rapportés en France.

[1] Voyez mon *Essai Polit. sur la Nouv.-Esp.*, Tom. I, p. 349.

augmentent en nombre selon que l'on avance vers l'ouest, dans la péninsule d'Alaska et dans les îles des Renards, où le volcan Ajagedan s'élève à 1175 toises [1] de hauteur au-dessus du niveau de l'Océan. C'est ainsi que la chaîne des Alpes maritimes de Californie paroît minée par des feux souterrains à ses deux extrémités; vers le nord, par les 60° de latitude, et vers le sud par les 28° dans le volcan des Vierges [2]. S'il étoit certain que les Montagnes de Californie appartinssent à la branche occidentale des Andes d'Anahuac, on pourroit dire que le feu volcanique, encore actif, abandonne la Cordillère centrale dès qu'elle s'éloigne des côtes, c'est-à-dire depuis le Volcan de Colima, et que ce feu se porte au nord-ouest par la péninsule de la Vieille-Californie, par le Mont Saint-Élie et par la péninsule d'Alaska, vers les îles Aleutes et le Kamtschatka.

Je terminerai le tableau de la structure des

[1] D'après la mesure de M. de Kotzebue.

[2] Volcanes de las Virgenes. La plus haute cime de la Vielle-Californie, le Cerro de la Giganta (700 toises), paroît aussi un volcan éteint. (*Manuscrit du colonel Costanzo*).

Andes, en récapitulant les traits principaux qui caractérisent les Cordillères au nord-ouest du Darien.

Lat. 8°- 11°. Montagnes de l'isthme de Panama, de Veragua et de Costa-Rica, foiblement liées au chaînon occidental de la Nouvelle-Grenade, qui est celui du Choco.

Lat. 11°- 16° Montagnes de Nicaragua et du Guatimala; volcans allignés N. 50° O., en grande partie encore actifs, depuis le golfe de Nicoya jusqu'au Volcan de Soconusco.

Lat. 16°- 18°. Montagnes de granite-gneis de la province de d'Oaxaca.

Lat. 18° ½-19° ½. Nœud trachytique d'Anahuac, parallèle des Nevados et des volcans enflammés du Mexique.

Lat. 19° ½ - 20° Nœud de montagnes métallifères de Guanaxuato et de Zacatecas.

Lat. 21° ¾ - 22°. Division des Andes d'Anahuac en trois chaînons :

Chaînon oriental (du Potosi et de Texas), continué par les Monts Ozark et Wisconsan jusqu'au Lac Supérieur.

Chaînon central (de Durango, du Nouveau-Mexique et des Montagnes Rocheuses), envoyant, au nord des sources de la Rivière Platte (lat. 42°), un rameau (les Côtes noires) vers le NE., s'élargissant beaucoup entre les parallèles de 46° et 50°, et s'abaissant progressivement à mesure qu'il se rapproche de l'embouchure de la Rivière de Mackensie (lat. 68°).

Chaînon occidental (de Cinaloa et de la Sonora). Il se lie par des contre-forts (lat. 33°-34°) aux Alpes maritimes ou Montagnes de la Californie.

Nous n'avons encore aucun moyen de juger, avec quelque précision, de l'élévation des Andes au sud du nœud des montagnes de Loxa (lat. aust. 3°-5°) ; mais nous savons qu'au nord de ce nœud, les Cordillères s'élèvent cinq fois au-dessus de la hauteur majestueuse de 2600 t.

Dans le groupe de Quito, de 0° à 2° lat. aust.

(Chimborazo, Antisana, Cayambe, Cotopaxi, Collanes, Yliniza, Sangai, Tunguragua).

Dans le groupe de Cundinamarca, lat. 4° 3/4 nord. (Pic de Tolima, au nord des Andes de Quindiù).

Dans le groupe d'Anahuac, de 18° 59′ à 19° 12′ (Popocatepetl ou Grand Volcan de Mexico et Pic d'Orizaba). Si l'on considère les Alpes maritimes ou Montagnes de Californie et du Nouveau-Norfolk, soit comme une continuation du chaînon occidental du Mexique, celui de la Sonora, soit comme lié par des contre-forts (lat. 48°) au chaînon central, celui des Montagnes Rocheuses, on peut ajouter aux trois groupes précédens :

Le *groupe de l'Amérique Russe*, lat. 60°-70° (Mont Saint-Élie). Sur une étendue de 63° en latitude, je ne connois encore que 12 cimes des Andes qui égalent la hauteur de 2600 t. et dépassent par conséquent de 140 toises la hauteur du Mont-Blanc. De ces 12 cimes, il y en a seulement trois placées au nord de l'isthme de Panama.

β. GROUPE ISOLÉ DES MONTAGNES NEIGEUSES DE SANTA MARTA. Dans l'énumération des différens systèmes de montagnes, je place ce groupe avant la chaîne du littoral de Venezuela, quoique cette dernière, comme prolongement septentrional de la Cordillère de Cundinamarca, se lie immédiatement à la chaîne des Andes. La *Sierra Nevada de Santa Marta* est renfermée entre deux branches divergentes des Andes, celle de Bogota et celle de l'isthme de Panama. Elle s'élève brusquement, semblable à un château fort, au milieu des plaines qui s'étendent du golfe du Darien par l'embouchure du Magdalena au lac de Maracaybo. J'ai déjà signalé plus haut[1] l'ancienne erreur des géographes, d'après laquelle ce groupe isolé de montagnes couvertes de neiges éternelles a été considéré comme l'extrémité des hautes Cordillères de Chita et de Pamplona. La crête la plus élevée de la Sierra Nevada de Santa Marta n'a que trois à quatre lieues de long dans la direction de l'est à l'ouest; elle est limitée (à 9 lieues de distance de la côte) par les méridiens des caps de San Diego et de San Agustin. Les points culminans, appelés El Picacho et la Horqueta[2], se trouvent

[1] Tom. X, p. 7.
[2] D'après les observations de M. Fidalgo (*Tierrea*

CHAPITRE XXVI. 109

placés près du bord occidental du groupe; ils sont entièrement séparés du Pic de San Lorenzo, également couvert de neiges éternelles, mais seulement éloigné de quatre lieues du port de Santa Marta, vers le S E. C'est ce dernier pic que j'ai vu des hauteurs qui environnent le village de Turbaco [1], au sud de Carthagène. Aucune mesure précise ne nous a fait connoître jusqu'ici la hauteur de la Sierra Nevada, que Dampierre avoit déjà nommée une des plus hautes montagnes de l'hémisphère boréal. Des combinaisons fondées sur le *maximum* de distance à laquelle ce groupe a été vu en mer, lui donnent plus de 3004 toises de hauteur [2]. Cette mesure,

firme, hoja tercera, Madrid, 1817), la Horqueta se trouve située par lat. 10° 51′, et long. 67° 29′ Cad., en supposant S. Marta long. 68° 0′ Cad.; d'où il résulte, si l'on adopte pour ce dernier port, avec M. Oltmans, 76° 29′ Par., pour la Horqueta 75° 58′ Par.

[1] Pic de San Lorenzo, d'après Fidalgo, lat. 11° 6′ 45″, long. 67° 50′ Cad. Turbaco, d'après mes observations, lat. 10° 18′ 5″, long. 77° 41′ 51″ Par., (les méridiens de Cadiz et de Paris diffèrent de 8° 37′ 37″).

[2] *Pombo, Noticias varias sobre las Quinas*, 1814, p. 67 et 139. Dans cet ouvrage rempli de connois-

malgré les incertitudes de la réfraction terrestre, laisseroit moins à désirer si elle avoit été faite dans le méridien de la Horqueta même, et si les erreurs de la longitude du navire ne rendoient pas incertaine la distance aux sommets neigeux. La preuve directe de *l'isolement* du groupe des montagnes de Santa Marta se trouve dans le climat ardent des terrains *(tierras calientes)* qui l'entourent, à l'est, vers le Rio Palomino; au sud, vers les villages de Valencia de Jesus et de Santa Maria Angola, vers les sources du Rio Cesar et vers le *Valle de Upar*, anciennement connu sous le nom de la Villa de Reyes; à l'ouest, vers le Rio Aracataca [1]. De foibles arêtes et une suite de collines indiquent peut-être une ancienne liaison de la Sierra Nevada de Santa Marta, d'un côté par l'*Alto de las Minas* [2] (à l'ouest de la Laguna Zapatosa) avec les rochers phonoli-

---

sances utiles, la latitude du Pic de San Lorenzo est indiquée 10° 7' 15", au lieu de 11° 7' 15", erreur qui est d'autant plus dangereuse que la Horqueta y est appelée *la Sierra mas avanzada al mar.*

[1] Mss. du général Cortès.

[2] C'est un prolongement de la *Sierra Nevada* la vers le SO.

tiques et granitiques du Peñon et de Banco [1];
de l'autre, par la Sierra de Perija avec les
montagnes de Chiliguana et d'Ocaña, qui sont
les contre-forts [2] du chaînon oriental des
Andes de la Nouvelle-Grenade. Dans ce dernier chaînon, les espèces fébrifuges de quinquina (*corollis hirsutis, staminibus inclusis*)
qui avancent le plus au NE., sont celles de la
Sierra Nevada de Merida [3]; mais de toute
l'Amérique du Sud les vrais Cinchona les plus
septentrionaux se trouvent dans la région tempérée de la Sierra Nevada de Santa Marta.

8. CHAINE DU LITTORAL DE VENEZUELA. C'est
le système de montagnes dont la configuration
et la direction ont exercé une influence si
puissante sur l'état de la culture et du commerce de l'ancienne *Capitania general* de Venezuela. On lui donne différens noms (montagnes de Coro, de Caracas, du Bergantin, de

---

[1] Sur les bords du Rio Magdalena, un peu au nord
de Tamalameque et du Regidor, dont j'ai trouvé la
lat. 8° 30′, et la long. 76° 13′.

[2] Tom. X, p. 72.

[3] Tom. IX, p. 286.

Barcelone, de Cumana et de Paria); mais ces noms appartiennent tous à la même chaîne, dont la partie septentrionale longe constamment la côte de la Mer des Antilles. Il seroit superflu de rappeler ici de nouveau que ce système de montagnes, qui a 160 lieues de long [1], est un prolongement de la Cordillère orientale des Andes de Cundinamarca. La liaison de la chaîne du littoral avec les Andes est immédiate comme l'est celle des Pyrénées avec les Montagnes d'Asturie et de Galice; elle n'est pas l'effet d'arêtes transversales, comme la liaison des Pyrénées avec les Alpes de la Suisse par la Montagne-Noire et les Cévennes. Les points de jonction que les cartes ont si mal indiqués jusqu'ici, se trouvent entre Truxillo, Tocuyo et le Lac de Valencia. Voici les détails de cette jonction :

Nous avons fait observer plus haut que le chaînon oriental de la Nouvelle-Grenade se prolonge au NE., tant par la Sierra Nevada de Merida que par les quatre Paramos de Timotes, Niquitao, Boconò et de las Rosas, dont

[1] C'est plus que la double longueur des Pyrénées, depuis le cap de Creuz jusqu'à la pointe de Figuera.

la hauteur absolue ne peut être moindre de
1400 à 1600 toises. Après le Paramo de las
Rosas, plus élevé que les deux qui le précèdent, il y a une grande dépression : on ne
trouve plus de chaîne ou de crête distincte,
mais un terrain montueux [1] et de hauts plateaux qui entourent les villes de Tocuyo et de
Barquisimeto. Nous ignorons l'élévation même
du Cerro del Altar, entre Tocuyo et Cara-
nacatù; mais nous savons, par les mesures récentes de MM. Rivero et Boussingault, que les
endroits les plus habités ont 300 à 350 toises
d'élévation au-dessus du niveau de l'Océan.
Les limites du terrain montueux entre le Tocuyo et les vallées d'Aragua sont, au sud, les
plaines de San Carlos; au nord, le Rio de Tocuyo, dans lequel se jette le Rio Siquisique.
Du Cerro del Altar au NE., suivent, vers
Guigue et Valencia, comme points culminans [2],
d'abord les Montagnes de Santa Maria (entre
Buria et Nirgua), puis le Picacho de Nirgua,
que l'on croit de 600 toises de hauteur; enfin
Las Palomeras et El Torito (entre Valencia et

---

[1] *Voyez* plus haut, Tom. V, p. 305; IX, p. 280.
[2] Mss. du général Cortès.

Relat. hist., Tom. 10.

Nirgua) La ligne de partage d'eau se prolonge de l'ouest à l'est depuis Quibor jusqu'aux hautes savanes de Londres, près de Santa Rosa. Au nord, les eaux coulent vers le *Golfo triste* de la Mer des Antilles; au sud, vers les bassins de l'Apure et de l'Orénoque. Tout ce pays montueux, que nous venons de faire connoître, et par lequel la chaîne du littoral de Caracas se rattache aux Cordillères de Cundinamarca, a joui de quelque célébrité en Europe [1] au milieu du seizième siècle; car la partie de granite-gneis, renfermée entre le Rio Tocuyo et le Rio Yaracui, offre les filons aurifères de Buria et la mine de cuivre d'Aroa, qui est encore en exploitation de nos jours. Si l'on trace à travers le *nœud des montagnes de Barquisimeto* les méridiens très-rapprochés d'Aroa, de Nirgua et de San Carlos, on observe qu'au NO. ce *nœud* se lie à la Sierra de Coro, appelée aussi Sierra de Santa Lucia, au NE. aux montagnes de Capadare, de Porto-Cabello et de la Villa de Cura. Il forme, pour ainsi dire, le mur oriental de cette vaste dépression circulaire dont le Lac de Maracaybo

---

[1] Tom. IV, p. 272-275.

est le centre, et qui est bordée, au sud et à l'ouest, par les montagnes de Merida, d'Ocaña, de Perija et de Santa Marta.

La chaîne du littoral de Venezuela, dont l'existence avoit déjà été reconnue par Pierre Martyr d'Anghiera [1], offre, vers son centre et vers l'est, les mêmes phénomènes de structure que nous avons signalés dans les Andes du Pérou et de la Nouvelle-Grenade; savoir: la division en plusieurs rangées parallèles et la fréquence des bassins ou vallées longitudinales; mais, comme les irruptions de la Mer des Antilles paroissent avoir englouti très-anciennement une partie des montagnes du littoral, les rangées ou chaînons partiels se trouvent interrompus, et quelques bassins sont devenus des golfes océaniques. Pour saisir dans son ensemble la Cordillère de Venezuela, il faut étudier avec soin la direction et les sinuosités de la côte depuis la Punta Tucacas (à l'ouest de Porto-Cabello) jusqu'à la Punta de la Galera de l'île de la Trinité. Cette île, celles de Los Testigos, de la Marguerita et de la Tortuga constituent, avec les micaschistes

---

[1] *Oceanica (ed.* 1531) *Dec. III, lib.* 4, *p.* 52.

de la péninsule d'Araya, un même système de montagnes. Les roches granitiques qui *viennent au jour* entre Buria, Duaca et Aroa [1], traversent la vallée du Rio Yaracui et se rapprochent du littoral où elles se prolongent comme un mur continu depuis Porto-Cabello jusqu'au Cap Codera. C'est ce prolongement qui forme le *chaînon septentrional* de la Cordillère de Venezuela, c'est celui que l'on traverse en allant du sud au nord, soit de Valencia et des vallées d'Aragua à Burburata et Turiamo, soit de Caracas à La Guayra. Des sources chaudes [2]

[1] A l'est de San Felipe, dans le *nœud de montagnes* de Tocuyo et de Barquesimeto.

[2] Tom. III, p. 249; V, p. 59-67, 201-208, 237-243; VI, p. 11. D'autres sources chaudes de la Cordillère du littoral sont celles de S. Juan, du Provisor, du Brigantin, du golfe de Cariaco, de Cumacatar et d'Irapa. MM. Rivero et Boussingault qui ont visité les eaux thermales de Mariara, en février 1823, pendant leur voyage de Caracas à Santa-Fe de Bogota, ont trouvé le maximum de ces eaux de 64° cent. Je ne l'avois trouvé, dans la même saison, que de 59°,2. Le grand tremblement de terre du 26 mars 1812 auroit-il influé sur la température de ces sources? Les habiles chimistes que je viens de citer ont été frappés comme moi de la grande pureté des eaux chaudes qui sortent

jaillissent de ses flancs, celles de Las Trincheras (90°,4) à sa pente septentrionale ; celles d'Onoto et de Mariara, de sa pente méridionale. Les premières sortent d'un granite à gros

des roches primitives du bassin d'Aragua. « Celles d'Onoto qui sourdent à 360 toises de hauteur au-dessus du niveau de la mer, n'ont aucune odeur d'hydrogène sulfuré : elles sont sans saveur et ne précipitent ni par le nitrate d'argent ni par aucun réactif. Évaporées, elles laissent un résidu inappréciable qui consiste en un peu de silice et une trace d'alcali. Elles n'ont que 44°,5 de température, et les bulles d'air qui se dégagent par intermittence sont à Onoto, comme dans les eaux thermales de Mariara, du *gaz azote pur* (Tom. IX, p. 97.) Les eaux de Mariara (244 toises) ont une foible odeur d'hydrogène sulfuré. Par l'évaporation, elles laissent un léger résidu qui donne de l'acide carbonique, de l'acide sulfurique, de la soude, de la magnésie et de la chaux. Ces quantités sont si petites que l'eau est absolument sans saveur.» (Lettre de M. Boussingault à M. de Humboldt, dans les *Annales de Phys. et de Chimie*, Tom. XXVI, p. 81). Je n'ai trouvé, pendant tout le cours de mes voyages, que les seules sources de Comangillas (près Guanaxuato au Mexique) qui soient encore plus chaudes que les eaux thermales de las Trincheras, situées au sud de Porto-Cabello. Ces eaux de Comangillas sourdissent à 1040 t. de hauteur, et sont également remarquables par leur pureté et leur température de 96°,3 cent.

grains très-régulièrement stratifié ; les dernières, d'une roche de gneis. Ce qui caractérise surtout le *chaînon septentrional*, c'est qu'il renferme la plus haute cime, non seulement du système des montagnes de Venezuela, mais de toute l'Amérique méridionale, à l'est des Andes. Le sommet oriental de la Silla de Caracas a, selon ma mesure barométrique faite en 1800, la hauteur de 1350 toises [1]. MM. Boussingault et Rivero ont porté, en 1822, un excellent baromètre de Fortin sur ce même sommet et l'ont trouvé de 1351 ½ toises; ce qui prouve que, malgré les éboulemens qui ont eu lieu sur la Silla pendant le grand tremblement de terre de Caracas, cette montagne ne s'est pas affaissée de 50 à 60 toises comme on l'a faussement avancé dans plusieurs journaux anglo-

[1] Tom. IV, p. 247 et 257; V, p. 26. La Silla de Caracas n'est que de 80 t. plus basse que le Canigou dans les Pyrénées. Comme Caracas, Santa-Fe de Bogota et Quito peuvent être considérés comme les trois capitales de Colombia, je rappellerai ici, pour établir une comparaison précise de la hauteur de ces trois villes, que les habitans de Caracas reconnoissent à la fois, dans le sommet de la Silla qui domine leur ville, le niveau des plaines de Bogota et un point de 150 toises moins élevé que la grande place de Quito.

américains. Quatre à cinq lieues au sud du *chaînon septentrional*, qui est celui de Mariara, de la Silla et du cap Codera, le *chaînon méridional*[1] de la Cordillère de la côte se prolonge, dans une direction parallèle, depuis Guigue jusqu'à l'embouchure du Rio Tuy, par la Cuesta de Yusma, le Guacimo, les montagnes de Guiripa, d'Ocumare et de Panaquire. Ce sont les latitudes de la Villa de Cura et de San Juan, très-fausses sur nos cartes, qui m'ont fait connoître la largeur moyenne de toute la Cordillère de Venezuela. On peut compter dix à douze lieues[2] depuis le versant du chaînon septentrional qui borde la Mer des Antilles jusqu'au versant du chaînon méridional qui borde l'immense bassin des Llanos. Ce dernier chaînon, désigné vaguement aussi sous le nom des *montagnes de l'intérieur*, est beaucoup plus bas que le chaînon septentrional, et j'ai de la peine à croire que la Sierra de Guay-

[1] Tom. V, p. 129, 130; VI, p. 8, 14 et 15.

[2] La largeur est très-considérable vers l'est, en regardant le Cerro de Flores (lat. 9° 28'), au sud-ouest de Parapara et d'Ortiz, comme placé sur le bord même des *Llanos* de Calabozo.

raima atteigne 1200 toises de hauteur, comme on l'a affirmé récemment.

Les deux chaînons partiels, celui de l'intérieur et celui qui longe la côte, sont liés par par un arête ou *nœud de montagnes* [1] connu sous le nom des *Altos de las Cocuyzas* (845 t.) *et de l'Higuerote* (835 t.), entre Los Teques et La Victoria, par les 69° 30′ et 69° 50′ de longitude. A l'ouest de cette arête se trouve le bassin entièrement fermé [2] du lac de Valen-

---

[1] Tom. V, p. 88-99.

[2] Ce bassin renferme un *petit système de rivières intérieures* qui ne communiquent pas avec l'Océan. Vers le sud-ouest, le chaînon méridional de la Cordillère du littoral de Venezuela offre une telle dépression que le Rio Pao a pu se séparer des affluens du lac de Tacarigua ou de Valencia (T. V, p. 180-187). Vers l'est, le Rio Tuy, qui naît à la pente occidentale du *nœud de montagnes de Las Cocuyzas*, semble d'abord se jeter dans les vallées d'Aragua, mais des collines de tuf calcaire qui forment un *seuil* entre le Consejo et La Vittoria (Tom. V, p. 99.) le forcent à prendre son cours au sud-est. Pour rectifier ce qui a été dit plus haut (Tom. V, p. 196, note 1) sur la composition des eaux du lac de Valencia, je rappellerai ici que MM. Boussingault et Rivero n'y ont

cia ou des *Valles de Aragua;* à l'est, le bassin de Caracas et du Rio Tuy. Le fond du premier de ces bassins est élevé de 220 à 250 toises, le fond du second de 460 toises au-dessus des eaux de la Mer des Antilles. Il résulte de ces mesures que des deux vallées longitudinales que renferme la Cordillère du littoral, la plus occidentale est la plus profonde; tandis que, dans les plaines voisines de l'Apure et de l'Orénoque, la pente du terrain incline de l'ouest vers l'est : mais il ne faut pas oublier que la disposition particulière du fond de deux bassins, qui sont limités par deux chaînons parallèles, est un phénomène local entièrement indépendant des causes dont dépend le relief général d'un pays. Le bassin oriental de la Cordillère de Venezuela n'est pas fermé comme le bassin de Valencia. C'est dans le nœud des montagnes de Las Cocuyzas et de l'Higuerote que se forment, par le prolongement vers l'est de la Serrania de los Teques et d'Oripoto, deux vallées, celles du Rio Guayre et du Rio Tuy. La première renferme la ville de Caracas,

trouvé aucune trace de nitrate de potasse, mais $\frac{1}{2000}$ de carbonate de soude et de magnésie, de muriate de soude et de sulfate et carbonate de chaux.

et les deux se réunissent au-dessous de Caurimare. Le Rio Tuy parcourt le reste du bassin,
de l'ouest à l'est, jusqu'à son embouchure qui
est située au nord des montagnes de Panaquire.

Au Cap Codera semble se terminer la rangée
septentrionale des montagnes du littoral de
Venezuela; mais cette interruption n'est qu'apparente [1]. La côte forme, vers l'est, sur 35
lieues marines de longueur, une anse très-
vaste, au fond de laquelle se trouvent l'embouchure du Rio Unare et la rade de Nueva
Barcelona. Dirigée d'abord de l'ouest à l'est,
selon le parallèle de 10° 37′, la côte rentre
jusqu'au parallèle de 10° 6′, et reprend son
ancienne direction (10° 37′-10° 44′) depuis
l'extrémité occidentale de la péninsule d'Araya
jusqu'aux extrémités orientales de la Montaña
de Paria et de l'île de la Trinité. Il résulte de
ce gisement des côtes, que la rangée de montagnes qui avoisine le littoral des provinces de
Caracas et de Barcelona, entre les méridiens
de 66° 32′ et 68° 29′, et que j'ai observée au
sud de la baie d'Higuerote et au nord des
Llanos [2] du Pao et de Cachipo, doit être consi-

[1] Tom. II, p. 332.
[2] Tom. IV, p. 88; IX, p. 63 et 83.

dérée comme la continuation du *chaînon méridional de Venezuela*, et qu'elle se lie vers
l'ouest aux Sierras de Panaquire et d'Ocumare.
On peut dire par conséquent qu'entre le cap
Codera et Cariaco le chaînon de l'intérieur
forme la côte même. Cette rangée de montagnes, très-basse et souvent interrompue depuis
l'embouchure du Rio Tuy jusqu'à celle du
Rio Neveri, s'élève assez brusquement à l'est
de Nueva Barcelona, d'abord dans les îles
rocheuses des Chimanas [1], et puis dans le *Cerro
del Bergantin* qui a probablement plus de 800
toises d'élévation, mais dont la position astronomique et la hauteur précise sont encore
également inconnues [2]. Sur le méridien de
Cumana, le chaînon septentrional (celui du
Cap Codera et de la Silla de Caracas) reparoît.
Les schistes micacés de la Péninsule d'Araya
et de Maniquarez [3] se joignent par l'arête ou

[1] Tom. IV, p. 115; IX, p. 107.

[2] Tom. II, p. 261; III, p. 114-122. Le Pic de Cumanacoa, que les belles cartes du *Deposito hidrogra-
fico* de Madrid placent lat. 10° 7′, est peut-être le Turimiquiri : car la ville de Cumanacoa est, d'après mes
observations, par les 10° 16′ 11″.

[3] Tom. II, p. 332; IX, p. 113-132.

nœud des montagnes de Meapire [1] au chaînon méridional qui est celui de Panaquire, du Bergantin, du Turimiquiri, de Caripe, et du Guacharo [2]. J'ai rappelé dans un autre endroit comment cette arête, qui n'a pas 200 toises de hauteur absolue, a empêché, dans les anciennes révolutions de notre planète, l'irruption de l'Océan et la réunion des golfes de Paria et de Cariaco. A l'ouest du Cap Codera, c'est le chaînon septentrional, composé de roches granitiques primitives, qui présente les plus hautes cimes de toute la Cordillère de Venezuela; mais à l'est de ce Cap, les points culminans se trouvent dans le chaînon méridional composé de roches calcaires secondaires. Nous avons vu plus haut que le Pic de Turimiquiri adossé au Cocollar [3] a 1050 toises, tandis que le fond des hautes vallées du couvent de Caripe [4] et du Guardia de San Agustin a 412 et 533 toises d'élévation absolue. A l'est de l'arête de Meapire, le chaînon méridional

[1] Tom. II, p. 331; III, p. 229.
[2] Tom. III, p. 218 et 219.
[3] Tom. III, p. 120 et 121.
[4] Tom. III, p. 145-173.

s'abaisse brusquement vers le Rio Areo et le Guarapiche ; mais, en quittant la Terre-Ferme, on le voit s'élever de nouveau sur la côte méridionale de l'île de la Trinité qui n'est qu'une portion détachée du continent, et dont la côte nord offre indubitablement les débris du chaînon septentrional de Venezuela, c'est-à-dire de celui de la Montaña de Paria (le Paradis de Christophe Colomb), de la péninsule d'Araya et de la Silla de Caracas. Les observations de latitude que j'ai faites à la Villa de Cura (10° 2′ 47″), à la ferme du Cocollar (10° 9′ 37″) et au couvent de Caripe (10° 10′ 14″), comparées à la position plus anciennement connue de la côte méridionale de la Trinité (lat. 10° 6′), prouvent que le chaînon méridional, au sud des bassins [1] de Valencia et du Tuy, et des golfes de Cariaco et de Paria, est encore plus constant dans sa direction de

[1] De ces quatre bassins limités par des chaînons parallèles, les deux premiers ont le fond de 230 et 460 toises supérieur, les deux derniers de 30 à 40 toises inférieur au niveau actuel des mers. Des eaux chaudes jaillissent du fond du golfe ou bassin de Cariaco (T. III, p. 248 et 249), comme sur le continent du fond du bassin de Valencia (Tom. V, p. 201-208).

l'ouest à l'est que le chaînon septentrional depuis Porto-Cabello jusqu'à Punta Galera. La limite méridionale de *la Cordillère du littoral de Venezuela* est très-importante à connoître, parce qu'elle détermine le parallèle auquel commencent les *Llanos* ou savanes de Caracas, de Barcelona et de Cumana. Les géographes qui se plaisent à copier et à rendre stéréotypes, pendant des siècles, les chaînes de montagnes et les embranchemens de rivières que le caprice du dessinateur a fait placer sur quelques cartes très-répandues, ne cessent de figurer, entre les méridiens de Caracas et de Cumana, deux Cordillères dirigées du nord au sud jusqu'au 8° ¾ de latitude : ils leur donnent les noms de Cerros de Alta Gracia et del Bergantin [1]. C'est rendre montagneux un terrain

[1] *Voyez* toutes les cartes françoises, angloises et allemandes publiées avant la *Carte de Colombia*, par *M. Brué* (1823), pour laquelle on a employé une partie des matériaux que j'ai recueillis sur l'étendue et la direction des chaînes de montagnes. La source de cette erreur, que l'on trouve déjà chez Nicolosio, Sanson (1669) et De l'Isle (1700), doit être attribuée à l'usage des premiers géographes de l'Amérique d'agrandir, outre mesure, la largeur des Andes du Pérou et de la

de 25 lieues de large où l'on chercheroit en vain un tertre de quelques pieds de hauteur.

En fixant les yeux sur l'île de la Marguerite, composée, comme la péninsule d'Araya, de schiste micacé et anciennement liée à cette péninsule par le Morro de Chacopata et les îles de Coche et de Cubagua[1], on est tenté de reconnoître, dans les deux groupes montueux du Macanao et de la Vega de San Juan, les traces d'un troisième chaînon de la Cordillère

Nouvelle-Grenade, et de les porter tellement vers l'est que Quito se trouvoit quelquefois placé sur le méridien de Cumana (Tom. VIII, p. 514). De cette manière, les steppes de Venezuela furent couvertes de montagnes qui lioient le *groupe de la Parime* aux chaînons du littoral de Caracas. De l'Isle place près de la rangée de montagnes que Sanson avoit dirigée du *nord au sud*, de Barcelone à l'Orénoque, la *Vallée de Sayma*, ce qui prouve qu'il avoit quelque notion confuse des montagnes de Caripe, habitées par les Indiens *Chaymas*. D'Anville, d'après des idées systématiques sur l'origine des fleuves, figure une crête entre les sources de l'Unare, du Guarapiche, du Pao et du Manapire (Tom. VI, p. 49). C'est le type qui a été suivi jusqu'à nos jours et dont Surville même n'a pas osé dévier dans la carte qu'il dressoit pour l'ouvrage du père Caulin.

[1] Tom. IX, p. 113.

du littoral de Venezuela. Ces deux groupes de l'île de la Marguerite, dont le plus occidental s'élève à plus de 600 toises de hauteur [1], appartiennent-ils à une chaîne sous-marine qui se prolonge, par l'île de la Tortuga, vers la Sierra de Santa Lucia de Coro, sur le parallèle de 11°? Doit-on même admettre que, par les 11° $\frac{3}{4}$ et 12° $\frac{1}{2}$ de latitude, un quatrième chaînon, le plus septentrional de tous, s'est dirigé jadis par les îlots des Hermanos, par la Blanquilla, l'Orchila, Los Roques, Aves, Buen Ayre, Curaçao et Oruba, vers le cap Chichivacoa? Ces problèmes importans ne pourront être résolus que lorsque cette chaîne d'îles parallèle à la côte aura été examinée par un géognoste instruit. Il ne faut pas oublier qu'une grande irruption de l'Océan paroît avoir eu lieu entre la Trinité et la Grenade [2],

[1] Tom. II, p. 60.
[2] On assure que la Trinité est traversée dans sa partie septentrionale par une chaîne de schiste primitif, et que la Grenade offre des basaltes. Il seroit important d'examiner de quelle roche est composée l'île de Tabago, qui m'a paru d'une blancheur éblouissante (Tom II, p. 35 et 36; V, p. 55), et sur quel point commence, en allant de la Trinité vers le nord, le système trachytique et trapéen des Petites Antilles.

et que nulle part ailleurs, dans la longue série des Petites Antilles, deux îles voisines ne se trouvent aussi éloignées les unes des autres. On reconnoît l'effet du *courant de rotation* dans la direction des côtes de la Trinité, comme dans celles des provinces de Cumana et de Caracas, entre le Cap Paria et Punta Araya, entre le Cap Codera et Porto-Cabello [1]. Si, au nord de la Péninsule d'Araya, une partie du continent a été engloutie dans les flots, il est probable que l'énorme bas-fond qui entoure Cubagua, Coche, l'île de la Marguerite, Los Frailes, la Sola et les Testigos, marque l'étendue et les contours des terres submergées. Ce bas-fond, ou *placer* de 200 lieues carrées, n'est bien connu, dans toute son étendue, que de la tribu des Guayqueries. Ces Indiens le fréquentent à cause de la pêche abondante qu'il offre par un temps calme. On croit que le *Gran Placer* n'est séparé que par quelques

---

[1] On peut signaler ces mêmes effets du courant de rotation et ces mêmes directions régulières E. et O., vis-à-vis des côtes de la Terre-Ferme, sur le littoral de Portorico, de Haïti ou Saint-Domingue et de l'île de Cuba, entre la Punta Maysi et le Cabo Cruz.

canaux ou sillons plus profonds du banc de la
Grenade qui a presque la même forme que
l'île de ce nom, du bas-fond qui s'étend,
semblable à une digue étroite, du Tabago à la
Grenade, et que l'on reconnoît par l'abaissement de la température de l'eau [1], enfin des
bas-fonds de Los Roques et d'Aves. Je n'ignore
pas que d'habiles navigateurs nient ces communications, parce qu'ils considèrent le fond
de la mer sous un autre point de vue que le
géologue. Les cartes marines, appropriées aux
besoins de la navigation, n'indiquent plus de
bancs là où il y a 50 ou 60 brasses d'eau : mais
qu'est-ce qu'une si foible dépression du sol
aux yeux de celui qui cherche à étudier les
inégalités de la surface du globe dans leur
ensemble au-dessous et au-dessus du niveau
des mers? Les Indiens Guayqueries et en général tous les habitans des côtes de Cumana et
de Barcelone sont imbus de l'idée que les bas-
fonds de la Marguerite et des Testigos diminuent d'eau d'année en année : ils pensent que,
par la suite des siècles, le Morro de Chacopata,
sur la péninsule d'Araya, sera réuni, par une

[1] Tom. II, 35.

langue de terre, aux îles de Lobos et de Coche. La retraite partielle des eaux sur les côtes de Cumana [1] est incontestable, et, à plusieurs époques, le fond de la mer s'est élevé [2], par l'effet des tremblemens de terre; mais il y a loin de ces phénomènes locaux déjà si difficiles à expliquer par l'action des forces volcaniques, par des changemens dans la direction des courans et par les gonflemens des eaux qui en sont les suites nécessaires, à des effets qui se manifestent à la fois sur plusieurs centaines de lieues carrées.

§. Groupe des montagnes de la Parime. C'est un besoin de la géographie minéralogique de désigner par un seul nom l'ensemble des montagnes qui forment un même système. On peut, pour parvenir à ce but, ou étendre, sur toute la chaîne, une dénomination qui n'appartient qu'à un groupe partiel, ou employer un nom qui, par sa nouveauté, n'est pas susceptible

[1] Tom. III, p. 232.
[2] Tom. II, p. 279. Comparez aussi *Bollingbroke*, *Voyage to Demarary*, p. 201. En Suède et aux îles Moluques on a aussi l'idée d'un soulèvement progressif et continu des terres.

de donner lieu aux méprises de l'homonymie. On sait combien l'orographie de l'intérieur de l'Asie est restée confuse par l'obstination avec laquelle on a conservé si long-temps les noms vagues de Mustag et Musart (proprement Mussur). Les peuples montagnards désignent chaque groupe par une dénomination particulière, et généralement une chaîne n'est considérée comme formant un ensemble, que là où elle se découvre de loin bornant l'horizon des plaines. Sous toutes les zones on trouve répétés des noms de *montagnes neigeuses* (Himalaya, Imaus), *blanches* (Alpes, Alb), *noires et bleues*. La majeure partie de la *Sierra Parime* est pour ainsi dire contournée par l'Orénoque; j'ai cependant évité une dénomination qui fasse allusion à cette circonstance, parce que le groupe de montagnes que je dois faire connoître s'étend beaucoup au-delà des rives de l'Orénoque. Il se prolonge, vers le sud-est, vers les rives du Rio Negro et du Rio Branco, jusqu'au parallèle de 1° ½ de latitude boréale. Le nom géographique de la Parime [1] a l'avantage de rappeler les mythes du Dorado et ces

---

[1] Tom. VIII, p. 213, 430-436, 449-461.

hautes montagnes [1] dont on entouroit, dès le 16ᵉ siècle, le lac Rupunuwini ou la *Laguna de Parime*. Les missionnaires de l'Orénoque nomment encore aujourd'hui *Parime* tout le vaste pays montagneux compris entre les sources de l'Erevato, de l'Orénoque, du Caroni, du Rio Parime [2] (affluent du Rio Branco) et du Rupunuri ou Rupunuwini, affluent du Rio Essequibo. Ce pays est une des parties les plus inconnues de l'Amérique méridionale; on le trouve couvert à la fois d'épaisses forêts et de savanes; il est habité par des Indiens indépendans et traversé par des rivières dont la navigation est dangereuse à cause de la fréquence des barrages et des cataractes.

Le *système des montagnes de la Parime* sépare les plaines du Bas-Orénoque de celles du Rio Negro et de l'Amazone; il occupe un terrain, à forme trapézoïde, compris entre les parallèles de 3° et 8° et les méridiens de 61° et 70°½.

[1] Tom. VIII, p. 502-526.

[2] Le Rio Parime, après avoir reçu les eaux de l'Uraricuera, se réunit au Tacutu, pour former, près du fortin de San Joacquim, le Rio Branco qui est un des affluens du Rio Negro.

Je n'indique ici que les limites du groupe le plus élevé, car nous verrons bientôt que, vers le sud-est, le pays montueux, tout en s'abaissant, se rapproche de l'équateur et des Guyanes françoise et portugaise. La *Sierra Parime* s'étend le plus dans la direction N. 85° O.; et les chaînons partiels, dans lesquels elle se divise vers l'ouest, suivent assez généralement cette même direction. C'est moins une Cordillère ou une chaîne continue dans le sens que l'on donne à ces dénominations en les appliquant aux Andes et au Caucase, qu'un agroupement irrégulier de montagnes séparées les unes des autres par des plaines et des savanes. J'ai visité la partie septentrionale, occidentale et méridionale de la *Sierra Parime* qui, par sa position et par son étendue de plus de 25,000 lieues carrées, mérite bien d'être tirée de l'oubli dans lequel elle a été ensevelie si long-temps. Depuis le confluent de l'Apure jusqu'au delta de l'Orénoque, elle reste constamment éloignée de 3 à 4 lieues de la rive droite du grand fleuve. Il n'y a que quelques arêtes ou rochers de granite-gneis, de schiste amphibolique et de grünstein qui avancent jusque dans le lit de l'Orénoque et causent les rapides du Torno et de la Boca del Infierno [1]. Je vais nommer successivement, du NNE. au SSO., les différens chaînons que nous avons reconnus, M. Bonpland et moi, à mesure que nous nous sommes approchés de l'équateur et de la Rivière des Amazones. 1° Le chaînon le plus septentrional de tout le système des montagnes de la Parime nous a paru celui qui se prolonge (lat. 7°40′), depuis le Rio Arui, dans le méridien des rapides de Camiseta, derrière la ville de l'Angostura, vers la grande cataracte du Rio Carony et les sources de l'Imataca. Dans les missions des Capucins catalans, ce chaînon, qui n'a pas 300 toises de hauteur, sépare, entre la ville d'Upata, Cupapui et Santa Maria [2], les affluens de l'Orénoque et ceux du Rio Cuyuni. 2° A l'ouest du méridien des rapides

---

[1] Tom. VIII, p. 339. A la série de ces rochers avancés appartiennent aussi ceux qui percent le sol entre le Rio Aquire et le Rio Barima; les rochers granitiques et amphiboliques de la Vieja Guyana et de la ville de l'Angostura, le Cerro de Mono, au sud-est de Muitaco ou Real Corona; le Cerro de Taramuto, près d'Alta Gracia, etc. (Tom. VIII, p. 342, 411 et 412).

[2] Tom. VIII, p. 417.

de Camiseta (long. 67° 10'), les hautes montagnes ne commencent, dans le bassin du Rio Caura, que par les 7° 20' de latitude, au sud de la mission de San Luis Guaraguaraico où elles causent les rapides de Mura. Ce chaînon se prolonge vers l'ouest par les sources du Rio Cuchivero, les Cerros del Mato [1], de la Cerbatana et de Maniapure, jusqu'au *Tepupano*, groupe de rochers granitiques à formes bizarres, qui entourent l'Encaramada. Les points culminans de ce chaînon (lat. 7° 10'-7° 28') paroissent placés, d'après les renseignemens que j'ai recueillis de la bouche des Indiens, près des sources du Caño de la Tortuga. Le *chaînon de l'Encaramada* [2] présente quelques traces d'or. Il est célèbre aussi dans la mythologie des Tamanaques : car d'antiques traditions géogoniques se lient *aux roches peintes* qu'il renferme. L'Orénoque change sa direction au confluent de l'Apure, en brisant une partie du chaînon de l'Encaramada ; des monticules et des rochers épars dans la plaine du

---

[1] Pl. xv, xvi et xx de l'Atlas géographique, et *Rel. hist.*, Tom. VIII, p. 324.

[2] Tom. VII, p. 251-253, 264; VIII, p. 487.

Capuchino [1] et au nord de Cabruta peuvent être regardés, soit comme les débris d'un contre-fort détruit, soit (dans l'hypothèse de l'origine ignée des granites) comme des éruptions et soulèvemens partiels. Je ne discuterai point ici la question de savoir si le chaînon le plus septentrional de tous, celui de l'Angostura et de la grande chute du Carony, est une continuation du chaînon de l'Encaramada. 3° En naviguant sur l'Orénoque, du nord au sud, on voit alterner, à l'est, de petites plaines et des chaînons [2] de montagnes dont on ne distingue que les profils, c'est-à-dire les coupes perpendiculaires à leur axe longitudinal. Depuis la mission de l'Encaramada jusqu'à l'embouchure du Rio Zama, j'ai compté sept fois de ces alternances de savanes et de hautes montagnes. Au sud de l'île Cucuruparu, s'élève d'abord le *chatnon de Chaviripe* (lat. 7° 10′); il se prolonge, en inclinant vers le sud (lat. 6° 20′-6° 40′), par les Cerros del Corozal, d'Amocò et du Murcielago jusqu'à l'Erevato, qui est un affluent du Caura. Il y forme les

[1] Tom. VIII, p. 326.
[2] Tom. VII p. 259.

rapides de Paru [1] et se lie aux hautes cimes de Matacuna. 4° Au chaînon de Chaviripe succède celui du Baraguan (lat. 6° 50′-7° 5′), célèbre par le détroit de l'Orénoque auquel il donne son nom. On peut regarder le *Saraguaca* ou la montagne d'Uruana, composée de blocs de granite détachés, comme un contre-fort septentrional du chaînon du Baraguan [2] dirigé au sud-est vers le Siamacu et vers les montagnes (lat. 5° 50′) qui séparent les sources de l'Erevato et du Caura de celles du Venituari. 5° *Chaînon de Carichana et du Paruaci* (lat. 6° 25′), d'un aspect très-sauvage, mais entouré de charmantes prairies. Des piliers de granite couronnés d'arbres, des rochers isolés à forme prismatique (le Mogote de Cocuyza et le Marimaruta [3] ou *Castillito* des jésuites) appartiennent à ce chaînon. 6° Sur la rive occidentale de l'Orénoque, généralement basse et unie, s'élève brusquement le Pic d'Uniana de plus de 3000 pieds de hauteur. Les contre-forts (lat. 5° 35′-5° 40′) que ce Pic

[1] Tom. VIII, p. 336.

[2] Tom. III, p. 304; VIII, p. 196-198, 249-251.

[3] Tom. VII, p. 353, 357 et 358.

envoie vers l'est sont traversés par l'Orénoque dans la *Première Grande Cataracte* (celle de Mapara ou d'Atures); plus loin ils se réunissent, et, s'exhaussant en chaînon, ils se prolongent [1] vers les sources du Cataniapo, vers les rapides du Venituari, situés au nord du confluent de l'Asisi (lat. 5° 10′), et vers le Cerro Cunevo. 7° Cinq lieues au sud d'Atures se trouve le *chaînon de Quittuna* [2] *ou de Maypures* (lat. 5° 13′) qui forme le barrage de la *Seconde Grande Cataracte*. Aucune des hautes cimes de ce chaînon n'est placée à l'ouest de l'Orénoque : à l'est du fleuve s'élèvent le Cunavami, le pic tronqué de Calitamini et le Jujamari, auquel le père Gili attribue une hauteur extraordinaire. 8° Le dernier chaînon que l'on observe dans la partie sud-ouest de la Sierra Parime est séparé du chaînon de Maypures par des plaines boisées : c'est celui des Cerros de Sipapo (lat. 4° 50′), énorme mur dentelé derrière lequel se trouvoit retranché, lors de l'expédition de Solano, le chef puissant des Indiens Guaypunabis. On peut regarder le

[1] Tom. VII, p. 51-53, 65-63 et 147.
[2] Tom. VII, p. 164, 205; VIII, p. 196 et 197.

chaînon de Sipapo [1] comme le commencement de cette rangée de hautes montagnes qui bordent, à la distance de quelques lieues, la rive droite de l'Orénoque là où le fleuve est dirigé du SE. au NO., entre les embouchures du Venituari, du Jao et du Padamo (lat. 3° 15′). Long-temps avant d'arriver (si l'on remonte l'Orénoque au-dessus de la cataracte de Maypures) au point de rebroussement situé près de San Fernando del Atabapo, on voit s'éloigner les montagnes du lit du fleuve [2], et l'on ne trouve, depuis l'embouchure du Zama, que des rochers isolés dans les plaines. Le chaînon du Sipapo (si toutefois on veut considérer comme en faisant partie les hautes cimes que l'on ne cesse de voir [3] au nord, en naviguant de Santa Barbara à l'Esmeralda), forme le bord sud-ouest du système de montagnes de la Parime, entre les $70°\frac{1}{2}$ et 68 de longitude. Les géognostes modernes ont observé que les points culminans d'un groupe sont moins souvent placés à son centre que vers une de ses extré-

[1] Tom. VII, p. 215.
[2] Tom. VII, p. 238 et 239.
[3] Tom VIII, p. 254.

mités, précédant et annonçant pour ainsi dire une grande dépression [1] de la chaîne. Ce phénomène se trouve répété dans le groupe de la Parime dont les plus hauts sommets, le Duida et la Maraguaca, se trouvent dans la rangée de montagnes la plus méridionale, là où commencent les plaines du Cassiquiare et du Rio Negro.

Ces plaines ou savanes, qui ne sont couvertes de forêts que dans le voisinage des fleuves, n'offrent cependant pas cette continuité uniforme que l'on observe dans les *Llanos* du Bas-Orénoque, du Meta et de Buenos-Ayres. Elles sont interrompues par des groupes de collines (Cerros de Daribapa [2]), et par des rochers isolés à formes bizarres [3] qui percent le sol et

[1] Montblanc, Chimborazo.

[2] Lat. 3°, long. 69° 12′ entre l'Itiniveni ou Conorichite et les sources du Tama, affluent de l'Alacavi et de l'Atabapo.

[3] Piedra de Kemarumo (lat. 3° 20′), Piedra de la Guahiba, Piedra de Astor, sur les bords de l'Atabapo; mur rocheux de Guanari avec deux tourelles près des Rapides de Cunanivacari, Piedra de Culimacari (lat. 2° 0′ 4″) sur les bords du Cassiquiare; Glorieta de Co-

fixent de loin l'attention des voyageurs. Ces masses granitiques, souvent stratifiées, ressemblent à des piliers ou à des édifices en ruines. Les mêmes forces qui ont soulevé le groupe entier de la Sierra Parime ont agi çà et là dans les plaines jusqu'au-delà de l'équateur. L'existence de ces buttes et de ces monticules sporadiques rend difficile la fixation précise des limites d'un système dont les montagnes ne sont pas rangées longitudinalement comme sur un filon. A mesure que l'on avance vers la frontière de la province portugaise du Rio Negro, les rochers élevés deviennent plus rares ; on ne trouve plus que des bancs ou digues de granite-gneis qui causent des rapides et des cataractes dans les rivières.

Telle est la surface du sol entre les 68° $\frac{1}{2}$ et 70° $\frac{1}{2}$ de longitude, entre le méridien de la bifurcation de l'Orénoque et celui de San Fernando de Atabapo : plus loin, à l'ouest du Haut-Rio Negro, vers les sources de cette rivière et de ses affluens, le Xiè et l'Uaupès

cuy (lat. 1° 40′) et Piedra de Uinumane sur les bords du Rio Negro (Tom. VII, p. 286, 287, 297, 453-455; VIII, p. 32, 41-46.

(lat. 1°-2° 3/4, long. 72°-74°), il existe un petit plateau montueux dans lequel des traditions indiennes placent une *Laguna de Oro*, c'est-à-dire un lac environné de couches d'attérissemens aurifères [1]. A Maroa, mission la plus occidentale parmi celles du Rio Negro, les Indiens m'ont assuré que ce fleuve prend naissance, ainsi que l'Inirida (affluent du Guaviare), à cinq journées de marche dans un pays hérissé de collines et de rochers. A San Marcellino, les indigènes connoissent une Sierra Tunuhy, placée près de 30 lieues à l'ouest de leur village,

[1] Tom. VII, p. 383, 393, 402-404. Selon le journal d'Acuña et celui du père Fritz, les Indiens Manaos (Manoas) tiroient de l'or des bords de l'Yquiari (Iguiare ou Iguare) et en faisoient des lames). Les notes manuscrites de Don Apollinario de la Fuente font aussi mention de l'or du Rio Uaupès (La Condamine, *Voyage à l'Amazone*, p. 98 et 129, et plus haut, Tom. VII, p. 386, 387, 393; VIII, p. 314). Il ne faut pas confondre la *Laguna de Oro* que l'on prétend avoir trouvée en remontant l'Uaupès (lat. bor. 0° 40') avec un autre *lac doré* (lat. mér. 1° 10') que la Condamine appelle *Marahi* ou *Parahi* (*eau!*), et qui n'est autre chose qu'un terrain souvent inondé, entre les sources du Jurubech (Urubaxi) et du Rio *Marahi*, affluent du Caqueta.

entre le Xiè et l'Içanna. De même M. de La Condamine a su, par les Indiens de l'Amazone, que le Quiquiari (Iquiari des pères Acuña et Fritz) vient « d'un pays de montagnes et de mines. » Or, l'Iquiari est placé, par l'astronome françois, entre l'équateur et l'embouchure du Xiè (Ijié), ce qui l'identifie avec l'Iguiare qui tombe dans l'Içanna. On ne peut avancer dans la connoissance géognostique de l'Amérique sans avoir continuellement recours à des recherches de géographie comparée. Le système de montagnes que nous appellerons provisoirement celui des *sources du Rio Negro et de l'Uaupès*, et dont les points culminans n'ont probablement pas 100 à 120 toises de hauteur[1], paroît s'étendre vers le sud au bassin du Rio Yupura où des arêtes rocheuses forment les cataractes du Rio de los Engaños et le Salto Grande de Yupura (de lat. austr. 0° 40' à lat. bor. 0° 28'), et vers l'ouest au bassin du Haut-Guaviare. Dans le cours de ce fleuve, 60 à 70 lieues à l'ouest de San Fernando del Atabapo, on trouve deux murs de rochers bordant le *détroit* (à peu près lat. bor. 3° 10',

---

[1] Tom. VII, p. 406-408.

long. 73° ¾) auquel s'est arrêtée l'excursion du père Mancilla. Ce missionnaire, en remontant le Guaviare, m'a dit avoir aperçu près du détroit (*angostura*) une chaîne de montagnes bornant l'horizon au sud. On ignore si, plus à l'ouest, ces montagnes traversent le Guaviare et se réunissent aux contre-forts qu'envoie, entre le Rio Umadea et le Rio Ariari, la Cordillère orientale de la Nouvelle-Grenade vers les savanes de San Juan de los Llanos. Je doute beaucoup de cette communication; si elle avoit lieu, les plaines du Bas-Orénoque ne communiqueroient avec celles de l'Amazone que par un détroit terrestre singulièrement rétréci, à l'est du pays montueux qui environne les sources du Rio Negro. Mais il est plus probable que ce pays montueux (petit système de montagnes, géognostiquement dépendant de la Sierra Parime), forme comme un îlot dans les Llanos du Guaviare et du Yupura. Le père Pugnet, gardien du couvent de Saint-François à Popayan, m'a assuré n'avoir trouvé que des savanes dépourvues d'arbres [1] et qui s'éten-

---

[1] Qu'est-ce qu'une forêt (*Selva Grande* ou *El Ayrico*) que placent les cartes dans ces contrées? Tout ce

doient à perte de vue, lorsqu'il alloit des missions établies sur le Rio Caguan à Aramo, village situé sur le Rio Guayavero. La chaîne de montagnes que plusieurs géographes modernes [1], sans doute pour orner leurs cartes, placent entre le Meta et le Vichada, et qui paroît lier les Andes de la Nouvelle-Grenade à la Sierra Parime, est purement imaginaire.

Nous venons d'examiner le prolongement de la Sierra Parime à l'ouest, vers les sources du Rio Negro. Il nous reste à suivre le même groupe dans sa direction orientale. Les montagnes du Haut-Orénoque, à l'est du Raudal des Guaharibos (lat. bor. 1° 15′, long. 67° 38′), se réunissent à la *chaîne de Pacaraina* (Pacarahina, Pacaraymo, Baracayna) qui partage les eaux du Carony et du Rio Branco, et dont les schistes micacés, resplendissant par leur éclat argenté, ont joué un rôle si important dans le

pays entre le Haut-Orénoque et les missions du Caqueta est tellement inconnu que les positions de San Juan de los Llanos, de Caguan, d'Aramo et du confluent du Rio Fragua avec le Yupura ou Caqueta, peuvent être fausses de plus d'un demi-degré en latitude.

[1] Par exemple, la grande carte de l'*Amérique méridionale*, par Arrowsmith.

mythe du Dorado de Ralegh [1]. La partie de cette chaîne qui renferme les sources de l'Orénoque n'a point encore été explorée; mais sa prolongation plus orientale, entre le méridien du poste militaire de Guirior et le Rupunuri, affluent de l'Essequibo, m'est connue [2] par les

---

[1] Tom. VIII, p. 456, 497-499, 518-525.

[2] Voici la liste des matériaux inédits sur lesquels se fonde ma description de la partie orientale de la Sierra Parime : 1° Journal de route de Nicolas Hortsman (1740), trouvé parmi les papiers de D'Anville (T. VIII, p. 449-454), et communiqué par ses héritiers; 2° Notes écrites (1778) sous la dictée de Santos, lorsqu'il passa des missions de Carony aux plaines du Rio Branco, en traversant la chaîne de Pacaraina, qu'il appelle Pacaraymo (Tom. VIII, p. 213 et 498). Ce manuscrit et le suivant sont conservés dans les archives de la Nueva Guyana où j'en ai pris copie; 3° Journal de route de Don Nicolas Rodriguez, l'ami de Santos, depuis Barceloneta jusqu'au confluent du Rio Mao (Mahu) et du Rio Branco. J'ai dressé une carte sur l'indication très-exacte des rumbs et des distances que renferme ce précieux manuscrit; 4° deux cartes très-détaillées du capitaine de frégate et astronome-géographe de la commission portugaise des limites, Don Antonio Pires de Sylva Pontes Leme, et du capitaine des ingénieurs, Don Ricardo Franco d'Almeida de Serra (1787 et 1804).

voyages de deux Espagnols, Don Antonio Santos et Nicolas Rodriguez, comme par les travaux géodésiques des Portugais Pontès et Almeida. Deux portages peu fréquentés, entre le Rio Branco et le Rio Essequibo (portages de Sarauru et du lac Amucu), se trouvent au sud de la chaîne de Pacaraina ; ils facilitent le

Ces cartes manuscrites renfermant tout le détail du levé trigonométrique des sinuosités des rivières, nous ont été obligeamment communiquées, à M. Lapie et à moi, par M. le comte de Linhares. On peut affirmer que le cours de peu de rivières en Europe a été assujetti à des opérations plus minutieuses que le cours du Rio Branco, de l'Uraricuera, du Tacutu et du Mahu, et l'on doit regretter que, dans l'état de barbarie dans lequel se trouve encore la géographie des plus vastes contrées des Amériques espagnole et portugaise, la prédilection d'une exactitude si rigoureuse se soit portée sur une région presque sauvage et entièrement inhabitée. 5° Notice du voyage que Francisco Jose Rodriguez Barata, lieutenant-colonel du 1er régiment de ligne du Para, a fait, comme enseigne du même régiment, par le Rio Brance, le Tacutu et le Sarauru au Rio Rupunuri et à Surinam, en traversant (1793) le portage ou isthme qui sépare, au sud du Cerro Cunucumu, les bassins du Rio Branco et de l'Essequibo. Je dois cette notice à la bienveillance de M. le chevalier de Brito, ambassadeur de Portugal près de la cour de France.

chemin de terre qui conduit de la Villa du Rio Negro à la Guyane hollandoise[1]. Au contraire, le portage entre le bassin du Rio Branco et celui du Carony traverse le faîte de la chaîne de Pacaraina même. Sur le versant septentrional de cette chaîne naît l'Anocapra (Anucapara? Nocaprai), affluent du Paraguamusi ou Paravamusi; sur le versant méridional, l'Araicuque qui forme avec l'Uraricapara, au-dessus de la mission détruite de Santa Rosa (lat. 3° 46′, long. 65° 10′), la fameuse *Vallée des Inondations*[2]. La Cordillère principale, qui paroît

[1] Le portage du lac Amucu (Amacu), entre le Caño Pirara, affluent du Rio Mahu, et le Caño Taravicuru ou Tauricuru, est 10 lieues au nord du portage de Sarauru (Tom. VIII, p. 119).

[2] Tom. VIII, p. 449. Le Rio Uraricapara se jette dans l'Uraricuera que le manuscrit de Rodriguez appelle Curaricara, et qui peut être considéré comme la branche occidentale du Rio Branco, tandis que sa branche orientale est le Tacutu qui reçoit le Mahu. Les deux branches se réunissent près du fortin de San Joaquim do Rio Branco. Les Espagnols du Carony ont commencé à passer la chaîne de Pacaraina et à s'introduire dans le territoire portugais dans les années 1770 et 1773. Ils y ont établi successivement les missions de Santa Rosa, de San Juan Baptista de Cayacaya (Cadacada et de San Antonio (*Caulin*, p. 60);

avoir peu de largeur, se prolonge sur une longueur de 80 lieues ; du portage de l'Anocapra (long. 65° 35′) à la rive gauche du Rupunuri (long. 61° 50′), en suivant les parallèles de 4° 4′ et 4° 12′. On y distingue, de l'ouest à l'est, les montagnes de Pacaraina, de Tipique, de Tauyana où naît le Rio Parime (affluent de l'Uraricuera), de Tubachi, des Cristaux (lat. 3° 56′, long. 62° 52′) et de Canopiri. Le voyageur espagnol, Rodriguez, désigne la partie orientale de la chaîne sous le nom de *Quimiropaca* ; mais, comme la description géognostique d'un pays ne peut faire de progrès sans l'adoption de noms généraux, je continue à donner, à toute cette Cordillère qui lie les montagnes de l'Orénoque à celles de l'intérieur de la Guyane hollandoise et françoise, le nom de Pacaraina que Ralegh et Keymis avoient fait connoître

mais ces villages ; ou plutôt ces réunions de cabanes, ont été détruits par les Portugais. Des guerres entre les missions voisines de deux nations rivales sont malheureusement très-fréquentes dans cette partie de l'Amérique. La carte de Pontès indique à la réunion du Paraguamusi et du Rio Paragua (affluent du Carony), par lat. 4° 25′, le village de San Vicente : c'est le point où se trouve le poste militaire espagnol de Guirior.

en Europe dès la fin du 16° siècle. Le Rupunuri et l'Essequibo brisent cette chaîne; de sorte que, de deux de leurs affluens, le Tavaricuru et le Sibarona, l'un naît sur la pente sud, l'autre sur la pente nord. A mesure que l'on approche de l'Essequibo, les montagnes prennent plus de développement vers le sud-est, et s'étendent jusqu'au-delà des 2° ½ de latitude boréale. C'est de cette *branche orientale*[1] de la chaîne du Pacaraïna que naît, près du Cerro Uassari, le Rio Rupunuri. Sur la rive droite du Rio Branco, dans une latitude plus méridionale encore (entre 1° et 2° nord), il existe également un terrain montueux dans lequel

[1] Les points culminans de cette branche orientale sont du SE. au NO. : les Sierras de Cumucumu, Xirivi, Yaviarna, Paranambo, Uanarari et Puipe. Je pense que le groupe des montagnes de Cumucumu (*Cum-Ucuamu*) de la Carte de Pontès, levée sur les lieux, est le *Cerro del Dorado* ou *Cerro Ucucuamu* des journaux de *Santos* et l'*Acucuamo* oriental, celui du père Caulin (*Corografica*, p. 176) entre le Mahu et le Rupunuri. L'île Ip-*Amucena*, que Santos place au milieu de la Laguna Parime, rappelle le nom du lac *Amucu* (Amucena, Amucu), dont l'existence, déjà annoncée par le chirugien Hortsmann de Hildesheim, a été constatée par les voyages les plus récens. (Tom. VIII, p. 448-454).

prennent leurs sources, de l'est à l'ouest, le Caritamini, le Padaviri, le Cababuri (Cavaburis) et le Pacimoni. Cette *branche occidentale* des montagnes de Pacaraina sépare le bassin du Rio Branco de celui du Haut-Orénoque dont les sources ne se trouvent probablement pas à l'est du méridien de 66° 15′ : elle se lie aux montagnes d'Unturan et de Yumariquin, placées au SE. de la mission de l'Esmeralda [1].

[1] Les Indiens qui habitent les rives du Rio Branco ont dit à M. Pontès que le Rio Mocajahi ou Cahuana qui débouche dans le Rio Branco par les 2° 26′ de latitude, et que des soldats portugais ont remonté en canots pendant vingt jours à travers d'innombrables rapides et cataractes, communique avec le Cababury, qui est à la fois affluent du Rio Negro et du Cassiquiare (Tom. VIII, p. 5, 50-52). Si cette notion est exacte, nos cartes ont le défaut de prolonger beaucoup trop vers le nord le cours du Padaviri qui, selon l'auteur de la *Corografia brasiliensis* (Tom. II, p. 349), offre un portage à l'Umavaca (sans doute le Mavaca, affluent du Haut-Orénoque). Je suis surpris du détail que donne la carte d'Arrowsmith sur les sources du Padaviri, placées par 3° de latitude, tandis que les cartes manuscrites de Pontès indiquent ces mêmes sources par 1°½. Jadis on rattachoit le Daraha, le Padaviri et l'Uaraca au Rio Branco, et on en faisoit (voy.

CHAPITRE XXVI.

Il résulte de l'ensemble de ces considérations que, tandis qu'à l'ouest du Cassiquiare, entre cette rivière, l'Atabapo et le Rio Negro, il n'y a que de vastes plaines dans lesquelles s'élèvent quelques monticules et rochers isolés, de véritables contre-forts se dirigent à l'est du Cassiquiare, du NO. au SE., et forment un terrain montueux continu jusqu'au-delà des 2°

la *Carte de Surville* qui accompagne la Corographie de Caulin) trois bouches distinctes, formant un *delta d'affluens*. Les grandes inondations du Seriveni et du Caritamini (lat. 1°-2° nord) ont donné lieu sans doute à la fable du lac Mauvatu de la Carte de l'Amazone rédigée, par M. Requena, premier commissaires des limites au service du roi d'Espagne. Ces mêmes inondations et l'assertion uniforme des Indiens, que le Rio Mocajahi communique avec le Cababury, peuvent aussi avoir contribué à l'hypothèse de ce lac imaginaire que Surville place à l'*ouest* du Rio Branco, et qu'il lie à la fois à cette rivière et à l'Orénoque (Tom. VIII, p. 512). Je rappellerai en même temps que le lac Amucu de Hortsman et les deux branches supérieures du Rio Branco, l'Uraricuera et le Mahu, qui sont le pays classique du *Dorado de Ralegh*, se trouvent, d'après les observations astronomiques des voyageurs portugais, entre les parallèles de 3° et 4°, tandis que la Carte de Surville élargissoit cet espace depuis les 4° jusqu'à l'équateur.

de latitude boréale. Il n'y a que le bassin, ou plutôt la vallée transversale du Rio Branco, qui forme une espèce de golfe, une suite de plaines et de savanes (*campos*) dont plusieurs pénètrent dans le terrain montueux, du sud au nord, entre les branches orientale et occidentale de la chaîne de Pacaraina jusqu'à 8 lieues au nord du parallèle de San Joaquim [1].

Nous venons d'examiner la partie sud du vaste *système des montagnes de la Parime*, entre les 2° et 4° de latitude, et entre les méridiens des sources de l'Orénoque et de l'Essequibo. Le développement de ce système de montagnes vers le nord, entre la chaîne de Pacaraina et le Rio Cuyuni, et entre les méridiens de 66° et 61°$\frac{3}{4}$, est bien plus inconnu encore. Les hommes blancs n'y fréquentent d'autre chemin que celui de la rivière Paragua qui, près

---

[1] On trouve des savanes entre le Mayari et le Tacutu; mais à l'est et à l'ouest de ces rivières, entre le Tacutu et le Rupunuri, et entre le Mayari et l'Uraricuera, le pays est hérissé de montagnes. En considérant la chaîne du Pacaraina dans son ensemble, on observe que le groupe oriental, celui du Cerro Cumucumu, est beaucoup plus élevé que le groupe de l'ouest qui renferme les sources du Caritamini.

de Guirior, reçoit le Paraguamusi. On trouve, il est vrai, dans les journaux de route de Nicolas Rodriguez, que ce voyageur étoit contraint à chaque instant de faire passer son canot à main d'hommes (*arrastrando*) par les cataractes qui interceptent la navigation [1]; mais il ne faut point oublier (et ma propre expérience m'en a fourni des preuves fréquentes) que, dans cette partie de l'Amérique méridionale, les cataractes ne sont souvent causées que par des seuils ou arêtes de rochers

[1] En remontant de Barcelonetta jusqu'au portage entre l'Anocapra (sans doute *Anoca-para, eau d'Anoca*) et l'Araicuque, à travers la Sierra Pacaraina, on trouve le long des rives du Paragua et du Paraguamusi, du nord au sud : le confluent du Canony et du Rio Paragua; l'embouchure du Rio Hore; le Cerro Payrama, près de la rive occidentale du Paragua; Raudales de Orayma, de Guayquirima et de Carapo; le Cerro del Gallo; le village de San José à la bouche du Caño de Espuma; les Raudales de Guayguari et de Para; le Grand Raudal de Mayza; la Boca du Cano Icapra; Guirior; la Boca du Paraguamusi et les Raudales de Anocapra." (*Razon de lo que ha sucedido a Don Nicolas Rodriguez durante su navegacion en el Rio Paragua y en las Missiones altas de los Reverendos Padres Capuchinos de Carony, fol. 7-15 manuscrit.*)

qui ne forment pas de véritables montagnes.
De ces dernières, Rodriguez en nomme deux
seulement entre Barcelonetta et la mission de
San Jose; tandis que, plus à l'est, entre le Rio
Carony et le Cuyuni, par les 6° de latitude,
les missionnaires [1] placent les Serranias de
Usupama et de Rinocote. Celle-ci traverse le
Mazaruni et forme dans l'Essequibo les 39 cataractes que l'on compte [2] depuis le poste militaire d'Arinda (lat. 5° 30′) jusqu'à l'embouchure du Rupunuri.

Quant à la continuation du système des
montagnes de la Parime, au sud-est du méridien de l'Essequibo, nous manquons totalement de matériaux pour la tracer avec quelque
précision. Tout l'intérieur des Guyanes hollandoise, françoise et portugaise est une *terra
incognita*; et, depuis trente ans, la géographie
astronomique de ces contrées n'a presque fait
aucun progrès [3]. Si les limites américaines,

---

[1] Carte qui accompagne l'ouvrage du père Caulin.

[2] *Van Buchenrœder, Carte de la colonie d'Essequibo*, 1798.

[3] Il est certain que M. Le Blond, correspondant de l'Académie des sciences, n'est, malgré son zèle, par-

fixées récemment [1] entre la France et le Portugal, cessoient un jour d'appartenir aux illusions de la diplomatie, si l'on parvenoit à leur donner de la réalité, c'est-à-dire à les tracer sur le terrain, au moyen d'observations célestes

venu, en remontant la rivière de l'Oyapock, qu'un peu au-delà de l'embouchure du Suacari. Les sources de l'Araguari (Araouàri) de l'Oyapock, des Camopi et Tamouri (affluens de l'Oyapock), et de l'Araoua (affluent du Maroni), sont très-rapprochées par les 2° 30' de latitude et 55° 10' de longitude. Un voyage de découvertes devroit être fait de ce point de la Guyane françoise, vers le confluent du Rio Branco, avec le Rio Negro, dans la direction S. 75° O., sur une distance de 220 lieues. Les côtes de la Guyane françoise gissent entre le cap Orange et l'embouchure du Maroni, SE. et NO. Or, dans une direction perpendiculaire au littoral de Cayenne, aucune des *prétendues grandes expéditions de l'intérieur* n'a conduit des hommes blancs au-delà du Mont-Tripoupou et du poste des Indiens Roukouyenes, à plus de 70 lieues de distance! Les communications ouvertes par terre entre la Capitania du Rio Negro et le littoral de la Guyane ont été uniquement dirigées par le Rio Essequibo, à cause de la facilité que présente la proximité de ses affluens avec ceux du Rio Branco.

[2] A la suite du Traité de Vienne. Tom. VIII, p. 502 à 506.

(comme on a eu le projet en 1817), ce travail conduiroit des ingenieurs-geographes dans cette région inconnue qui, 3° ½ à l'ouest de Cayenne, divise les eaux entre les côtes de la Guyane et de l'Amazone. Jusqu'à cette époque, que l'état politique du Brésil semble reculer de beaucoup, nous ne pouvons compléter le tableau géognostique du *groupe de la Parime* que par des notions éparses recueillies dans les colonies portugaise et hollandoise. En partant des montagnes Uassari (lat. 2° 25', long. 61° 50'), qui font partie de la branche orientale de la Cordillère de Pacaraina, on trouve, vers l'est, une chaîne de montagnes que les missionnaires appellent *Acaray* et *Tumucuraque*[1]. Ces deux noms errent, sur nos

---

[1] La Sierra *Tumucuraque* (Tumucaraque de Caulin, Tumucucuraque d'Arrowsmith) a paru pour la première fois sur la Carte de la Cruz; et, comme le nom y est placé deux fois avec une différence de 3° en latitude, ce double emploi a été religieusement répété sur les Cartes de Surville, de Buache, etc. C'est le géographe Sanson qui, dans son *Cours de la rivière des Amazones*, dressé sur la relation du père Acuña (1680), a eu le mérite, en supprimant le lac Parime et la Sierra Wacarima (Pacarahina) qu'on figuroit

cartes, entre 0° ½ et 3° de latitude bor. De même que Ralegh, en 1596, a fait connoître le premier [1] sous le nom de Wacarima (Pacarima), le système des montagnes de la Parime entre les sources du Rio Carony et de l'Essequibo, les pères jésuites, Acuña et Artedia, ont fourni, en 1639, les premières notions précises sur la partie de ce système qui s'étend depuis le méridien de l'Essequibo jusqu'à celui de l'Oyapock [2]. Ils y placent les montagnes d'Yguaracuru et de Paraguaxo dont la première donne naissance à une Rivière d'or (*Rio de oro*), affluent du Curupatuba [3]. La seconde,

jusque-là dans la direction d'un méridien, d'avoir tracé le premier, avec quelque précision, une chaîne de montagnes prolongée parallèlement à l'équateur, entre les sources boréales de l'Essequibo, du Maroni et du Viapoco (Oyapock), et les sources méridionales de l'Urixamina (R. de Trombetas), du Curupatuba et du Ginipape ou Rio Parù.

[1] Tom. II, VIII, p. 456-458.

[2] Tom. II, VIII, p. 527 note A.

[3] Lorsqu'on sait que l'or s'appelle, en tamanaque, *caricuri*; en caribe, *caricuru*; en péruvien, *cori* (*curi*), on reconnoît facilement, dans les noms mêmes des montagnes et des fleuves (Yguara-**curu**, Curu-

selon l'assertion des indigènes, « fait entendre de temps en temps des bruits souterrains. » La ligne de faîte de cette chaîne de montagnes, que l'on peut suivre dans une direction S. 85° E., depuis le Pic Duida, près de l'Esmeralda (lat. 3° 19′), jusqu'aux rapides du Rio Manaye, près du cap Nord (lat. 1° 50′), divise, sous le parallèle de 2°, les sources boréales de l'Essequibo, du Maroni et de l'Oyapock, des sources méridionales du Rio Trombetas, du Curupatuba et du Parù. Les contre-forts les plus méridionaux de cette chaîne se rapprochent de l'Amazone, à 15 lieues de distance. En descendant cette rivière, ce sont les premières hauteurs que l'on aperçoit après avoir quitté Xeberos et la bouche

patuba), que nous venons de rapporter, l'indication d'un terrain aurifère. Telle est l'analogie des *racines importées* dans les dangues américaines qui d'ailleurs diffèrent entièrement entre elles, que, 300 lieues à l'ouest de la montagne Ygaracuru, sur les bords du Caqueta, Pedro de Ursua entendit parler d'une province *Caricuri*, riche en or de lavage (Tom. VIII, p. 482 et 483). Le Curupatuba tombe dans l'Amazone, près de la Villa de Monte Alegre, au NE. de l'embouchure du Rio Topayos.

de l'Huallaga [1]. On les voit constamment lorsqu'on navigue de l'embouchure du Rio Topayos vers celle du Parù, de la ville de Santarem à Almeirim. C'est à peu près dans le méridien de la première de ces villes que se trouve [2] le pic Tripoupou, célèbre parmi les Indiens du Haut-Maroni. On assure que, plus à l'est, à Melgaço, on distingue encore à l'horizon les Serras do Velho et do Parù [3]. Les véritables limites de cette chaîne des sources du Rio Trombetas sont plus connues vers le sud que vers le nord, où un pays montueux paroît avancer dans les Guyanes hollandoise et françoise jusqu'à 20 ou 25 lieues de la côte.

[1] *Voy.* ci-dessus, p. 51 et 52. *Voy.* aussi La Condamine, *Voyage à l'Amazone*, p. 143. La distance à laquelle on voit ces contre-forts leur donne 200 toises de hauteur absolue. « Ce ne sont, cependant, dit La Condamine, que les collines antérieures d'une longue chaîne de montagnes qui s'étend de l'ouest à l'est et dont les sommets font les points de partage des eaux : les eaux septentrionales coulent vers les côtes de Cayenne et de Surinam, les méridionales, vers l'Amazone. »

[2] Lat. 2° 10′, long. 1° 36′ à l'ouest du méridien de Cayenne, d'après la carte de la Guyane, publiée au *Dépôt de la marine*, 1817.

[3] *Corographia brasil.*, Tom. II, p. 297.

Relat. hist., *Tom.* 10.

Les cataractes nombreuses des rivières de Surinam, de Maroni et d'Oyapock prouvent l'étendue et le prolongement d'arêtes rocheuses; mais rien n'indique jusqu'à présent qu'il y ait dans ces régions (comme on s'est trop hâté de l'annoncer quelquefois) des *plaines continues* ou des *plateaux* de quelques centaines de toises de hauteur, propres à la culture des plantes de la zone tempérée.

Je viens de réunir dans un même tableau géognostique tous les matériaux que je possède sur le *système des montagnes de la Parime*. Son étendue surpasse dix-neuf fois celle de la Suisse entière; et même en considérant le groupe montueux des sources du Rio Negro et du Xiè comme indépendant ou isolé au milieu des plaines, on trouve encore la longueur de la Sierra Parime (entre Maypures et les sources de l'Oyapock) de 340 lieues, et sa plus grande largeur (des rochers d'Imataca, près du delta de l'Orénoque, aux sources du Rio Parù), de 140 lieues. Dans le groupe de la Parime comme dans le groupe des montagnes de l'Asie centrale, entre l'Himalaya et l'Altai, les chaînons partiels sont souvent interrompus et n'offrent pas un parallélisme constant. Cependant, vers le sud-ouest (entre le détroit de Baraguan, l'embouchure du Rio Zama et l'Esmeralda), les montagnes sont généralement allignées dans la direction N. 70° O. Tel est aussi le gisement d'une côte éloignée, celle des Guayanes portugaise, françoise, hollandoise et angloise, depuis le Cap Nord jusqu'aux bouches de l'Orénoque; telle est même la direction moyenne du cours du Rio Negro et du Yupura. J'aime à fixer l'attention des géognostes sur les angles, que font, en différentes régions de l'Amérique, les chaînons partiels avec les méridiens, parce que, sur des surfaces moins étendues, en Allemagne [1] par exemple, on trouve aussi cette coexistence singulière de groupes de montagnes voisines qui suivent des lois de directions entièrement différentes, quoique, dans chaque groupe, on observe isolément la plus grande uniformité dans l'allignement de chaînons.

Le sol sur lequel s'élèvent les montagnes de la Parime est légèrement bombé [2]. Entre les

---

[1] *Léopold von Buch, über Dolomit, zweite Abhoudl.*, 1823, p. 54.

[1] *Recueil d'Obs. astronomiques*, Tom. II, p. 298;

3° et 4° de latitude boréale, j'ai trouvé, par des mesures barométriques, les plaines élevées de 160 à 180 toises au-dessus du niveau de la mer. Cette hauteur peut être regardée comme considérable, si l'on se rappelle qu'au pied des Andes du Pérou, à Tomependa, à 900 lieues de distance des côtes de l'Océan atlantique, les *Llanos* ou plaines de l'Amazone ne s'élèvent encore qu'à 194 toises [1]. Ce qui caractérise d'ailleurs le plus le groupe des montagnes de la Parime, ce sont les roches de granite et de granite-gneis qui y dominent, l'absence totale des formations secondaires calcaires, et ces bancs de rocher nus (les *Tsy* des déserts chinois) qui, à fleur de terre, occupent des espaces immenses dans les savanes [2].

ε. GROUPE DES MONTAGNES DU BRÉSIL. Ce groupe a été figuré jusqu'ici sur les cartes d'une manière aussi étrange que les montagnes de la Péninsule Ibérienne, de l'Asie-Mineure

Relation historique, Tom. VII, p. 307-310; VIII, p. 191-198.

[1] *Voyez* ci-dessus, p. 4-8.

[2] Tom. VI, p. 369; VII, p. 29-31.

et de la Perse. On a confondu des plateaux tempérés et de véritables chaînes de 300 à 500 toises de hauteur avec des pays excessivement chauds et dont la surface onduleuse n'offre que des rangées de collines diversement agroupées. Les excellentes mesures barométriques du baron d'Eschwege, directeur général des mines d'or de la province de Minas Geraes, et les observations faites dans différentes parties du Brésil, par le prince de Neuwied, par MM. Auguste de Saint-Hilaire, Olfers, Spix, Pohl et Martius, ont jeté récemment beaucoup de jour sur l'orographie de l'Amérique portugaise. La région vraiment montueuse du Brésil, celle dont la hauteur moyenne s'élève pour le moins jusqu'à 400 toises, est comprise entre des limites très-étroites, à peu près entre les 18° et 28° de latitude australe : elle ne paroît pas s'étendre, entre les provinces de Goyaz et de Mato-Grosso, au-delà de 55° de longitude à l'ouest du méridien de Paris.

Lorsqu'on envisage d'un même coup d'œil la configuration orientale des deux Amériques, on voit que les côtes du Brésil et de la Guyane, depuis le Cap Saint-Roque jusqu'à l'embouchure de l'Orénoque (dirigées SE.-NO.), correspondent à celles du Labrador, comme les côtes depuis le Cap Saint-Roque jusqu'au Rio de la Plata correspondent à celles des États-Unis (dirigées du SO. au NE.). La chaîne des Alleghanis est opposée à ces dernières côtes, comme les Cordillères principales du Brésil sont à peu près parallèles au littoral des provinces de Porto Seguro, de Rio Janeiro et de Rio Grande. Les Alleghanis, généralement composés de grauwakke et de roches de transition, sont un peu plus élevés que les montagnes presque toutes primitives (de granite-gneis et micaschiste) du groupe brésilien : ils sont aussi beaucoup plus simples dans leur structure, leurs chaînons étant plus rapprochés, et conservent entre eux, comme dans le Jura, un parallélisme plus constant.

Si, au lieu de comparer les parties du Nouveau-Continent situées au nord et au sud de l'équateur, nous nous bornons à l'Amérique méridionale, nous en trouvons les côtes occidentales et septentrionales renforcées, dans toute leur longueur, par une chaîne continue voisine du littoral (les Andes et la Cordillère de Venezuela), tandis que les côtes orientales n'offrent des masses de montagnes plus ou moins élevées qu'entre les 12° et 30° de latitude australe. Dans cet espace de 360 lieues de longueur, le système des montagnes du Brésil correspond géognostiquement, par sa forme et sa position, aux Andes du Chili et du Pérou. Sa partie la plus considérable se trouve, entre les parallèles de 15° et 22°, opposée aux Andes du Potosi et de la Paz, mais d'une hauteur moyenne cinq fois moins grande, et pas même comparable à celle des montagnes de la Parime, du Jura et de l'Auvergne. La direction principale des chaînons brésiliens, là où ils atteignent quatre à cinq cents toises d'élévation, est du sud au nord et du sud-sud-ouest au nord-nord-est : mais, entre les 13° et 19°, les chaînons s'élargissent considérablement vers l'ouest, en même temps qu'ils s'abaissent. Des arêtes et des rangées de collines paroissent s'avancer jusqu'au-delà des détroits terrestres qui séparent les sources du Rio Araguay et du Parana, du Topayos et du Paraguay, du Guaporè et de l'Aguapehy, par les 63° de longitude. Comme l'élargissement occidental du groupe brésilien, ou plutôt comme les ondulations du terrain dans les Campos Parecis correspondent aux contre forts de Santa Cruz de la Sierra et du Béni [1], que les Andes envoient vers l'est, on en a conclu anciennement que le système des montagnes du Brésil étoit lié à celui des Andes du Haut-Pérou. J'ai partagé moi-même cette erreur dans mes premiers travaux géognostiques.

Une chaîne du littoral *(Serra do Mar)* s'étend, à peu près parallèlement à la côte, au nord-est de Rio Janeiro, en s'abaissant de beaucoup vers Rio Doce et en se perdant presque entièrement près de Bahia (lat. 12° 58′). D'après M. d'Eschwege [2], quelques foibles arêtes atteignent le Cap Saint-Roque (lat. 5° 12′). Au sud-est de Rio Janeiro, la *Serra do Mar* suit la côte derrière l'île Sainte-Catherine jusqu'à Torres (lat. 29° 20′); là, elle tourne vers l'ouest et forme un coude en se dirigeant, par les Campos de Vacaria, vers les rives du Jacuy [3].

---

[1] *Voyez* ci-dessus, p. 37-40.

[2] *Geognostiches Gemalde von Brasilien*, 1822, p. 5. Le calcaire de Bahia abonde en lignites (Tom. IX, p. 21 et 22.)

[3] *Notes manuscrites de M. Auguste de Saint-Hi-*

CHAPITRE XXVI.

A l'ouest de la chaîne du littoral du Brésil se trouve une autre chaîne, la plus élevée et la plus considérable de toutes, celle de Villarica[1], que M. d'Eschwege désigne par le nom de *Serra do Espinhaço*, en la considérant comme la partie principale de toute la charpente (*osseuse*) des montagnes du Brésil. Cette Cordillère se perd vers le nord[2], entre Minas

laire. Je dois à ce grand naturaliste, dont les vues étendues se sont portées sur tout ce qui intéresse la géographie physique, des rectifications importantes de mon esquisse du système brésilien des montagnes.

[1] Hauteur de cette ville au-dessus du niveau de la mer, 630 toises. Cette hauteur prouve que Villarica est placée dans la chaîne (*Serra do Espinhaço*) même, car le *plateau de Minas Geraes* où les contre-forts qui réunissent la *Sorra do Espinhaço* à celle de Goyaz ou *dos Vertentes* n'ont généralement que 300 toises d'élévation absolue. (*Eschwege, Journal von Brasilien*, 1818, Tom. II, p. 213.)

[2] On soupçonne que des arêtes rocheuses qui forment les cataractes de Paulo Affonso, dans le Rio San Francisco, appartiennent au prolongement boréal de la *Serra do Espinhaço*, de même qu'une série de hauteurs dans la province de Seara, où des roches de calcaire fétide renferment beaucoup de poissons pétrifiés, appartient à la *Serra dos Vertentes*.

Novas et l'extrémité méridionale de la Capitainerie de Bahia, par les 16° de latitude. Elle y reste éloignée de plus de 60 lieues de la côte de Porto Seguro : mais vers le sud, entre les parallèles du Rio Janeiro et Saint-Paul (lat. 22°-23°), dans le nœud de montagnes de la Serra da Mantiqueira, elle se rapproche à tel point de la Cordillère du littoral (*Serra do Mar*) qu'elle se confond presque avec elle. De même, vers le nord, la *Serra do Espinhaço* suit constamment la direction d'un méridien; tandis que, vers le sud, elle se dirige au sud-est et se termine vers les 25° de latitude. La chaîne atteint sa plus grande hauteur entre les 18° et 21°; là, des contre-forts et des plateaux qui lui sont adossés ont assez d'étendue pour offrir à la culture des terrains où règnent, par étage, des climats tempérés, comparables aux climats délicieux de Xalapa, de Guaduas, de Caracas et de Caripe. Cet avantage, qui dépend à la fois de l'élargissement de la masse du chaînon et de ses contre-forts, ne se retrouve nulle part, au même degré, à l'est des Andes, pas même dans des chaînons d'une hauteur absolue plus considérable, par exemple dans ceux de Venezuela et de l'Orénoque. Les points culminans de la *Serra do Espinhaço*, dans la Capitania de Minaes Geraes, sont l'Itambé (932 t.), la Serra da Piedade, près Sabará (910 t.), l'Itacolumi, proprement Itacunumi (900 t.), le Pico d'Itabira (816 t.), les Serras de Caraça, d'Ibitipoca et de Papagayo. M. Auguste de Saint-Hilaire a senti un froid très-vif au mois de novembre, donc en été, dans toute la Cordillère de Lapa, depuis la Villa do Principe jusqu'au Morro de Gaspar Suares [1].

Nous venons de reconnoître deux chaînes de montagnes à peu près parallèles, mais dont la plus étendue (celle du littoral) est la moins élevée. La capitale du Brésil se trouve située au point où les deux chaînons sont le plus rapprochés et liés entre eux à l'est de la Serra de Mantiqueira, sinon par une véritable arête transversale, du moins par un terrain montueux. D'après d'anciennes idées systématiques sur l'exhaussement des montagnes, à mesure que l'on avance dans l'intérieur d'un pays, on avoit supposé qu'il existoit, dans la

---

[1] *Aperçu d'un voyage au Brésil*, p. 5. *Eschwege*, p. 5, 29-30, et plus haut, Tom. VIII, p. 518-525. *Voyez* aussi ci-dessus, p. 16-20.

Capitañia de Mato Grosso, une *Cordillère centrale* beaucoup plus élevée que celle de Villarica ou *do Epinhaço* : mais l'on sait aujourd'hui (et des circonstances climatériques le confirment) qu'à l'ouest du Rio San Francisco, sur les frontières de Minaes Geraes et de Goyaz, il n'y a pas, à proprement parler, une chaîne continue. On n'y trouve qu'un simple groupe de montagnes dont les points culminans sont les Serras da Cañastra (au sud-ouest de Paracatu) et da Marcella (lat. $18° \frac{1}{2}$ et $19°$, 10), et, plus au nord, les Pyrineos dirigés de l'est à l'ouest (lat. $16° 10''$ entre Villaboa et Mejaponte). C'est ce groupe des montagnes de Goyaz que M. d'Eschwege a nommé la *Serra dos Vertentes*, parce qu'il divise les eaux entre les affluens méridionaux du Rio Grande ou Parana et les affluens septentrionaux du Rio Tucantines. Il se prolonge vers le sud au-delà du Rio Grande (Parana), et s'approche, sous les 23° de latitude, par la *Serra do Franca*, de celle de l'*Espinhaço*. A l'exception de quelques sommets au NO. de Paracatu, il n'atteint que 300 à 400 toises de hauteur, et est par conséquent de beaucoup inférieur au chaînon de Villarica.

Encore plus loin, à l'occident du méridien de Villaboa, il n'y a que des arêtes et une série de monticules qui forment, sur une longueur de 12°, le *seuil* ou partage d'eau (lat. 13°-17° entre l'Araguay et le Rio Paranaiba (affluent du Parana), entre le Rio Topayos et le Paraguay, entre le Guaporè et l'Aguapehy. La Serra de S. Martha (long. 15° ½) est encore assez élevée; mais les géographes, ou plutôt les dessinateurs de cartes, ont conservé l'habitude d'exagérer singulièrement la hauteur des *Serras* ou *Campos Parecis*, au nord des villes de Cuyaba et de Villabella (lat. 13°-14°, long. 58°-62° ½). Ces Campos, qui ont pris leur nom de celui d'une tribu d'Indiens sauvages [1], sont de vastes plateaux arides, entièrement dépourvus de végétation, et dans lequel se rapprochent les sources des affluens [2] de trois

---

[1] *Patriota*, 1813, n° 1, p. 48; n° 6, p. 40, 51. La partie occidentale de ces *Campos* s'appelle *Urucumanaçua*, entre le Secury et le Camarare, deux affluens du Rio Topayos.

[2] De ces affluens voisins, ceux du Topayos sont le Jurucna et le Camarare; ceux du Madeira, l'Alegre, le Guaporè et le Sarare; ceux du Paraguay, l'Aguapehy, le Jauru et le Sipotobu. Villabella, dont la po-

grandes rivières : du Topayos, du Madeira et du Paraguay. Le savant auteur de la description statistique de la Capitania de Mato Grosso,

sition pourra un jour devenir importante pour le commerce intérieur entre l'Amazone et le Rio de la Plata, est placé (lat. 15° 0′, long. 62° 18) sur la rive droite du Guaporè ou Itenes, un peu au-dessus du confluent du Sarare. Au sud de Santa Barbara, l'Aguapehi (affluent du Paraguay et du Rio de la Plata) s'approche tellement du Rio Alegre (affluent du Guaporè et de l'Amazone) que le *portage* n'a que 5322 braças de longueur. C'est là que, sous le ministère du comte de Barca, on a voulu tracer un canal (*Eschwege, Gemälde*, p. 7); circonstance qui seule ne prouveroit cependant pas l'absence de quelques chaînes de montagnes; car les plus grandes Cordillères offrent souvent des ouvertures et des vallées transversales. Un degré au-dessus du confluent du Paraguay et du Jaurù qui reçoit l'Aguapehy, commence un terrain bas et marécageux. Il s'étend jusqu'à Albuquerque, et ses inondations (lat. 17°-19°) ont donné lieu à la fable de la Laguna de Xarayes, comme les inondations du Rio Parime (Rio Branco) ont fait naître la fable de la Laguna Parime (Mar del Dorado ou de Rupunuwini). Voyez *Patriota*, 1813, n° 5, p. 33., et *Carte manuscrite du Brésil, rédigée sur 76 Cartes particulières au Depôt des Cartes de Rio Janeiro, par Silva Pontes Leme*, 1804.

CHAPITRE XXVI.   175

M. Almeida Serra, appelle [1] *Atlas Serranias* (hautes montagnes), celles des rives de l'Aguapehy; mais ils ne font point oublier que, dans un pays de plaines, des montagnes de 500 pieds de hauteur paroissent très-considérables, surtout si (semblables aux rochers du Baraguan et des Morros de San Juan [2]) elles ont peu de masse. Les Cartes manuscrites les plus récentes du Brésil figurent à l'ouest de Villabella, 1° la Serra da Melguera ou *dos Limites*, entre le Guaporè et le Baures; 2° la Serra Baliza, entre le Baures et l'Alegre, et 3° la Cordillère de San Fernando, entre les missions anciennes de San Juan Bauptista et de San Jago (lat. 16°-20°) avançant dans la province des Chiquitos jusqu'à 64° ½ de longitude, et s'approchant à 40 lieues de distance du contre-fort des Andes de Santa-Cruz de la Sierra : mais ces travaux, quoique exécutés au Dépôt hydrographique de Rio Janeiro, ne

---

[1] *Tableau géographique et politique de la Capitania de Mato Grosso* (1797), *par le sergent-major d'ingénieurs Ricardo Francisco de Almeida Serra.*

[2] Dans le Bas-Orénoque et dans les Llanos de Venezuela. Tom. IV, p. 21, 23, 306.

méritent pas beaucoup de confiance dans les régions occidentales du Brésil, dans cette *terra incognita*, qui s'étend de Cochabamba à Villabella. La forme des montagnes isolées dans les plaines de Chiquitos, les lacs entre les missions de San Rafael, San Jose et San Juan Bauptista, copiés de D'Anville et de La Cruz, sont devenus *stéréotypes* sur toutes les Cartes depuis quatre-vingts ans, et il est certain qu'entre les 62° et 66° de longitude, un simple détroit terrestre, une plaine couverte de quelques collines, réunissent les grands bassins de La Plata et de l'Amazone. M. d'Eschwege a reçu de quelques colons espagnols, qui venoient de Cochabamba à Villabella, des renseignemens précis sur la continuité de ces bassins ou savanes.

D'après les mesures et les observations géognostiques de ce même savant, les hauts sommets de la *Serra do Mar* (chaîne du littoral) atteignent à peine 660 toises; ceux de la *Serra do Espinhaço* (chaîne de Villarica), 950 toises; ceux de la *Serra de los Vertentes* (groupe de Canastra et des Pyrénées brésiliennes), 450 toises. Plus à l'ouest, la surface du sol ne semble offrir que de foibles ondulations; mais aucune mesure de hauteur n'a été faite au-delà du méridien de Villaboa. En considérant le système des montagnes du Brésil dans ses véritables limites (telles que nous les avons indiquées plus haut), on y trouve, à quelques conglomérats près, cette même absence de formations secondaires qui nous a déjà frappé dans le système des montagnes de l'Orénoque (groupe de la Parime). Ces formations secondaires, qui s'élèvent à des hauteurs considérables dans la Cordillère de Venezuela et de Cumana, n'appartiennent, dans le Brésil, qu'aux basses régions [1].

B. *Plaines (Llanos) ou bassins.*

Nous avons examiné successivement, dans la partie de l'Amérique méridionale située à l'est des Andes, *trois systèmes de montagnes*, ceux du littoral de Venezuela, de la Parime et du Brésil : nous avons vu que cette région montueuse qui égale la Cordillère des Andes, non en masse, mais en *area* ou en section horizontale de surface, est trois fois moins élevée, beaucoup plus pauvre en métaux précieux qui

---

[1] *Eschwege*, p. 15.

sont adhérens à la roche, dépourvue de traces récentes du feu volcanique, et (à l'exception des côtes de Venezuela) peu exposée à la violence des tremblemens de terre. La hauteur moyenne des trois systèmes diminue, du nord au sud, de 750 à 400 toises [1]; celle des points culminans (*maxima* des faîtes de chaque groupe), de 1350 toises à 1000 ou 900 toises. Il résulte de ces observations que la chaîne la plus élevée, en faisant toujours abstraction du petit système isolé de la Sierra Nevada de Santa Marta [2], est la Cordillère du littoral de Venezuela, qui, elle-même, n'est qu'une continuation des Andes. En portant notre vue au nord, nous trouvons, dans les Amériques centrales (lat. 12°-30°) et boréale (lat. 30°-70°), à l'est des Andes du Guatimala, du Mexique et de la Haute-Louisiane, la même régularité d'abaissement qui nous a frappé vers le sud. Dans cette vaste étendue de terrain, depuis la Cordillère de Venezuela jusqu'au cercle polaire, l'Amérique orientale offre deux systèmes très-distincts, le groupe des montagnes

---

[1] *Voyez* ci-dessus, p. 20.
[2] *Ibid.*, p. 108 et 109.

des Antilles dont la partie orientale est volcanique et la chaîne des Alleghanis. On peut comparer, sous les rapports de position relative et de forme, le premier de ces systèmes, en partie englouti dans les flots, à la Sierra Parime; le second, aux chaînons du Brésil, également dirigés du SO. au NE. Les points culminans des deux systèmes s'élèvent à 1138 et 1040 toises. Voici les élémens de cette courbe dont le sommet convexe se trouve dans la chaîne du littoral de Venezuela :

AMÉRIQUE, A L'EST DES ANDES.

SYSTÈMES DE MONTAGNES.	MAXIMA DES FAITES.
Groupe du Brésil....................	Itacolumi....................... 900 toises. (lat. mér. 20° 1/2).
Groupe de la Parime................	Duida........................... 1300 (lat. bor. 3° 1/2).
Chaîne du littoral de Venezuela......	Silla de Caracas................. 1350 (lat. bor. 10° 1/2).
Groupe des Antilles.................	Montagnes bleues............... 1138 (lat. bor. 18° 1/5).
Chaîne des Alleghanis...............	Mont Washington................ 1040 (lat. bor. 44° 1/4).

J'ai mieux aimé indiquer dans ce tableau les points culminans de chaque système, que la *hauteur moyenne des lignes de faîtes ;* les points culminans sont les résultats de mesures directes, tandis que la hauteur moyenne est une idée abstraite assez vague, surtout lorsqu'il n'y a qu'un agroupement de montagnes, comme au Brésil, dans la Parime et aux Antilles et non une chaîne continue. Quoiqu'on ne puisse révoquer en doute que, parmi les cinq systèmes de montagnes que l'on trouve à l'est des Andes, et dont un seul appartient à l'hémisphère austral, la chaîne du littoral de Venezuela soit la plus élevée (ayant un point culminant de 1350 toises, et une hauteur moyenne de la ligne de faîtes de 750 toises), on reconnoît pourtant avec une sorte de surprise que toutes les montagnes de l'Amérique de l'est (soit continentale, soit insulaire) ne diffèrent pas considérablement d'élévation au-dessus du niveau de l'Océan. *Les cinq groupes ont tous à peu près une hauteur moyenne de cinq à sept cents toises ; et, des points culminans (maxima des faîtes), de mille à treize cents toises.* Cette conformité de construction, sur une étendue deux fois grande comme l'Europe, me paroît un phénomène très-remarquable. Aucun sommet, à l'est des Andes du Pérou, du Mexique et de la Haute-Louisiane, n'entre dans la limite des neiges perpétuelles [1]. On peut même ajouter qu'à l'exception des Alleghanis, il ne tombe pas même sporadiquement de la neige dans aucun des systèmes orientaux que nous venons d'examiner. Il résulte de ces considérations, et surtout de la comparaison du Nouveau-Continent avec les parties de l'ancien que nous connoissons le plus, avec l'Europe et l'Asie, que l'Amérique, rejetée dans l'*hémisphère aquatique* [2] de notre

---

[1] Pas même les *White Mountains* de l'état de New-Hampshire, auxquelles appartient le Mount Washington. Long-temps avant la mesure précise du capitaine Partridge, j'avois prouvé (en 1814), par les lois du décroissement de la chaleur, qu'aucun sommet des *White Mountains* ne pouvait atteindre la hauteur de 1600 toises que leur assignoit M. Cutler. *Voyez* mon mémoire espagnol: *Ideas sobre el limite inferior de la nieve perpetua* dans l'*Aurora ó Correo de la Havana*, n° 220, p. 142.

[2] L'inégale répartition des continens et des mers a fait désigner, depuis long-temps, l'hémisphère austral comme un hémisphère éminemment aquatique : mais

planète, est plus remarquable encore par la
continuité et par l'étendue des dépressions de
sa surface que par la hauteur et la continuité
de son arête longitudinale. Au-delà et en-deçà
de l'isthme de Panama, mais toujours à l'est
de la Cordillère des Andes, sur plus de

cette même inégalité se retrouve lorsqu'on considère
le globe divisé non dans le sens de l'équateur, mais
dans celui des méridiens. Les grandes masses des terres
sont réunies entre les méridiens de 10° à l'ouest et de
150° à l'est de Paris, tandis que l'hémisphère éminemment aquatique commence à l'occident du méridien des côtes du Grônland et finit à l'orient du méridien des côtes orientales de la Nouvelle-Hollande
et des îles Kuriles. Cette distribution inégale des
terres et des eaux exerce la plus grande influence sur
la distribution de la chaleur à la surface du globe,
sur les inflexions des lignes isothermes et sur les phénomènes climatériques en général. Pour les habitans
du centre de l'Europe, l'hémisphère aquatique peut
être appelé occidental, comme l'hémisphère terrestre
oriental, parce qu'en allant à l'ouest on parvient plutôt au premier qu'au second. C'est de la division dans
le sens des méridiens qu'il est question dans le texte.
Jusqu'à la fin du 15e siècle, l'hémisphère occidental
étoit aussi inconnu aux peuples de l'hémisphère oriental que nous l'est aujourd'hui, et que probablement
nous le restera toujours, une moitié du globe lunaire.

600,000 lieues carrées, les montagnes atteignent à peine la hauteur des Alpes scandinaves, des Carpathes, des Monts-Dorés (en Auvergne) et du Jura. Un seul système, celui des Andes, réunit, en Amérique, sur une zone étroite, et longue de 3000 lieues, tous les sommets qui ont plus de 1400 toises d'élévation. En Europe, au contraire, même en considérant, d'après des vues trop systématiques, les Alpes et les Pyrénées comme une seule ligne de faîtes, nous trouvons encore, bien loin de cette ligne ou arête principale, dans la Sierra Nevada de Grenade, dans la Sicile, en Grèce, dans les Apennins, peut-être aussi en Portugal, des cimes de quinze cents à dix-huit cents toises de hauteur[1]. Ce contraste

---

[1] Points culminans: Mulhacan de Grenade, 1826 toises; Etna, d'après le capitaine William Henry Smith, 1700 toises; Monte Corno des Apennins, 1489 toises. Si le Mont Tomoros en Grèce et la Sierra Gaviarra de Portugal entrent, comme on l'assure, dans la limite des neiges perpétuelles (*Pouqueville*, Tom. II, p. 242, et *Balbis, Essai statistique sur le Portugal*, Tom. I. p. 68, 98), ces cimes doivent, d'après leur position en latitude, atteindre 1400 à 1600 toises. Cependant, dans les montagnes les plus élevées de la Grèce,

entre l'Amérique et l'Europe, par rapport à la distribution des points culminans qui atteignent 1300 à 1500 toises, est d'autant plus frappant que les basses montagnes orientales de l'Amérique du Sud, dont les *maxima de faîtes* n'ont que de 1300 à 1400 toises, sont placées à côté d'une Cordillère dont la *hauteur moyenne* excède 1800 toises, tandis que les systèmes secondaires des montagnes de l'Europe s'élèvent à des *maxima de faîtes* de 1500 à 1800 toises, près d'une chaîne principale de moins de 1200 toises de *hauteur moyenne*.

MAXIMA DES LIGNES DE FAITES
SOUS LES MÊMES PARALLÈLES :

Andes du Chili et du Haut-Pérou. Nœuds de montagnes de Porco et de Couzco, 2500 toises.

Andes de Popayan et de Cundinamarca. Chaînon de Guanacas, de Quindiù et d'Antioquia, plus de 2800 toises.

dans le Tomoros, l'Olympe de Thessalie, le Polyanos des Dolopes et le Mont-Parnasse, M. Pouqueville n'a vu, au mois d'août, que de la neige conservée par stries ou dans des cavités abritées contre les rayons du soleil.

Groupe isolé des montagnes neigeuses de Santa Martha. On le croit de 3000 toises de hauteur.

Andes volcaniques du Guatimala et Andes primitives d'Oaxaca, de 1700 à 1800 toises.

Andes du Nouveau-Mexique et de la Haute-Louisiane (Montagnes Rocheuses), et plus à l'ouest *Alpes maritimes de la Nouvelle-Albion*, 1600-1900 toises.

Groupe des montagnes du Brésil, un peu plus bas que les Cévennes, 900 à 1000 toises.

Groupe des montagnes de la Parime, peu inférieur aux Carpathes, 1300 toises.

Chaîne du littoral de Venezuela, de 80 toises plus basses que les Alpes scandinaves, 1350 toises.

Groupe des Antilles, de 170 toises plus élevé que les montagnes d'Auvergne, 1140 toises.

Chaînes des Alleghanis, de 160 toises plus hautes que les chaînes du Jura et des Gates du Malabar, 1040 toises.

Ce tableau [1] renferme tous les systèmes de montagnes du Nouveau-Continent; savoir: les

---

[1] Nous rappellerons, pour justifier l'exactitude des comparaisons que présente le tableau, les hauteurs suivantes: Mont-Mezin (Cévennes), 1027 toises; le Puy de Sancy, vulgairement appelé le Puy de la Croix, sommet des Monts-Dorés en Auvergne, 972 toises; le

CHAPITRE XXVI.

Andes, les Alpes maritimes de Californie ou de la Nouvelle-Albion, et les 5 groupes de l'est.

J'ajouterai aux faits que je viens d'exposer une observation également frappante : en Europe, les *maxima* des systèmes secondaires, qui excèdent 1500 toises, se trouvent uniquement au sud des Alpes et des Pyrénées, c'est-à-dire au sud de l'arête principale du continent. Ils sont placés du côté où cette arête approche le plus du littoral et où la Méditerranée a le plus englouti de la terre ferme. Au

---

Reculet (Jura), d'après le dernier nivellement de M. Roger, officier de génie, 880 t.; le Mont-Taddiandamalla dans les Gates du Malabar, d'après les opérations du colonel Lambton, 887 toises. Dans la partie septentrionale des Alleghanis, les montagnes blanches de New-Hampshire s'élèvent jusqu'à 1040 toises; mais vers le sud, par exemple en Virginie, on regarde encore comme très-élevés les Pics d'Otter (du Blue Ridge) qui, d'après Morse, ont 486 toises; d'après Tanner, 667 toises. La hauteur moyenne de la ligne de faîtes des Alleghanis est à peu près de 450 toises, par conséquent au moins 200 toises plus petite que la hauteur moyenne du Jura. Le tableau auquel se rapporte cette note n'offre que les comparaisons des plus hauts sommets, les *maxima* des crêtes qu'il faut se garder de confondre avec leurs *hauteurs moyennes*.

contraire, au nord des Pyrénées et des Alpes, les systèmes secondaires les plus élevés, les Carpathes et les Monts scandanives [1] n'atteignent pas 1300 toises de hauteur. La dépression des lignes de faîtes du second ordre se trouvent, par conséquent, en Europe comme en Amérique, *du côté où l'arête principale est le plus éloignée du littoral.* Si l'on ne craignoit pas d'assujettir de grands phénomènes à une trop petite échelle, on pourroit comparer la différence de hauteur des Andes et des montagnes de l'Amérique orientale à la différence de hauteur que l'on observe entre les Alpes ou les Pyrénées, et les Monts-Dorés, le Jura, les Vosges ou le Schwarzwald.

Nous venons de voir que les causes qui ont soulevé la croûte oxidée du globe en arêtes ou en groupe de montagnes n'ont pas agi très-puissamment dans la vaste étendue de pays qui se prolonge du pied oriental des Andes,

---

[1] Le Lomnitzer Spiz des Carpathes a, d'après M. Wahlenberg, 1245 toises; le Sneehaetta, dans la chaîne de Dovrefield en Norwège (la plus haute cime de tout l'ancien continent, au nord du parallèle de 55°), a 1270 toises au-dessus du niveau de la mer.

vers l'ancien continent ; cette dépression et cette continuité des plaines sont des faits géologiques d'autant plus remarquables que nulle part ailleurs ils ne s'étendent sur des latitudes plus différentes. Les cinq systèmes de montagnes de l'Amérique orientale, dont nous avons indiqué les limites, divise cette partie du continent en un égal nombre de bassins dont un seul, celui de la Mer des Antilles, est resté submergé. Du nord au sud, du cercle polaire vers le détroit de Magellan, nous voyons se succéder :

α. LE BASSIN DU MISSISSIPI ET DU CANADA. Un habile géologue, M. Edwin James, a fait voir récemment [1] que ce bassin est compris entre les Andes du Nouveau-Mexique ou de la Haute-Louisiane, et les chaînons des Alleghanis qui se prolongent vers le nord, en traversant les rapides de Quebec. Comme il est tout aussi ouvert au nord qu'il l'est vers le sud, il pourroit être désigné par le nom collectif de bassin du Mississipi, du Missouri, du fleuve

---

[1] *Long, Expédition,* Tom. I, p. 7; Tom. II, p. 380, 428.

Saint-Laurent, des grands lacs du Canada, de la Rivière Mackensie, du Saskatchawin et des côtes de la baie de Hudson. Les affluens des lacs et ceux du Mississipi ne sont pas séparés par une chaîne de montagnes qui se dirige de l'est à l'ouest, comme l'indiquent plusieurs cartes : la ligne de partage d'eau est marquée par une foible arête, par un simple relèvement (seuil) de deux contre-pentes dans la plaine [1]. Il n'existe pas non plus de chaîne entre les sources du Missouri et l'Assiniboni qui est une branche du Red River de la baie de Hudson. Ces plaines, presque toutes en savanes, entre la Mer polaire et le Golfe du Mexique, ont une surface de plus de 270,000 l. carrées marines, presque égale à l'*area* de l'Europe entière. Au nord du parallèle de 42°, la pente générale du terrain est dirigée vers l'est; au sud de ce parallèle, elle incline vers le sud. Pour donner une idée précise du peu de rapidité de ses pentes [2], il faut rappeler que le

---

[1] Tom. V, p. 184 et 185.

[2] *Tanner, American Atlas*, 1823, p. 9. *Amos Eaton and Stephen van Rensselaer, Geolog. Survey of Erie Qanal*, 1824, p. 151. On évalue, aux États-Unis, la

niveau du Lac Supérieur est 100 toises; celui du Lac Erié, 88 t.; et celui du Lac Ontario, 36 t. plus élevé que le niveau des eaux de l'Océan. Aussi les plaines autour de Cincinnati (lat. 39° 6') ont, d'après M. Drake, à peine 80 t. de hauteur absolue. Vers l'ouest, entre les Monts Ozark et le pied des Andes de la Haute-Louisiane (*Rocky Mountains*, lat. 35°-38°), le bassin du Mississipi se relève considérablement dans le vaste désert décrit par M. Nuttal. Il offre une suite de petits plateaux qui se succèdent par étages, et dont on croit le plus occidental (le plus rapproché des Montagnes Rocheuses, entre l'Arkansas et le Padouca) élevé de plus de 450 toises. Le major Long y a mesuré une base pour déterminer la position et la hauteur de James Peak. Dans le grand bassin du Mississipi, la ligne qui sépare

pente du Missouri, depuis son confluent avec la rivière Platte (lat. 41° 3' 13") jusqu'à son embouchure dans le Mississipi (lat. 38° 51' 39", long. 92° 22' 55"), de 3 à 4 milles par heure ou 14 ½ pouces du pied de roi par mille anglois de 827 toises; la pente du Mississipi, de son confluent avec le Missouri à la mer, est évaluée de 10 ¼ pouces. (*Long, Exped.* Tom. II, *Apend.*, p. xxvi, xxviii; *Rel. hist.*, Tom. VI, p. 208 et 209).

les forêts et les savanes se dirige, non comme on pourroit le supposer, dans le sens d'un parallèle, mais comme la côte atlantique et les Monts Alleghanis mêmes, du NE. au SO., de Pittsbourg vers Saint-Louis et le Red River de Natchitotches, de sorte que la seule partie septentrionale de l'État d'Illinois est couverte de graminées[1]. Cette ligne de démarcation n'offre pas seulement de l'intérêt pour la géographie des plantes; elle exerce, comme nous l'avons déjà exposé plus haut, une grande influence sur le ralentissement de la culture et de la population au nord-ouest du Bas-Mississipi. Dans les États-Unis, les pays à savanes sont plus lents à être *colonisés*, et même les tribus d'Indiens indépendans sont forcées, par la rigueur

---

[1] Observations manuscrites de M. Gallatin. Au-delà, c'est-à-dire à l'ouest, des savanes ou prairies du Missouri, on trouve de nouveau des forêts au pied des Montagnes Rocheuses. Entre cette chaîne et la chaîne côtière (celle des Andes maritimes de la Nouvelle-Albion) il y a des prairies dans lesquelles le bois est très-rare; mais, en passant les Alpes maritimes, les forêts recommencent, et le pays offre, jusqu'à l'embouchure du Rio Colombia, tous les avantages du Tennessé et du Kentucky.

du climat, de venir hiverner le long des fleuves où ils trouvent des peupliers et des saules. D'ailleurs, de tous les bassins de l'Amérique, celui du Mississipi, des lacs du Canada et de Saint-Laurent, est le plus vaste; et, quoique sa population totale ne s'élève, dans ce moment, pas au-delà de trois millions [1], on doit pourtant le considérer comme celui dans lequel, entre les 29° et 45° de latitude (long. 74°-94°), la civilisation a fait le plus de progrès. On peut même dire que, dans les autres bassins (de l'Orénoque, de l'Amazone et de Buenos-Ayres), la vie agricole n'existe presque pas. C'est sur un petit nombre de points seulement qu'elle commence à y remplacer la vie pastorale et celle des peuples pêcheurs et chasseurs. Les plaines entre les Alleghanis et les Andes de la Haute-Louisiane ont une telle étendue que, semblables aux Pampas [2] du Chaco et de Buenos-Ayres, elles nourrissent, à l'une de

---

[1] Tom. IX, p. 182.

[2] Les palmiers s'étendent vers le sud, dans les Pampas de Buenos-Ayres et dans la province Cisplatine, jusqu'au 34° et 35°. (*Auguste de Saint-Hilaire, Aperçu d'un Voyage au Brésil*, p. 60.)

leurs extrémités, des Bambousacées (*Ludolfia, Miega*) et des palmiers, tandis que l'autre, pendant une grande partie de l'année, se trouve couverte de glaces et de neiges.

C. LE BASSIN DU GOLFE DU MEXIQUE ET DE LA MER DES ANTILLES. C'est une continuation du bassin du Mississipi, de la Louisiane et de la baie de Hudson : on pourroit dire que c'est la partie submergée de ce bassin même auquel appartiennent, sur les côtes de Venezuela, tous les terrains très-bas qui se sont conservés au nord de la chaîne du littoral et de la *Sierra Nevada de Merida*. Si je traite ici séparément du bassin de la Mer des Antilles, c'est pour ne pas confondre ce qui, dans l'état actuel du globe, est au-dessus et au-dessous de la surface des eaux. J'ai déjà fait voir, dans un autre endroit, combien la coïncidence récente des époques des tremblemens de terre observés à Caracas et sur les bords du Mississipi, de l'Arkansas et de l'Ohio [1], justifie les vues géologiques d'après lesquelles on regarde comme un seul bassin les plaines qui sont limitées au

[1] Tom. V, p. 10-17.

sud par la Cordillère du littoral de Venezuela; à l'est, par les Alleghanis et par la série des Volcans des Antilles; à l'ouest, par les Montagnes Rocheuses (Andes mexicaines) et par la série des Volcans de Guatimala. Le bassin des Antilles forme, comme nous l'avons déjà rappelé, une *Méditerranée à plusieurs issues* dont l'influence sur les destinées politiques du Nouveau-Continent dépend à la fois de sa position centrale et de la grande fertilité de ses îles. Les issues du bassin, dont les quatre plus grandes[1] ont 75 milles de largeur, se trouvent toutes, du côté de l'est, ouvertes vers l'Europe, et sillonnées par le courant des tropiques. De même que l'on reconnoît, dans notre Méditerranée, les vestiges de trois anciens bassins par la proximité de Rhodes, de Scarpento, de Candie et de Cerigo, comme par celles du Cap Sorello de la Sicile, de l'île Pantelaria et du Cap Bon d'Afrique; de même aussi le bassin des Antilles qui surpasse en étendue la Méditerranée, semble présenter les

[1] Entre Tabago et la Grenade; entre l'île Saint-Martin et les îles Vierges; entre Portorico et Saint-Domingue; entre le petit Banc de Bahama et le Cap Cañaveral de la Floride.

13 *

restes d'anciennes digues qui réunissoient [1] le Cap Catoche du Yucatan au Cap Saint-Antoine de l'île de Cuba, et cette île, le Cap Tiburon de Saint-Domingue, la Jamaïque, le Banc de la Vibora et l'écueil de la Serranilla au Cap Gracias a Dios de la côte des Mosquitos. Il résulte, de cette disposition des îles et des caps les plus avancés du continent, une division en trois bassins partiels. Le plus septentrional a été désigné, depuis long-temps, par une dénomination particulière, celle de *Golfe du Mexique;* l'intermédiaire ou bassin central pourroit être appelé la *Mer d'Honduras*, à cause du golfe de ce nom qui en fait partie : le bassin méridional, compris entre les Petites Antilles et les côtes de Venezuela, de l'isthme de Panama et du pays des Indiens Mosquitos, formeroit la *Mer des Caribes* [2]. C'est d'ailleurs un phénomène

---

[1] Je ne prétends pas que cette hypothèse de rupture et d'ancienne continuité des terres puisse être étendue à la partie orientale du bassin des Antilles, c'est-à-dire à la série d'îles volcaniques que l'on trouve alignées depuis la Trinité jusqu'à Portorico. *Voyez* les éclaircissemens que j'ai donnés Tom. V, p. 43-58.

[2] Cette dénomination est d'autant plus exacte, en l'appropriant à la partie australe du bassin des Antilles,

bien digne d'attention que de trouver les roches volcaniques modernes distribuées sur les deux bords opposés du bassin des Antilles, à l'est et à l'ouest, mais non au sud et au nord. Dans les petites Antilles, un groupe de Volcans en partie éteints, en partie encore enflammés, se prolonge des 12° au 18°; dans les Cordillères du Guatimala et du Mexique, des 9° aux 19° ½ de latitude. J'ai vu plonger, à l'extrémité nord-ouest du bassin des Antilles, les formations secondaires vers le sud-est : le long des côtes de Venezuela, les roches de gneis et de micachiste primitifs plongent vers le nord-ouest. Les basaltes, les amygdaloïdes et les trachytes, qui sont souvent surmontés de calcaires tertiaires ne se montrent que vers les bords oriental et occidental.

2. LE BASSIN DU BAS-ORÉNOQUE OU DES PLAINES DE VENEZUELA. Semblable aux plaines de la Lombardie, ce bassin est ouvert à l'est. Ses limites sont, au nord, la chaîne côtière de Ve-

que les peuples de race caribe étoient disséminés sur le continent voisin et dans l'Archipel, depuis la Caribana du Darien jusqu'aux îles Vierges. T. IX, p. 27-30.

nezuela; à l'ouest, la Cordillère orientale de la Nouvelle-Grenade, et au sud la Sierra Parime; mais, comme ce dernier groupe ne s'étend à l'ouest que jusqu'au méridien des cataractes de Maypures (long. 70° 37'.), il reste de ce côté une ouverture ou *détroit terrestre* qui est dirigé du nord au sud, et par lequel les *Llanos* de Venezuela communiquent avec le bassin de l'Amazone et du Rio Negro. Nous distinguons, entre le *bassin du Bas-Orénoque proprement dit* (au nord de ce fleuve et du Rio Apure) et les *plaines du Meta et du Guaviare*. Ces dernières remplissent l'espace que laissent entre elles les montagnes de la Parime et de la Nouvelle-Grenade. Chacune des deux parties de ce bassin a une direction opposée; mais, comme l'une et l'autre sont également couvertes de graminées, on s'est habitué dans le pays à les comprendre sous une même dénomination. Ces *Llanos* (*steppes, savanes ou prairies*) s'étendent en forme d'arc depuis les bouches de l'Orénoque, par San Fernando de Apure, jusqu'au-delà du confluent du Rio Caguan avec le Jupura, par conséquent sur une longueur de plus de 360 lieues.

1) *Partie du bassin de Venezuela dirigée de*

l'est à l'ouest. La pente générale est vers l'est, et la hauteur moyenne de 40-50 toises. Le rivage occidental de cette grande *mer de verdure (mar de yerbas)* est formé par un groupe de montagnes dont plusieurs égalent ou surpassent en hauteur le Pic de Ténériffe et le Mont-Blanc. De ce nombre sont les Paramos del Almorzadero, de Cacota, de Laura, de Porquera, de Pucuchies, de Timotès de Las Rosas. Les rivages septentrional et méridional n'atteignent généralement pas cinq à six cents toises d'élévation. J'ai donné ailleurs une ample description du sol des *Llanos* (Tom. III, p. 353; IV, p. 56; VI, p. 39, 49, 64, 68-86, 167; VIII, p. 327, 333, 338, 353 et 368; IX, p. 3-21, 37, 55-87). On remarque avec quelque surprise que le *maximum* de dépression du bassin ne se trouve pas dans son centre, mais sur sa limite australe, au pied de la Sierra Parime, longée par le *thalweg* de l'Orénoque. Ce n'est qu'entre les méridiens du Cap Codera et de Cumana, là où une grande partie de la Cordillère du littoral de Venezuela a été détruite, que les eaux des *Llanos* (le Rio Unare et le Rio Neveri) parviennent à la côte septentrionale. L'arête de partage de ce bassin est formée par de petits plateaux, connus sous les noms de Mesas d'Amana, de Guanipa et de Jonoro. (Tom. VI, p. 56; IX, p. 58 et 59). Dans cette même partie orientale, entre les méridiens de 63° et 66°, les plaines ou savanes dépassent, vers le sud, le lit de l'Orénoque et de l'Imataca, et forment (en s'approchant du Cujuni et de l'Essequibo) une espèce de golfe le long de la Sierra Pacaraina (Tom. VIII, p. 417.

2) *Partie du bassin de Venezuela dirigée du sud au nord.* La grande largeur de cette zone de savanes, de 100 à 120 lieues, rend assez impropre la dénomination de *détroit terrestre*, à moins qu'on ne l'applique géognostiquement à toute communication de bassins limités par de hautes Cordillères. Peut-être cette dénomination appartient-elle, avec plus de droit, à la partie où se trouve placé le groupe peu connu des montagnes qui environnent les sources du Rio Negro (*Voyez* ci-dessus, p. 143-145.). Dans le bassin compris entre la pente orientale des Andes de la Nouvelle-Grenade et la partie occidentale de la Sierra Parime, les savanes se prolongent, comme nous l'avons indiqué plus haut, bien au-delà de l'équateur, mais

leur étendue ne détermine pas les limites australes du bassin que nous examinons ici. Ces dernières sont fixées, par un seuil ou ligne de faîtes qui partage les eaux entre l'Orénoque et le Rio Negro, affluent de l'Amazone. Un relèvement de contre-pente, presque insensible à la vue, forme une arête qui semble réunir la Cordillère orientale des Andes au groupe de la Parime [1]. Cette arête se dirige de la Ceja (lat. 1° 45′) ou du versant oriental des Andes de Timana [2], entre les sources du Guayavero et du Rio Caguan [3], vers l'isthme qui sépare le Tuamini du Pimichin [4]. Dans les *Llanos*, elle suit par conséquent les parallèles de 2° 30′ et 2° 45′. Il est bien remarquable que l'on retrouve plus à l'ouest, sur le dos même des Andes, dans le nœud de montagnes qui renferme les sources du Magdalena, à 900 t. de hauteur au-dessus du niveau des *Llanos*, les

[1] *Voyez* ci-dessus, p. 9-11.

[2] *Voyez* ma Carte du Magdalena (*Atlas géogr.*, pl. XXIV).

[3] Le premier est un affluent du Guaviare, le second du Yupurà.

[4] Isthme de Javita ou portage du Pimichin (T. VII, p. 318, 344; *Atlas géogr.*, pl. XVI).

divortia aquarum entre la Mer des Antilles et l'Océan-Pacifique [1], presque par la même latitude (1° 45'-2° 20'). De l'isthme de Javita vers l'est, cette *ligne du partage d'eau* est formée par les montagnes même du groupe de la Parime; elle se relève d'abord un peu au nord-est vers les sources de l'Orénoque (latitude 3° 43'?) et vers la chaîne de Pacaraina [2] (lat. 4° 4'-4° 12'): puis, pendant un cours de 80 lieues, entre le partage de l'Anocapra [3] et les rives du Rupunuri, elle se dirige, très-régulièrement, de l'ouest à l'est; enfin, au-delà du méridien de 61° 50', elle dévie de nouveau vers des latitudes plus basses, passant entre les sources boréales du Rio Suriname, du Maroni et de l'Oyapok, et les sources méridionales du Rio Trombetas, du Curupatuba et du Paru (lat. 2°-1° 50'). Ces indications suffisent pour prouver que cette *première ligne de partage d'eau* de l'Amérique du Sud (celle de l'hémisphère boréal) traverse tout le continent entre les parallèles de 2° et 4°. Il n'y a que le

---

[1] Tom. VII, p. 400 et 401.
[2] *Voyez* ci-dessus, p. 53 et 54.
[3] Chemin du Rio Branco au Rio Carony.

Cassiquiare qui se soit frayé un passage à travers l'arête que nous venons de décrire). Le système hydraulique de l'Orénoque présente le phénomène extraordinaire d'une bifurcation là où la limite de deux bassins (de l'Orénoque et du Rio Negro) traversent le lit même du récipient principal. Dans la partie du bassin de l'Orénoque, qui est dirigée du sud au nord, comme dans la partie qui est dirigée de l'ouest à l'est, les *maxima* de dépression se trouvent au pied de la Sierra Parime, on pourroit dire sur ses contours mêmes.

δ. LE BASSIN DU RIO NEGRO ET DE L'AMAZONE. C'est le bassin central, et le plus grand des bassins de l'Amérique du Sud. Il est exposé à la fréquence des pluies équatoriales, et le climat chaud et humide à la fois y développe une force de végétation à laquelle rien ne peut être comparé dans les deux continens. Le bassin central, limité au nord par le groupe de la Parime, au sud par les montagnes du Brésil, est presque entièrement couvert d'épaisses forêts, tandis que les deux bassins placés aux extrémités du continent (les *Llanos* de Venezuela ou du Bas-Orénoque et les *Pampas* de

Buenos-Ayres ou du Rio de la Plata) sont des savanes ou prairies, des plaines dépourvues d'arbres et couvertes de graminées. Cette distribution symétrique de savanes, bordées par d'impénétrables forêts, doit être liée à des révolutions physiques qui ont agi à la fois[1] sur de grandes surfaces.

1) *Partie du bassin de l'Amazone dirigée de l'ouest à l'est*, entre les 2° nord et 12° sud, et de 880 lieues de longueur. Le rivage occidental de ce bassin est formé par la chaîne des Andes, depuis le nœud des montagnes de Huanuco jusqu'à celui des sources du Magdalena. Il est élargi par le contre-fort du Rio Beni [2],

---

[1] Tom. V, p. 93 et 94; IX, p. 72-81. *Martius, Phys. der Pflanzen von Bras.*, p. 13.

[2] *Voyez* ci-dessus, p. 51-53. Le vrai nom de cette grande rivière, sur le cours de laquelle les géographes ont été si long-temps divisés, est *Uchaparu*, probablement *eau* (*para*) d'*Ucha*: aussi Beni signifie simplement *fleuve, eau*: car la langue des Maypures a des analogies multipliées avec la langue des Moxos (T. VII, p. 181-183); et, en maypure, *veni* (*oueni*) signifie eau, comme en moxo *una*. Peut-être le nom du fleuve est-il resté maypure, quand les Indiens qui parloient cette langue ont émigré au nord, vers les rives de l'Orénoque.

riche en sel gemme et composé de plusieurs rangées de collines (lat. 8°-11° sud) qui avancent dans les plaines sur la rive orientale du Paro. Nos cartes travertissent ces collines en *hautes Cordillères* et *Andes de Cuchao* [1], Vers le nord, le bassin de l'Amazone, dont l'*area* (de 244,000 lieues carrées) n'est que d'un sixième plus petite que l'*area* de l'Europe entière, se relève en pentes très-douces vers la Sierra Parime. A l'ouest des 68° de longitude, la partie élevée de cette Sierra se termine par les 3° $\frac{1}{3}$ de latitude boréale. Le groupe de monticules qui entourent les sources du Rio Negro, de l'Inirida et du Xiè (lat. 2°), les rochers épars entre l'Atabapo et le Cassiquiare se présentent, comme des groupes d'îlots et

---

[1] Les *Andes de Cuchao*, que la carte d'Arrowsmith place lat. 10° $\frac{1}{2}$ 12° au nord du lac fabuleux de Rogagualo, ne sont autre chose que les montagnes du Cuchao, que la Cruz place lat. 13° au sud-ouest de ce lac. Une erreur bizarre de ce dernier géographe l'a porté à couvrir de montagnes des plaines qui en sont entièrement dépourvues. Il a oublié que, dans les colonies, *monte* désigne presque exclusivement une forêt, et il a figuré des chaînes de montagnes partout où il a écrit *montes de cacao*, comme si le Cacaoyer n'appartenoit pas à la région la plus ardente des plaines.

d'écueils, au milieu de la plaine. Une partie de ces écueils sont couverts de signes ou sculptures symboliques. Des peuples, très-différens de ceux qui habitent aujourd'hui les rives du Cassiquiare, ont pénétré dans les savanes; et la *zone des roches peintes* qui s'étend à plus de 150 lieues de largeur, offre les traces d'une ancienne civilisation. A l'est des groupes sporadiques de rochers (entre le méridien de la bifurcation de l'Orénoque et celui du confluent de l'Essequibo avec le Rupunuri), les hautes montagnes de la Parime ne commencent que par les 3° de latitude. C'est là que se terminent les plaines de l'Amazone. Le vaste golfe qu'elles semblent former dans la partie supérieure du bassin du Rio Branco, et les sinuosités que l'on observe à la pente méridionale de la Sierra Parime, ont été discutés plus haut[1]. Vers le sud, les limites des plaines de l'Amazone sont plus inconnues encore que vers le nord. Des montagnes, qui excèdent 400 toises, ne paroissent pas s'étendre dans le Brésil au nord du parallèle de 14° à 15° de latitude méridionale, et à l'ouest du méridien de 52°; mais on ignore jusqu'où se prolonge le

[1] *Voyez* ci-dessus, p. 50-54.

pays montueux, si l'on veut désigner sous ce nom un terrain hérissé de collines de cent ou deux cents toises d'élévation. Entre le Rio das Vertentes et le Rio de tres Barras (affluens de l'Araguay et du Topayos), les *Monts Parecis* envoient plusieurs arêtes vers le nord. Sur la rive droite du Topayos, une série de monticules avance (selon des cartes manuscrites dressées récemment au Dépôt hydrographique de Rio Janeiro) jusqu'au parallèle de 5° de latitude sud, jusqu'à la chute (*cachoeira*) de Maracana; tandis que, plus à l'ouest, dans le Rio Madeira, dont le cours est presque parallèle à celui du Topayos, les rapides et les cataractes (on en compte 17 entre Guayramerim [1] et le fameux Salto de Theotonio [2]) n'indiquent des arêtes rocheuses que jusqu'au parallèle de 8°. La dépression principale du bassin dont nous venons d'examiner les con-

---

[1] Au-dessus du confluent du Madeira et du Mamoré, qu'un journal brésilien justement estimé (*Patriota*, 1813, p. 288) place par les 10° 22′ 30″ de latitude, tandis qu'il donne au confluent du Madeira avec le Guaporé 11° 54′ 46″.

[2] Au-dessus du confluent du Madeira et du Jamary.

tours se trouve, non vers un de ses bords, comme dans le bassin du Bas-Orénoque, mais au centre même, là où le grand récipient de l'Amazone forme un sillon longitudinal, incliné de l'ouest à l'est sous un angle de moins de 25 secondes [1]. Les mesures barométriques que j'ai faites à Javita sur les rives du Tuamini, à Vasiva sur les bords du Cassiquiare et à la cataracte de Rentema, dans le Haut-Maragnon, paroissent prouver que le *relèvement* des plaines de l'Amazone est, vers le nord (au pied de la Sierra Parime), de 150 t., et, vers l'ouest (au pied de la Cordillère des Andes de Loxa), de 190 toises au-dessus du niveau de l'Océan [2]. Il faut espérer que, lorsque des bateaux à vapeur remonteront l'Amazone depuis le Grand Pará jusqu'au Pongo de Manseriche, dans la province de Maynas, on ne négligera pas, pendant le cours d'une navigation si facile, de niveler barométriquement le cours du fleuve, qui est le *thalweg* d'une plaine quinze fois plus étendue que la France entière.

2) *Partie du bassin de l'Amazone dirigée du*

---

[1] *Voyez* ci-dessus, p. 6, note.
[2] Tom. VII, p. 307-310; VIII, p. 70, 191-193.

sud au nord. C'est la zone où le détroit terrestre par lequel communiquent, entre les 12° et 20° de latitude australe, les plaines de l'Amazone avec les *Pampas* de Buenos-Ayrés. Le rivage occidental de cette zone est formé par les Andes, entre le nœud de Porco et du Potosi, et celui de Huanuco et de Pasco. Une partie du *contre-fort du Rio Beni*, qui n'est qu'un élargissement des Cordillères d'Apolobamba et du Couzco [1], et tout le promontoire de Cochabamba [2] avancent vers l'est dans les plaines de l'Amazone. C'est surtout le prolongement de ce promontoire qui a fait naître le soupçon d'une liaison des Andes avec une série de collines que les *Serras dos Parecis* [3], la *Serra Melgueira* et la prétendue *Cordillera de San Fernando* envoient vers l'ouest. Cette partie presque inconnue des frontières du Brésil et du Haut-Pérou mérite l'attention des voyageurs. D'après les notions les plus récentes qu'on a pu recueillir, il paroît que l'ancienne mission de San Jose Chiquitos (à peu

---

[1] Voyez ci-dessus, p. 51-54.
[2] *Ibid.*, p. 36 et 37.
[3] *Ibid.*, p. 177 et 278.
Relat. hist., Tom. 10.

près lat. 17°; long. 67° 10′, en supposant Santa-Cruz de la Sierra, lat. 17° 25′; long. 66° 47′) se trouve déjà située dans les plaines, et que les montagnes du contre-fort de Cochabamba se terminent entre le Guapaix (Rio de Mizque) et le Parapiti qui prend plus bas les noms de Rio San Miguel et de Rio Sara. Les savanes de la province de Chiquitos communiquent au nord avec celles des Moxos, au sud avec celles du Chaco [1]; mais, dans ces mêmes contrées, comme nous l'avons déjà fait observer plus haut, il se forme, par l'intersection de deux plans foiblement inclinés, une arête ou ligne de partage d'eau qui, au nord de la Plata (Chuquisaca), prend son origine entre les sources du Guapaix et du Cachimayo (affluent du Pilcomayo), et remonte du parallèle de 20° à celui de 15° ½ de latitude australe, par conséquent au nord-est, vers l'isthme de Villabella [2]. De ce point, un des plus importans de toute l'hydrographie de

[1] *Carta de las Missiones de los Moxos de la Compañia de Jesus de el Perú*, 1709.

[2] Entre les affluens du Paraguay et du Madeira. *Voyez* ci-dessus, p. 176-178.

l'Amérique, on peut suivre la ligne de partage d'eau jusqu'à la Cordillère du littoral (*Serra do Mar*). On la voit serpenter (lat. 17° 20°) entre les sources boréales de l'Araguay, du Maranhao ou Tocantines et du Rio San Francisco, et les sources méridionales du Parana. Cette *seconde ligne de partage* qui entre dans le groupe des montagnes du Brésil, sur la frontière de la Capitainerie de Goyaz, sépare les versans du bassin de l'Amazone de ceux du bassin du Rio de la Plata : elle correspond, au sud de l'équateur, à la ligne que nous avons fait connoître dans l'hémisphère boréal (lat. 2°-4°), sur les limites mêmes des bassins de l'Amazone et du Bas-Orénoque [1].

Si les plaines de l'Amazone (en prenant cette dénomination dans le sens géognostique que nous lui avons assigné) se distinguent en général des *Llanos* de Venezuela et des *Pampas* de Buenos-Ayres par l'étendue et l'épaisseur des forêts qui les couvrent, on est d'autant plus frappé de la continuité des savanes que l'on trouve dans la partie dirigée du sud au nord. On diroit que la *mer de verdure* [2] du

[1] *Voyez* ci-dessus, p. 200 et 201.

[2] Ces Pampas, que le père Sobreviela a fait con-

bassin de Buenos-Ayres envoie un bras par les *Llanos* du Tucuman, de Manso, du Chaco, des Chiquitos et des Moxos aux *Pampas* del Sacramento [1], aux savanes du Napo, du Guaviare, du Meta et de l'Apure. Ce bras traverse, entre les 7° et 3° de latitude méridionale, le *bassin des forêts* de l'Amazone, et l'absence d'arbres sur une si grande étendue de terrain (la prépondérance qu'ont acquise de petites plantes monocotylédones) est un phénomène de la géographie des plantes, qui tient peut-être à l'action d'anciens courans pélagiques, où à d'autres révolutions partielles de notre planète.

ε. PLAINES DU RIO DE LA PLATA ET DE PATA-

noître le premier, portent aussi le nom de *Pajonal* (plaine qui produit de la *paille*), entre le Rio Paro, affluent de l'Ucayali et les rives de l'Huallaga.

[1] Je nomme ces plaines couvertes de graminées, dans l'ordre où elles se suivent du sud au nord, des 30° de latitude australe aux 9° de latitude boréale. On appelle *Llanos de Manso* (lat. austr. 22°-25° ½) les savanes entre le Rio Vermejo et le Pylco-mayo, d'après le nom d'un Espagnol qui a fait, dans ces contrées désertes, les premiers essais de culture (*Brackenridge*, Tom. II, p. 17).

gonie, depuis la pente sud-ouest du groupe des montagnes du Brésil jusqu'au détroit de Magellan, des 20° au 53° de latitude. Ces plaines correspondent à celles du Mississipi et du Canada, dans l'hémisphère boréal. Si une de leurs extrémités se rapproche moins des régions polaires, l'autre entre d'autant plus dans la région des palmiers. La partie de ce vaste bassin qui s'étend de la côte orientale vers le Rio Paraguay (c'est-à-dire la Capitania de Rio Grande, à l'ouest de l'île Sainte-Catherine, la province Cisplatine et le Paraguay proprement dit entre le Parana et le Rio Paraguay), n'offre pas une surface si parfaitement unie que la partie située à l'ouest et au sud-est du Rio de la Plata, et que l'on connoît depuis des siècles sous le nom de Pampas, tiré de la langue péruvienne ou quichua [1]. Géognostiquement parlant, ces deux régions de l'est et de l'ouest ne forment qu'un seul bassin limité à l'orient par la Serra de Villarica ou do

[1] *Hatun Pampa* signifie, dans cette langue, une grande plaine. On retrouve le mot de *Pampa* aussi dans *Riobamba* et *Guallabamba*; car les Espagnols changent, pour rendre les noms géographiques plus agréables à l'oreille, le *p* en *b*.

Espinhazo qui se perd dans la Capitania de Saint-Paul, vers le parallèle de 24°; au nord-est, par les monticules [2] que la Serra de Canastra et les Campos Parecis envoient vers la province du Paraguay; à l'ouest, par les Andes du Haut-Pérou et du Chili; au nord-ouest, par l'arête de partage des eaux qui se prolonge du contre-fort de Santa-Cruz de la Sierra, à

---

[1] Au sud de la Villa de Cuyaba, ou plutôt au sud du Rio Mbotetey (Embotetéu ou Mondego), se prolonge vers le sud un pays montueux, connu sous le nom fastueux de *Cordillères* d'Amambay, de San Jose et de Maracajou. D'après la belle carte manuscrite de l'ancienne vice-royauté du Rio de la Plata (par Don Miguel de Lastaria, 1804), dont je dois la communication à l'obligeant intérêt de M. Malte-Brun, toute la partie septentrionale du Paraguay entre la mission de Curuguati (lat. $24°\frac{1}{2}$), et les rivières Mbotetey et Monice (Yaguari), est remplie de collines. Les géographes figurent également une chaîne de montagnes entre les 28° 34°½ de latitude, dans la Province des Missions et dans la Province Cisplatine du Brésil, chaîne qui sépare les versans de l'Uraguay de ceux de la côte orientale. Mais ces prétendues *Cordillères* n'ont probablement pas 200 toises d'élévation. En comparant les Cartes de D'Anville, de Varela, de Dobrizhoffer et d'Azara, on voit comment les progrès de la géographie ont fait disparoître peu à peu les montagnes dans ces contrées.

CHAPITRE XXVI.

travers les plaines de Chiquitos, vers les Serras d'Albuquerque (lat. 19° 20′) et de San Fernando. La partie de ce bassin qui se trouve à l'ouest du Rio Paraguay contient 70,000 lieues carrées; elle est entièrement couverte de graminées, tandis que d'épaisses forêts s'étendent de la rive orientale du Paraguay vers le Parana et les sources de l'Uruguay. Cette surface des *Pampas* ou *Llanos* du Manso, du Tucuman, de Buenos-Ayres et de la Patagonie orientale excède par conséquent quatre fois la surface de la France entière. Les Andes du Chili rétrécissent les *Pampas* par les deux contre-forts de Salta et de Cordova [1] : ce dernier promontoire, dont nous connoissons l'étendue avec beaucoup de précision, par les observations astronomiques de MM. Espinosa et Bauza [2], forme un promontoire tellement

[1] *Voyez* ci-dessus, p. 36 et 37.

[2] Ces officiers de la marine espagnole avoit quitté l'expédition de Malaspina à Lima pour la rejoindre à Buenos-Ayres. Ils ont déterminé la latitude et la longitude de Mendoza (lat. 32° 52′; long. 71° 23′), et S. Luis de la Punta (lat. 33° 18′; long. 68° 4′). *Memorias de los Navegantes,* Tom. I, *Apendice,* p. 181. D'après ces positions, on trouve, pour la ville de Cordova, lat. 31° 22′; long. 66° 17′, en admettant avec

avancé qu'il ne reste (lat. 31°-32°) qu'une plaine de 45 lieues de largeur entre l'extrémité orientale de la Sierra de Cordova et la rive droite du fleuve Paraguay, dirigé dans le sens d'un méridien, depuis la ville de Nueva Coimbra jusqu'au Rosario, au-dessous de Santa-Fe. Bien au-delà des frontières méridionales de l'ancienne vice-royauté de Buenos-Ayres, entre le Rio Colorado et le Rio Negro (lat. 38-39), des groupes de montagnes paroissent s'élever en forme d'îlots au milieu de la plaine muriatifère. Une tribu d'Indiens du sud [3] (*Tehuelhet*) y porte depuis long-temps le nom caractéristique d'*hommes des montagnes* (*Callilehet*) ou *Serranos*. Depuis le parallèle

M. Bauza, selon la *Carte de l'Océan méridional compris entre le Cap de Horn et le Cap de Bonne-Espérance* (Madrid, 1804), la ville de Cordova de 1° 47' à l'est de San Luis de la Punta. La Cruz et Arrowsmith avoient supposé cette distance de 3° 20' et 3° 4'. De même M. Bauza, qui a visité ces contrées, admet la différence de longitude de Cordova et Santa-Fe de 3°, tandis que Arrowsmith le fait 2° 36'. On manque absolument d'observations astronomiques entre le Tucuman, l'Asuncion et Sante-Fe.

[1] *Het*, homme; *tehuel*, midi.

de l'embouchure du Rio Negro jusqu'à celui de Cabo Blanco (lat. 41°-47°), des montagnes disséminées sur la côte patagonique orientale annoncent des inégalités plus considérables dans l'intérieur. Cependant toute la partie du détroit de Magellan, depuis le Cap des Vierges jusqu'au Cap Noir, sur plus de 30 l. de largeur, est entourée de savanes ou Pampas, et les Andes de la Patagonie occidentale ne commencent à s'élever que près du Cap Noir, exerçant une grande influence sur la direction de la partie du détroit qui est plus rapprochée de la Mer du Sud et dirigée du SE. au NO.

Si nous avons donné aux *plaines* ou grands bassins de l'Amérique méridionale les noms des rivières qui coulent dans leurs sillons longitudinaux, nous n'avons pas voulu les comparer pour cela à de simples vallées. Dans les plaines du Bas-Orénoque et de l'Amazone, toutes les lignes de plus grande pente aboutissent sans doute à un récipient principal; et les affluens des affluens, c'est-à-dire les *bassins de différens ordres*, pénètrent dans le groupe des montagnes mêmes. La partie supérieure ou les hautes vallées des affluens sont considérées, dans ce *tableau géologique*, comme appartenant à la région montueuse du pays, comme placées hors des plaines du Bas-Orénoque et de l'Amazone. Les vues du géologue ne sont pas identiques avec celles de l'hydrographe. Dans le bassin que nous avons appelé celui du Rio de la Plata et de la Patagonie, les eaux qui suivent les lignes de plus grandes pentes ont plusieurs issues. Le même bassin renferme plusieurs vallées de rivières; et, en examinant de près la surface polyédrique des *Pampas* et la portion de leurs eaux qui ne va point à la mer, semblable aux eaux des steppes de l'Asie [1], on conçoit que ces plaines sont divisées par de petites arêtes ou lignes de faîtes, et qu'elles ont des *pentes alternatives* [2], inclinées dans des sens opposés, à l'égard de l'horizon. Pour mieux faire sentir cette différence entre les aperçus géologiques et hydrographiques, et pour prouver que, dans les pre-

---

[1] Les géographes allemands désignent sous le nom de *fleuves des steppes* (*steppenflüsse*) tout système d'eaux courantes qui a son *maximum* de dépression dans un lac intérieur. Tom. V., p. 180-182.

[2] *Journal de l'École polytechnique*, Tom. VII, p. 265.

miers, en faisant abstraction du cours des eaux qui aboutissent à un seul récipient, on s'élève à un point de vue beaucoup plus général, je rappellerai de nouveau le *bassin hydrographique* de l'Orénoque. Cette immense rivière naît sur la pente méridionale de la Sierra Parime : elle est bordée sur la rive gauche par des plaines, depuis le Cassiquiare jusqu'à l'embouchure de l'Atabapo, et elle coule dans un bassin auquel, *géologiquement* parlant, d'après la grande division de la surface de l'Amérique du Sud en trois bassins, nous avons donné le nom de bassin du Rio Negro et de l'Amazone. Les basses régions qui sont limitées par les pentes méridionales et septentrionales des montagnes de la Parime et du Brésil, et que le géologue doit désigner par un seul nom, renferment, d'après le langage également précis de l'hydrographe, deux bassins de rivières, ceux du Haut-Orénoque et de l'Amazone, séparés par une arête (effet de *pentes alternatives*) qui se dirige de l'isthme de Javita vers l'Esméralda. Il résulte de ces considérations qu'un *bassin géologique* (*sit venia verbo*) peut avoir plusieurs récipiens et plusieurs émissaires. Divisé par de petites lignes de faîtes presque insensibles à la vue, il peut renfermer à la fois des eaux qui vont à la mer par différens sillons indépendans les uns des autres, et des *systèmes de rivières intérieures* aboutissant à des lacs plus ou moins chargés de matières salines. Un bassin de fleuve ou *bassin hydrographique* n'a qu'un seul récipient et un seul émissaire : si, par une bifurcation, il donne une partie de ses eaux à un autre bassin hydrographique, c'est parce que le lit du fleuve ou le récipient principal se rapproche tellement d'un des bords du bassin ou de l'arête de partage que cette arête le traverse en partie.

La distribution des inégalités de la surface du globe ne présente pas des limites fortement prononcées entre le pays montueux et les basses régions ou bassins géologiques. Même là où de véritables chaînes de montagnes s'élèvent comme des digues rocheuses placées sur une crevasse, des contre-forts plus ou moins larges semblent indiquer un soulèvement latéral. Tout en reconnoissant la difficulté de bien circonscrire les groupes de montagnes et les bassins ou plaines continues, j'ai tenté de calculer leurs surfaces d'après les données que renferment les feuilles qui précèdent.

AMÉRIQUE MÉRIDIONALE.

I. Partie montueuse :

Andes.........................	58,900 l. c. m.
Chaîne du littoral de Venezuela.....	1,900
Sierra Nevada de Merida...........	200
Groupe de la Parime..............	25,800
Système des montagnes du Brésil....	27,600
	114,400

II. Plaines :

Llanos du Bas-Orénoque, du Meta et du Guaviare.................	29,000
Plaines de l'Amazone..............	260,400
Pampas du Rio de la Plata et de la Patagonie...................	135,200
Plaines entre le chaînon oriental des Andes de Cundinamarca et le chaînon du Choco.................	12,300
Plaines du littoral, à l'ouest des Andes.	20,000
	456,900

La surface de toute l'Amérique méridionale est de 571,300 lieues carrées (de 20 au degré), et le rapport entre l'étendue du pays montueux et la région des plaines est comme 1 : 4. Cette dernière région, à l'est des Andes, a plus de 424,600 lieues carrées, dont la moitié est en savanes, c'est-à-dire couverte de graminées.

SECTION II.

Répartition générale des terrains. Direction et inclinaison des couches. Hauteur relative des formations au-dessus du niveau de l'Océan.

Nous avons examiné, dans la section précédente, les inégalités de la surface du sol, c'est-à-dire la *charpente* générale des montagnes et la forme des bassins que ces montagnes diversement agroupées laissent entre elles. Les agroupemens sont tantôt *longitudinaux*, par bandes étroites ou chaînons, semblables à des filons qui conservent leur *allure* à de grandes distances (Andes, Montagnes du littoral de Venezuela, Serra do Mar du Brésil, Alleghanis des États-Unis), tantôt ils sont par *masses* à formes irrégulières, dans lesquelles des soulèvemens paroissent avoir eu lieu comme sur un dédale de crevasses ou un *amas* de filons (Sierra Parime, Serras das Vertentes). Ces modes de formations liés à une hypothèse de géognosie [1] qui a l'avantage d'être fondée

[1] *Voy.* les observations importantes et nouvelles sur l'origine des chaînes de montagnes, qui se trouvent

sur des faits observés dans les temps hystoriques, caractérisent d'une manière tranchée les *chaînes* et les *groupes* de montagnes. D'ailleurs, les considérations sur le relief d'un pays sont indépendantes de celles qui font connoître la nature des terrains, l'hétérogénéité des matières, la superposition des roches, la direction et l'inclinaison des couches. Ce sont ces dernières qui seront exposées dans la seconde et la troisième section de ce mémoire. Sous le rapport du relief et de l'enchaînement des inégalités du sol, la moitié du globe lunaire est aujourd'hui presque mieux connue que la moitié du globe terrestre, et la *géologie des formations*, inaccessible pour toujours à l'astronomie physique, si elle ne se livre pas à des écarts dangereux, avance avec une lenteur extrême, même dans les pays qui sont les plus rapprochés de l'Europe.

En jetant un coup d'œil général sur la constitution géologique d'une chaîne de mon-

exposées dans un ouvrage digne de fixer l'attention des géognostes : *Resultate der neusten geogn. Forschungen des Herrn Leopold von Buch, zusammengestellt und übersezt von K. C. von Leonhard*, p. 307, 338, 438, 470, 475, 506.

tagnes, on peut distinguer *cinq élémens de direction* trop souvent confondus dans les ouvrages de géognosie et de géographie physique Ces élémens sont :

α) L'axe longitudinal de la chaîne entière ;
β) La ligne qui partage les eaux *(divortia aquarum)* ;
γ) La ligne de faîte passant par les *maxima* de hauteur ;
χ) La ligne qui sépare en section horizontale deux formations contiguës ;
ε) La ligne qui suit les fissures de stratification.

Cette distinction est d'autant plus nécessaire qu'il n'existe vraisemblablement aucune chaîne sur le globe qui offre un parallélisme parfait de toutes ces *lignes directrices*. Dans les Pyrénées, par exemple, α, β, γ ne coïncident pas ; mais δ et ε (c'est-à-dire les diverses bandes de formations qui viennent successivement *au jour*, et la direction des strates) sont sensiblement parallèles à α ou à la direction de la chaîne entière[1]. On trouve si souvent, dans les parties

---

[1] Dans les Pyrénées, la direction de l'axe longitudinal (α) et celle des formations (δ) qui se montrent

les plus éloignées du globe, un parallélisme parfait entre α et ε, qu'on peut croire que les causes qui ont déterminé la direction de l'axe (l'angle sous lequel cet axe coupe le méridien) sont assez généralement liées aux causes qui ont déterminé la direction et l'inclinaison des strates. Cette direction des strates elle-même est indépendante de celle des bandes de formations ou de leurs limites visibles à la surface du sol : les lignes δ et ε se croisent quelquefois, lors même qu'une d'elles coïncide avec α ou avec la direction de l'axe longitudinal de la chaîne entière. On ne peut exprimer avec précision le relief d'un pays sur une carte, ni éviter les jugemens les plus erronés sur le gisement et la superposition des terrains, si l'on n'a pas saisi bien clairement les rapports des *lignes directrices* que nous venons de rappeler ici.

successivement à la surface du sol, comme par longues bandes, sont N. 68°-73° O. Mais comme la ligne des *maxima* des faîtes (δ) n'est pas parallèle à l'axe (α), il en résulte, d'après les belles observations de MM. Palassou, Ramond et Charpentier, que cette ligne doit passer nécessairement par des formations très-différentes.

Dans la partie de l'Amérique méridionale qui fait l'objet principal de ce mémoire, et qui est bornée au sud par la rivière de l'Amazone, comme à l'ouest par le méridien des montagnes neigeuses *(Sierra Nevada)* de Merida, les différentes bandes ou zones de formations (δ) se trouvent sensiblement parallèles aux axes longitudinaux (α) des chaînes de montagnes et des bassins ou plaines interposées. On peut dire en général que la *zone granitique* (en réunissant sous cette dénomination les roches de granite, de gneis et de micaschiste) suit la direction de la Cordillère du littoral de Venezuela, et qu'elle appartient exclusivement à cette Cordillère et au groupe des montagnes de Parime, puisqu'elle ne perce nulle part dans les *Llanos* ou bassin du Bas-Orénoque les terrains secondaires et tertiaires. Il en résulte que les mêmes formations ne constituent pas la région des plaines et celle des montagnes.

S'il étoit permis de juger de la structure de toute la *Sierra Parime* d'après la partie considérable que j'en ai examinée sur 6° de long. et 4° de latitude, on devroit la croire entièrement composée de granite-gneis : j'y ai vu quelques couches de grünstein et de schiste amphibolique, mais ni du micaschiste, ni du thonschiefer, ni des bancs de calcaire grenu, quoique plusieurs phénomènes rendent très-probable la présence de la première de ces roches à l'est de Maypures et dans la chaîne de Pacaraina. La constitution géologique du groupe de la Parime est par conséquent plus simple encore que celle du groupe brésilien, dans lequel les granites, les gneis et les micaschistes sont recouverts de thonschiefer, de quarz chloriteux (Itacolumite), de grauwacke et de calcaire de transition [1]; mais les deux groupes, comme nous l'avons déjà rappelé plus haut, ont de commun entre eux l'absence d'un véritable système de roches secondaires. On ne trouve dans l'un et dans l'autre que quelques lambeaux de grès ou conglomérats siliceux. Dans la *Cordillère du littoral de Venezuela* [2], les formations granitiques sont encore celles qui dominent; mais elles manquent vers l'est, surtout dans le chaînon méridional où l'on observe (dans les missions de Ca-

---

[1] *Voyez* mon Essai sur le gisement des roches, p. 96, et *Eschwege, Geogn. Gemälde*, p. 7, 17, 24.

[2] Sur ces limites et ces divisions, *voyez* ci-dessus, p. 111-122.

ripe et autour du golfe de Cariaco) une grande accumulation de roches calcaires secondaires et tertiaires. En partant du point où la Cordillère du littoral se lie aux Andes de la Nouvelle-Grenade (long. 71°$\frac{1}{2}$), on trouve d'abord les montagnes granitiques d'Aroa et de San Felipe, entre les rivières du Yaracui et du Tocuyo [1]. Ces formations granitiques s'étendent à l'est des deux côtés du bassin des *Vallées d'Aragua*, dans le chaînon septentrional jusqu'au Cap Codera; dans le chaînon méridional jusqu'aux montagnes (*Atlas Savanas*) d'Ocumare. Après l'interruption remarquable qu'éprouve la Cordillère du littoral dans la province de Barcelone, les roches granitiques recommencent à se montrer dans l'île de la Marguerite et dans l'isthme d'Araya, et continuent peut-être jusque vers les *Bocas del Drago;* mais à l'est du méridien du Cap Codera, il n'y a que le chaînon septentrional qui soit granitique (de schiste micacé); le chaînon méridional (Morro de Nueva Barcelona, ar-

---

[1] Notes manuscrites du général Cortès : mes propres observations ne commencent que dans le méridien de Porto-Cabello (long. 70° 37'), et terminent à celui du Cerro de Meapire (long. 65° 51'), près de Cariaco.

chipel des îles Caracas, Cerro del Bergantin, environs de Cumanacoa, du Cocollar et de Caripe) est entièrement composé de calcaire secondaire et de grès.

Si, dans le *terrain granitique* qui est ici une *formation très-complexe*, on veut distinguer minéralogiquement entre les roches de granite, de gneis et de micaschiste, il faut rappeler, d'après mes observations locales, que le granite à gros grains, ne faisant point passage au gneis, est très-rare dans ces contrées. Il appartient particulièrement aux montagnes qui bordent, vers le nord, le bassin du lac de Valencia; car, dans les îles de ce lac, dans les montagnes qui avoisinent la Villa de Cura et dans tout le chaînon septentrional, entre le méridien de la Victoria et le Cap Codera, domine le gneis, alternant quelquefois (Silla de Caracas) avec le granite ou passant (entre Guigue et Villa de Cura, dans la montagne de Chacao) au micaschiste [1]. Le micaschiste même est la roche la plus fréquente dans la péninsule d'Araya [2] et dans le groupe du Ma-

[1] Tom. VI, p. 13-20.
[2] Tom. II, p. 364 et 365.

canao, qui forme la partie occidentale de l'île de la Marguerite. A l'ouest de Maniquarez, le micaschiste de la péninsule d'Araya perd peu à peu (Cerro de Chuparuparu) son éclat demi-métallique; il se charge de carbone, et devient [1] un schiste argileux (thonschiefer), même un ampelite (alaun-schiefer). Les couches de calcaire grenu sont les plus communes dans le chaînon primitif septentrional; et, ce qui est assez remarquable, elles se trouvent dans le gneis, et non dans le micaschiste.

Au terrain granitique ou plutôt de gneis-micaschiste du chaînon méridional est adossé, au sud de la Villa de Cura, un *terrain de transition* composé de grünstein, de serpentine amphibolique, de calcaire micacé et de schiste vert et carburé [2]. Le bord le plus méridional de ce terrain est formé par des *roches volcaniques*. Entre Parapara, Ortiz et le Cerro de Flores (lat. 9° 28′-9° 34′; long. 70° 2′-70° 15′), des phonolithes et des amygdaloïdes qui renferment des pyroxènes, ont brisé les couches du terrain de transition. Ces éruptions

---

[1] Tom. IX, p. 122.
[2] Tom. VI, p. 23-36.

volcaniques se trouvent placées sur le rivage même du bassin des *Llanos*, de cette vaste mer intérieure qui a rempli jadis tout l'espace entre les Cordillères de Venezuela et de la Parime. Nous rappellerons à cette occasion que, d'après les observations du major Long et du docteur James, des formations trapéennes (dolerites et amygdaloïdes bulleuses avec pyroxène) bordent aussi les plaines du bassin du Mississipi, vers l'ouest, à la pente des Montagnes Rocheuses[1]. Les anciennes roches pyrogènes que j'ai trouvées près de Parapara, où elles s'élèvent en monticules à sommets arrondis, sont d'autant plus remarquables que jusqu'ici on n'en a point encore découvert de semblables dans toute la partie orientale de l'Amérique du Sud. La liaison intime que l'on observe dans ce terrain de Parapara, entre les grünstein, les serpentines amphiboliques et les amygdaloïdes renfermant des cristaux de pyroxène; la forme des Morros de San Juan, qui s'élèvent comme des cylindres au-dessus du plateau, la texture grenue de leur calcaire

---

[1] Des sources de Canadian River au Rio Colorado de Natchitoches. *Voyez Long, Exped.*, Tom. II, p 91, 402.

environné de roches trapéennues, sont des objets dignes de l'attention du géologue qui a étudié, dans le Tyrol méridional ou en Écosse, les effets produits par le contact des porphyres pyroxéniques [1].

Le *terrain calcaire* de la Cordillère du littoral domine surtout, comme nous l'avons déjà rappelé, à l'est du cap Unare, dans le chaînon méridional : il s'étend jusqu'au golfe de Paria, vis-à-vis de l'île de la Trinité, où l'on trouve les gypses de Guire, qui renferment du soufre. On m'a assuré qu'également dans le chaînon septentrional, dans la *Montaña de Paria* et près de Carupano, on rencontre des formations calcaires secondaires, et que ces formations ne commencent à s'y montrer qu'à l'est de l'arête [2] de rocher (Cerro de Meapire) qui réunit le groupe calcaire du Guacharo au

---

[1] *Léopold de Buch*, *Tableau géologique du Tyrol*, p. 17. J'apprends, par des lettres très-récentes de M. Boussingault, que ces singuliers Morros de San Juan, offrant un calcaire à grains cristallins et des sources thermales, sont creux, et renferment d'immenses grottes remplies de stalactites. Ils paroissent avoir été habités anciennement par les indigènes.

[2] Tom. III, p 219.

groupe de micaschiste de la péninsule d'Araya; mais je n'ai pas eu occasion de vérifier la justesse de cette observation. Le terrain calcaire du chaînon méridional est composé de deux formations qui paroissent très-distinctes, du calcaire de Cumanacoa et de celui de Caripe. Lorsque j'étois sur les lieux, le premier m'a semblé offrir de l'analogie avec le zechstein ou calcaire alpin, le second avec le calcaire jurassique : j'ai même cru que le gypse grenu de Guire pouvoit être celui qui, en Europe, appartient au zechstein ou se trouve placé entre le zechstein et le grès bigarré. Des couches de grès quarzeux, alternant avec des argiles schisteuses, couvrent le calcaire de Cumanacoa [1] (Cerro del Impossible, Turimiquiri, Cuarda de S. Agustin), de même qu'elles couvrent le calcaire jurassique [2] dans la province de Barcelone (Aguas calientes). D'après leur gisement, on pourroit regarder ces grès comme appartenant à la formation du grès vert ou grès secondaire à lignites sous la craie : mais s'il est certain (comme je l'ai cru obser-

---

[1] Tom. III, p. 14, 29, 205.

[2] Tom. IX, p. 97.

ver) qu'à la pente du Cocollar le grès forme des couches dans le calcaire alpin, avant de lui être superposé, on a de la peine à croire que les deux formations arénacées de l'Impossible et des Aguas calientes constituent un même terrain. L'argile muriatifère (avec pétrole et gypse lamelleux) couvre la partie occidentale de la péninsule d'Araya, vis-à-vis de la ville de Cumana, comme le centre de l'île de la Marguerite. Cette argile paroît immédiatement adossé au micaschiste et recouverte de la brèche calcaire du terrain tertiaire. Je ne déciderai pas si la formation d'Araya, riche en parcelles de muriate de soude disséminées[1], appartient à la formation du grès de l'Impossible qu'on pourroit comparer, par sa position, au grès bigarré *(red marl)* de l'Europe.

Des lambeaux de *terrain tertiaire* entourent indubitablement le château et la ville de Cumana (Castillo de San Antonio), comme ils se montrent aussi à l'extrémité sud-ouest de la péninsule d'Araya (Cerro de la Vela et del Barigon); à l'arête du Cerro de Meapire, près de Cariaco; au Cabo blanco, à l'ouest de la Guayra et sur le littoral de Porto-Cabello.

[1] Tom. III, p. 118.

CHAPITRE XXVI.

Ces lambeaux se retrouvent par conséquent au pied des deux pentes du chaînon septentrional de la Cordillère de Venezuela. Le terrain[1] tertiaire est composé de couches alternantes d'aglomérats calcaires, de calcaire compacte, et de marnes ou d'argiles qui renferment de la sélénite et du gypse lamelleux[2]. Tout ce système de couches très-neuves ne m'a paru constituer qu'une seule formation qui se retrouve au Cerro de la Popa, près de Carthagène des Indes, comme aux îles de la Guadeloupe et de la Martinique.

Telle est la distribution géologique des terrains dans la partie montagneuse du Venezuela, soit dans le groupe de la Parime, soit dans la Cordillère du littoral. Il nous resteroit à caractériser les formations des *Llanos* (ou du bassin du Bas-Orénoque et de l'Apure); mais l'ordre de leur superposition n'est pas facile à déterminer, parce que cette région manque entièrement, soit de ravins ou lits de torrens, soit de puits très-profonds creusés par la main

[1] Tom. II, p. 335-341, 369; III, p. 255; IX, p. 114.
[2] Tom. II, p. 370, 371; III, p. 12, 219, 220; IV, p. 124; VI, p. 80; IX, p. 117.

de l'homme. Les formations des *Llanos* sont :
1° un grès ou conglomérat à fragmens arrondis
de quarz, de lydienne et de kieselschiefer [1]
réunis par un ciment argilo-ferrugineux, extrêmement tenace, brun-olivâtre, quelquefois
d'un rouge très-vif; 2° un calcaire compacte
(entre Timao et Calabozo) qui, par sa cassure
unie et son aspect lithographique, approche
du calcaire du Jura; 3° des couches [2] alternantes de marne et de gypse lamelleux (Mesa
de San Diego, Ortiz, Cachipo). Ces trois formations m'ont paru se succéder de bas en
haut, d'après l'ordre dans lequel je viens de
les décrire, le grès étant appuyé en gisement
concave [3] vers le nord, sur les schistes de
transition de Malpasso; au sud, sur les granites-
gneis de la Parime. Comme le gypse recouvre
immédiatement le grès de Calabozo, qui m'a
semblé, lorsque je me trouvois sur les lieux,
identique avec notre terrain de grès rouge ou
houiller, je suis incertain sur l'âge de sa for-

---

[1] *Voyez* Humboldt, *Essai géognostique*, p. 219, et plus haut Tom. VI, p. 155-158.

[2] Tom. VI, p. 156; IX, p. 56 et suiv.

[3] Muldenförmige Lagerung.

mation. Les roches secondaires des *Llanos* de Cumana, de Barcelone et de Caracas occupent un espace de plus de 5000 lieues carrées. Leur continuité est d'autant plus remarquable qu'elles paroissent manquer, du moins à l'est du méridien de Porto-Cabello (70° 37'), dans tout le bassin de l'Amazone, à moins qu'elles n'y soient couvertes de sables granitiques. Les causes qui ont favorisé l'accumulation des matières calcaires dans la région orientale de la chaîne du littoral et dans les *Llanos* de Venezuela (de 10° ½ à 8° nord), ne doivent point avoir agi plus près de l'équateur, dans le groupe des montagnes de la Parime et dans les plaines du Rio Negro et de l'Amazone (de lat. 8° nord à 1° sud). Cependant ces dernières plaines offrent aussi quelques bancs de roches fragmentaires, tant au sud-ouest de San Fernando de Atabapo que vers le sud-est, dans le cours inférieur du Rio Negro et du Rio Branco. J'ai vu, au milieu des plaines de Jaen de Bracamoros, un grès qui alterne à la fois avec des bancs de sable et des conglomérats à galets de porphyre et de lydienne [1]. MM. de Spix et

---

[1] *Essai géogn.*, p. 231.

Martius [1] assurent que les rives du Rio Negro, au sud de l'équateur, sont composées de grès bigarré, celle du Rio Branco, du Jupura et de l'Apoporis de quadersandstein, celles de l'Amazone, sur plusieurs points de grès ferrugineux [2]. Il reste à examiner si, dans le Venezuela, comme j'incline à le croire aujourd'hui, les formations calcaires et gypseuses qui couvrent la partie orientale de la Cordillère du littoral diffèrent entièrement de celles des *Llanos*, et à quel terrain appartient cette muraille rocheuse [3] qui, sous le nom de la *Galera*, borde

---

[1] *Ueber die Physiognomie des Pflanzenreichs in Brasilien;* p. 13, 14.

[2] *Braunes eisenschüssiges Saadstein-Conglomerad* (Ironsand des géologues anglois, entre le calcaire jurassique et le grès vert?). Sur les rochers de quadersandstein, entre l'Apoporis et le Japura, MM. Spix et Martins ont trouvé ces mêmes sculptures que nous avons fait connoître depuis l'Essequibo jusqu'aux plaines du Cassiquiare, et qui semblent prouver les migrations d'un peuple plus avancé dans la culture que les indigènes qui habitent aujourd'hui ces contrées (Tom. VIII, p. 245.

[3] Tom. VI, p. 22. Ce mur est-il une suite de rochers de dolomie ou bien une digue de quader-

les steppes de Calabozo, vers le nord? Le bassin des steppes mêmes est le fond d'une mer dépourvue d'îles : car ce n'est qu'au sud de l'Apure, entre cette rivière et le Meta, assez près du bord occidental de la Sierra Parime, que s'élèvent quelques collines, comme le Monte de Parure [1], la Galera de Sinaruco, et les Cerritos de San Vicente. A l'exception des lambeaux de terrain tertiaire que nous avons indiqués plus haut, on remarque, depuis l'équa-

sandstein, comme la *Mur du Diable* (*Teufelsmauer*), au pied du Harz? Il est assez commun de trouver sur les bords des grandes plaines, c'est-à-dire sur le rivage des anciennes mers antérieures, soit des bandes calcaires (bancs de coraux), soit des bandes de grès (effets du ressac des vagues), soit des éruptions volcaniques. C'est de ces dernières que le chaînon qui avoisine les *Llanos* de Venezuela nous fournit des exemples près de Parapara, de même que le Harudje (*Mons ater, Plin.*), au bord septentrional du désert africain (le Sahara). Des collines de grès s'élevant comme des tours, des murs et des châteaux forts, et offrant beaucoup d'analogie avec le *quadersandstein*, limitent, au sud-ouest de l'Arkansas, le désert américain. (Long, Tom, II, p. 293, 389.)

[1] Près de l'Alto de Macachaba (Manuscrit du chanoine Madariaga).

teur jusqu'au parallèle de 10° nord (entre le méridien de la Sierra Nevada de Merida et les côtes de la Guyane), sinon une absence, du moins une rareté de pétrifications qui frappe les géognostes récemment arrivés d'Europe.

Les *maxima* de faîtes auxquels s'élèvent les différentes formations diminuent, dans les pays que nous décrivons, assez régulièrement avec leur *âge relatif.* Ces *maxima* sont, pour le *granite-gneis* (Pic de Duida dans le groupe de la Parime, Silla de Caracas dans le chaînon du littoral) 1300 à 1350 toises : pour le calcaire de Cumanacoa (sommet ou Cucurucho du Turimiquiri), 1050 t. ; pour le calcaire de Caripe (montagnes qui entourent le plateau du Guardua de San Agustin), 750 t. ; pour le grès qui alterne avec le calcaire de Cumanacoa (Cuchilla de Guanaguana), 550 t. ; pour le terrrain tertiaire (Punta Araya), 200 t. Il me paroît superflu de faire remarquer ici que ces rapports entre l'âge des formations et la hauteur qu'elles atteignent, varient beaucoup en d'autres régions du globe où souvent les roches secondaires s'élèvent au-dessus des roches primitives. L'étude des hauteurs absolues des roches offre d'ailleurs moins d'intérêt, depuis que la plupart des géologues ont abandonné l'hypothèse wernérienne d'un fluide qui a baissé progressivement de niveau, à mesure que les différens terrains se sont précipités. Dans l'hypothèse qui attribue les inégalités de la surface à des soulèvemens, on n'a pas recours à ces *eaux de granite, de gneis ou de micaschiste* qui se sont élevés à différentes hauteurs. Les *maxima* des faîtes ne donnent que la mesure des forces qui ont agi contre la croûte oxidée de notre planète. D'après ces mêmes vues aussi, les pétrifications de coquilles pélagiques que nous avons découvertes, M. Bonpland et moi, sur la crête des Andes péruviennes entre Monta et Micuipampa, à 2000 toises de hauteur, dans des couches fortement inclinées, ne prouvent guère que l'ancien niveau de l'Océan ait atteint cette limite.

L'étendue de pays dont je fais connoître la constitution géologique, se distingue par la prodigieuse régularité que l'on observe dans la *direction des strates* dont se composent les roches de différent âge. J'ai déjà fixé plusieurs fois, dans la *Relation historique* de mon voyage et dans l'*Essai sur le gisement des terrains*, l'attention des lecteurs sur une loi géognostique qui est du petit nombre de celles que l'on peut vérifier par des mesures précises. Occupé, dès l'année 1792, du parallélisme, ou plutôt du *loxodromisme* des strates, examinant la direction et l'inclinaison des couches primitives et de transition, depuis la côte de Gênes, à travers la chaîne de la Bochetta, les plaines de la Lombardie, les Alpes du Saint-Gothard, le plateau de la Souabe, les montagnes de Bareuth et les plaines de l'Allemagne septentrionale, j'avois été frappé, sinon de la constance, du moins de l'extrême fréquence des directions *hor.* 3 et 4 de la boussole de Freiberg (direction du sud-ouest au nord-est). Cette recherche, qui me sembloit pouvoir conduire à des découvertes importantes sur la structure générale du globe, avoit alors tant d'attraits pour moi qu'elle fut un des motifs les plus puissans de mon voyage à l'équateur. Si je réunis mes propres observations à celles qui ont été faites par un grand nombre d'habiles géognostes, je crois entrevoir *qu'il n'existe, dans aucun hémisphère, parmi les roches, une uniformité générale et absolue de direction, mais que, dans des régions d'une étendue très-considérable, quelquefois sur plu-*

sieurs milliers de lieues carrées, on reconnoît que la direction, plus rarement l'inclinaison, ont été déterminées par un système de forces particulières. On découvre, à des distances très-grandes, un parallélisme (*loxodromisme*) des strates, une direction, dont le type se manifeste au milieu des perturbations partielles, et qui reste souvent le même dans les terrains primitifs et de transition. Assez généralement, et ce fait avoit déjà frappé Palassou et Saussure, la direction des strates, même de ceux qui sont très-éloignés des arêtes principales, est identique avec la direction des chaînes de montagnes, c'est-à-dire avec leur axe longitudinal.

En étudiant, dans un système de roches donné, les rapports qu'offre la direction des strates, soit avec le méridien, soit avec l'horizon du lieu, je me suis proposé, pour chaque pays, les questions suivantes : Peut-on reconnoître une conformité de direction, un *loxodromisme* des strates qui embrasseroit une grande étendue, ou les perturbations sont-elles si fréquentes qu'aucune loi ne se manifeste ? Y a-t-il une constance simultanée dans la direction et dans l'inclinaison, ou des strates dirigées NE.-SO ? sont-elles tantôt inclinées au

NO., tantôt au SE.? Les lois embrassent-elles les formations de différens âges, ou observe-t-on d'autres rapports de direction et d'inclinaison dans les roches primitives et secondaires? Les perturbations mêmes ne sont-elles pas soumises à de certaines règles, de sorte que les changemens partiels de direction sont le plus souvent de 90°, et entraînent avec elles un changement total [1] d'inclinaison? Y a-t-il parallélisme entre la direction des strates et celle de la chaîne de montagnes la plus rapprochée, ou cette direction des strates a-t-elle des rapports avec une chaîne principale ou une

---

[1] Je fais allusion aux cas où, dans une chaîne de montagnes de gneis-micaschiste, la direction générale des strates est *hor.* 4 (du SO. au NE.), avec inclinaison au NO., et où les déviations sont généralement *hor.* (du SE. au NO.). L'inclinaison observée dans cette *direction inverse* ne sera pas, comme elle pourroit l'être, vers le NE., mais vers le SO. Il y a donc *changement total* d'inclinaison du nord au sud, ou plutôt du NO. au SO. Cette régularité dans les modes de déviation, qui m'a souvent occupé en parcourant les Andes, a récemment fixé l'attention de M. Steininger (*Erloschene Vulkane*, p. 3), et de M. Reboul (*Journ. de Physique*, 1822, décembre, p. 425), sur les bords du Rhin et dans les Pyrénées.

côte océanique très-éloignée? Lorsqu'on appelle *système loxodromique de roches* l'assemblage de celles dont les strates ont la même direction, et lorsque, dans un vaste pays, plusieurs de ces *systèmes loxodromiques* se touchent, les changemens de direction sont-ils toujours brusques, ou y a-t-il, sur la limite des systèmes contigus, des passages progressifs? Un même terrain ne présente pas au voyageur l'occasion de répondre à un si grand nombre de questions importantes, mais la géognosie positive ne peut faire des progrès que lorsqu'elle ne perd jamais de vue la totalité des élémens dont dépend la connoissance de la structure générale du globe.

Le Venezuela est un des pays dans lesquels le parallélisme des strates de granite-gneis, de micaschiste et de thonschiefer est des plus prononcés. La direction générale de ces strates est N. 50° E., et l'inclinaison générale de 60° à 70° au nord-ouest. C'est ainsi que je les ai reconnues sur plus de cent lieues de long, au sein de la chaîne du littoral de Venezuela: dans les granites stratifiés de las Trincheras, près Porto-Cabello (Tom. V, p, 241); dans les gneis des îles du lac de Valencia (Tom. V,

p. 148), et des environs de la Villa de Cura; dans les schistes et grünstein de transition au nord de Parapara (Tom. VI, p. 23-25; dans le chemin de la Guayra à la ville de Caracas et dans toute la Sierra de Avila (Tom. IV, p. 134, 135 et 225); dans le cap Codera (Tom. IV, p. 88); dans les micaschistes et tonschiefer de la Péninsule d'Araya (Tom. II, pag. 362 et 363; IX, pag. 122 et 123). Cette même direction du NE. au SO. et cette inclinaison au NO. s'observent encore, quoique d'une manière moins prononcée, dans les calcaires de Cumanacoa (Tom. III, p. 100), au Cuchivano, et entre Guanaguana et Caripe. Les exceptions [1] de la loi générale sont extrêmement rares dans les granites-gneis de la Cordillère du littoral; on peut même avancer que la *direction inverse* (du SE. au NO.) entraîne souvent avec elle l'inclinaison vers le SO.

Comme le groupe de la Sierra Parime, dans la partie que j'ai parcourue, renferme beaucoup plus de granite [2] que de gneis et d'autres

---

[1] Tom. IV, p. 88, 139-142; V, p. 72, 90 et 215.

[2] Il n'y a que le granite du Baraguan qui soit à la fois

roches distinctement stratifiées, la direction des couches n'a pu être observée dans ce groupe que sur un petit nombre de points : mais dans cette même région aussi j'ai été souvent frappé de la constance du phénomène de *loxodromisme*. Les schistes amphiboliques de l'Angostura sont dirigés N. 45° E., comme les gneis de Guapasoso (Tom. VII, p. 275), qui forment le lit de l'Atabapo, et comme les micaschistes de la Péninsule d'Araya, quoiqu'il y ait 160 lieues de distance entre les limites de ces roches.

La direction des strates, dont nous venons de signaler la prodigieuse uniformité, n'est pas entièrement parallèle aux axes longitudinaux des deux chaînes du littoral et de la Parime[1]. Les strates coupent la première de ces chaînes généralement sous un angle de 35°, et leur inclinaison vers le nord-ouest devient une des causes les plus puissantes de l'aridité qui règne à la pente méridionale[2] des mon-

stratifié, et traverse de filons de granite; la direction des couches est N. 20° O. (Tom. VI, p. 306.)

[1] Tom. IV, p. 176-178.
[2] Tom. V, p. 75 et 304. Cette pente méridionale est cependant moins rapide que la pente septentrionale.

tagnes côtières. Peut-on admettre que la direction de la Cordillère orientale de la Nouvelle-Grenade, qui, depuis Santa-Fe de Bogota jusqu'au-delà de la Sierra Nevada de Merida, est à peu près N. 45° E., et dont la chaîne du littoral n'est qu'une continuation, ait influé sur la direction (*hor.* 3-4) des strates dans le Venezuela? Cette dernière région offre un *loxodromisme* bien remarquable avec les strates de micaschiste, de grauwacke et de calcaire à orthocératites des Alleghanis et de l'immense étendue de pays (lat. 56°-68°) qui a été récemment parcouru par le capitaine Franklin[1]. La direction NE.-SO. domine dans toutes ces parties de l'Amérique septentrionale, comme en Europe dans le Fichtelgebirge de Franconie, dans le Taunus, dans le Westerwald et l'Eifel, aux Ardennes, dans les Vosges, dans le Cotentin, en Ecosse, et dans la Tarentaise, à l'extrémité sud-ouest des Alpes[2]. Si, dans le Venezuela, les strates des roches ne suivent pas exactement la direction de la Cordillère la plus proche (de

---

[1] *Journey to the Polar Sea*, 1824, p. 129, 534.
[2] *Voyez* mon *Essai géognost.*, p. 58.

celle du littoral), le parallélisme entre l'axe d'une chaîne et les strates des formations qui la composent se manifeste d'autant[1] plus dans le groupe du Brésil.

SECTION III.

Nature des roches.—Age relatif et superposition des formations.—Terrains primitif, de transition, secondaire, tertiaire et volcanique.

La section précédente nous a fait connoître les limites géographiques des formations, l'étendue et la direction des zones de granite-gneis, de gneis-micaschiste, de thonschiefer, de grès et de calcaires intermédiaires qui viennent successivement *au jour*. Il nous reste à indiquer succinctement la nature et l'âge relatif de ces formations. Pour ne pas confondre les *faits* avec les *opinions* géognostiques,

---

[1] D'après les Notes manuscrites de M. d'Eschwege et son *Géogn. Gemälde von Brasilien*, p. 6, les strates des roches primitives et intermédiaires du Brésil se dirigent très-régulièrement, comme la Cordillère de Villarica (Serra do Espinaço) *hor.* 1,4 ou *hor.* 2 de la boussole de Freiberg. (N. 28° E.) L'inclinaison des strates est généralement vers l'ESE.

je vais décrire ces formations sans les diviser, d'après la méthode généralement suivie, en cinq groupes de roches primitive, de transition, secondaire, tertiaire et volcanique. J'ai été assez heureux pour découvrir les types de chaque groupe dans une région où, avant mon voyage, aucune roche n'avoit été nommée. Les anciennes classifications ont le grand inconvénient de forcer le géologue à établir des démarcations tranchées là même où il reste en doute, sinon sur le gisement ou la superposition immédiate, du moins sur le nombre des formations qui ne se trouvent pas développées. Comment, dans plusieurs circonstances, prononcer sur l'analogie que peuvent offrir, soit un calcaire très-pauvre en pétrifications avec les calcaires intermédiaires et le zechstein, soit un grès superposé à une roche primitive avec un grès bigarré et un quadersandstein, soit enfin une argile muriatifère avec le *red marl* de l'Angleterre et le sel gemme des terrains tertiaires de l'Italie? Lorsqu'on réfléchit sur les immenses progrès qu'a faits la connoissance de la superposition des roches depuis vingt-cinq ans, on ne sera pas surpris que l'opinion que j'énonce aujour-

d'hui sur l'*âge relatif* des formations de l'A-
mérique équinoxiale ne soit identique avec
celle que j'avois exposée en 1800. Se vanter
d'une stabilité d'opinion en géognosie, c'est
se vanter d'une extrême paresse d'esprit,
c'est vouloir rester stationnaire au milieu de
ceux qui avancent. Ce que l'on observe dans
un lieu quelconque de la terre sur la composition des roches, sur les couches subordonnées qu'elles renferment, sur l'ordre de leur
gisement, sont des faits d'une vérité immuable
et indépendans des progrès de la géognosie positive dans d'autres pays, tandis que les noms
systématiques imposés à telle ou telle formation d'Amérique ne se fondent que sur des
analogies supposées entre les formations d'Europe et d'Amérique. Or ces noms ne peuvent
rester les mêmes, si, d'après un examen plus
mûr, les objets de comparaison n'ont pas
conservé la même place dans la série géognostique, si les plus habiles géologues prennent aujourd'hui pour du calcaire de transition et pour du grès vert ce qu'ils avoient
pris jadis pour du zechstein et du grès bigarré.
Je pense que le moyen le plus sûr de faire
survivre les descriptions géognostiques aux

changemens qu'éprouve la science à mesure qu'elle se perfectionne, c'est de substituer provisoirement, dans la description des formations, aux noms systématiques de grès rouge, de grès bigarré, de zechstein et de calcaire jurassique, les noms tirés des localités américaines (grès des Llanos, calcaires de Cumanacoa et de Caripe), et de séparer l'énumération des faits qui sont relatifs à la superposition des terrains, de la discussion sur l'analogie de ces mêmes terrains[1] avec ceux de l'ancien continent.

[1] Comme toute la géographie positive n'est qu'un problème de *séries* ou de succession (soit simple, soit périodique) de certains *termes* qui représentent les formations, il sera nécessaire, pour l'intelligence des discussions que renferme la troisième section de ce mémoire, de rappeler ici succinctement le *tableau des formations* considéré sous le point de vue le plus général. Cet aperçu rectifiera ce qui a été publié il y a neuf ans, Tom. III, p. 136, note 1. I. *Terrain vulgairement appelé primitif:* granite, gneis et micaschiste (ou gneis oscillant entre le granite et le micaschiste); très-peu de thonschiefer primitif; weisstein avec serpentine; granite avec amphibole disséminée; schiste amphibolique; filons et courtes couches de grünstein. II. *Terrain de transition* composé de roches fragmen-

CHAPITRE XXVI.

1. Formations coordonnées de granite, de gneis et de micaschiste.

Il est des pays (en France, les environs de Lyon ; en Allemagne, Freiberg, Naundorf)

mentaires (grauwacke), de schistes calcarifères et de grünstein (premières traces d'organisation : bambousacée, madrépores, productus, trilobites, orthocératites, évamphalites). Formations complexes et parallèles. a) couches alternantes de calcaire grenu et stéatiteux, de micaschiste anthraciteux, de gypse anhydre et de grauwacke. b) thonschiefer, calcaires noirs, grauwacke avec grünstein, syénites, granites de transition, et porphyres à base de feldspath compacte. c) euphotides, tantôt pures et surmontées de jaspe, tantôt mêlées d'amphibole, d'ypersthène et de calcaire grenu. d) porphyres pyroxéniques avec amigdaloïdes et syénites zirconiennes. III. *Terrain secondaire* commençant par une grande destruction de plantes monocotylédones. a) formations coordonnées et presque contemporaines de grès rouge (*rothes todtes liegende*), de porphyre quarzière et houilles à fougères. Ces couches sont liées moins par alternance que par apposition. Les porphyres sortent (comme les trachytes des Andes) en dômes du sein des roches intermédiaires. Brèches porphyriques qui enveloppent les porphyres quarzifères. b) Zechstein où calcaire alpin avec schistes bitumineux, calcaires fétides et gypse hydraté grenu ; cette formation alterne quelquefois avec le grès rouge où les formations de granite et de gneis sont très-distinctes : il en est d'autres, au con-

et avec le grès bigarré; productus aculeatus. c) grès bigarré (*bunte sandstein*) avec des couches calcaires très-fréquentes; fausses oolithes: les couches supérieures sont des marnes bigarrées, souvent muriatifères (*red mart, salzthon*), avec gypse hydraté fibreux et calcaire fétide. Le sel gemme oscille du zechstein au muschelkalk. d) calcaire de Gottingue ou muschelkalk, alternant vers le haut avec le grès blanc ou quadersandstein; (Ammonites nodosus, encrines, Mytilus socialis): aux deux extrémités du muschelkalk se trouvent des marnes argileuses. e) grès blanc, quadersandstein, alternant avec le lias ou calcaire à gryphées; beaucoup de plantes dicotylédones mêlées aux plantes monocotylédones. f) calquaire jurassique, formation complexe; beaucoup de marnes arénacées intercalées. Le plus souvent on observe de bas en haut : lias (calcaire marneux à gryphées), oolithes, calcaires à polipiers, calcaire schisteux avec poissons et crustacées, fer hydraté globulaire. Amonites planulatus, Ghrypæa arcuata. g) grès secondaire à lignites, iron sand; weald clay; green sand, ou grès vert. h) craie chloritée, tufeau, et blanche; (planerkalk, calcaire de Vérone). IV. *Terrain tertiaire* commençant par une grande destruction de plantes dicotylédones. a) argile et grès tertiaire à lignites; argile plastique; mollasse et nagelfluhe, alternant quelquefois, lorsque la craie manque, avec les dernières couches du calcaire jurassique;

traire, où les limites géognostiques entre ces formations sont peu prononcées, où le granite, le gneis et le micaschiste semblent alterner par couches ou souvent passer les uns aux autres[2]. Ces alternances et ces passages m'ont paru moins communs dans la Cordillère du littoral de Venezuela que dans la Sierra Parime. Dans le premier de ces deux systèmes de montagnes, surtout dans le chaînon le plus rapproché de la côte, on reconnoît successivement, comme roches prédominantes de l'ouest à l'est, le granite (long. 70°-71°), le gneis (long. $68°\frac{1}{2}$-70°), et le micaschiste (long. $65°\frac{3}{4}$-$66\frac{1}{2}$); mais en considérant dans son ensemble la constitution géognostique du littoral et de la Sierra Parime, on préfère de traiter, sinon comme une seule formation, du moins comme trois formations coordonnées

succin. b) calcaire de Paris ou calcaire grossier, calcaire à cérites, calcaire de Bolca, argile de Londres, calcaire arénacé de Rognor; lignites. c) calcaire siliceux et gypse à ossemens alternant avec des marnes. d) grès de Fontainebleau. c) terrain lacustre avec meulières poreuses. e) dépôts d'alluvion.

[1] *Voyez* mon *Essai sur le gisement des roches dans les deux hémisphères*, p. 67, 69, 71, 74, 76.

et étroitement liées ensemble, celles de granite, de gneis et de micaschiste [1]. Le schiste argileux primitif (*urthonchiefer*) est subordonné au micaschiste dont il n'est qu'une modification. Il ne forme dans le Nouveau-Continent, pas plus que dans les Pyrénées et dans les Alpes, un *terrain indépendant*.

α). Le GRANITE qui ne passe pas au gneis est le plus commun dans la partie occidentale de la chaîne du littoral, entre Turmero, Valencia et Porto-Cabello, de même que dans le pourtour de la Sierra Parime, près de l'Encaramada et au Pic Duida. Il est à gros grains, renfermant de beaux cristaux de feldspath de $1\frac{1}{2}$ pouce de longueur, au Rincon del Diablo (Tom. V, p. 202), entre Mariara et Hacienda de Cura, et au Chuao (Tom. V, p. 139 et 202). Il est ou divisé en prismes par des fentes perpendiculaires, ou très-régulièrement stratifié comme de la pierre calcaire secondaire, à las Trincheras (Tom. V, p. 241); au détroit de Baraguan, dans la vallée de l'Orénoque (Tom. VI, p. 306); et près de Guapasoso, sur les rives de l'Atabapo (Tom. VII, p. 274

Tom. VI, p. 19; VIII, p. 518-520.

et 275). Le granite stratifié des Trincheras, donnant naissance à des sources excessivement chaudes (de 90°,3 cent.), paroîtroit, d'après l'inclinaison de ses couches, superposé au gneis qui vient au jour plus au sud dans les îles du lac de Valencia; mais des conjectures de superposition qui ne se fondent que sur l'hypothèse d'un prolongement indéfini des strates sont peu certaines, et il se peut que les masses granitiques qui forment une petite zone particulière dans la rangée septentrionale de la Cordillère du littoral, entre les 70° 3′ et les 70° 50′ de longitude aient été soulevés en perçant le gneis. Cette dernière roche domine, soit que l'on descende du Rincon del Diablo vers le sud, aux sources chaudes de Mariara et vers les bords du lac de Valencia, soit qu'on avance à l'est vers le groupe de Buenavista, vers la Silla de Caracas et le Cap Codera. Dans la région de la chaîne du littoral de Venezuela, où le granite semble constituer une formation indépendante de 15 à 16 lieues de long, je n'ai pas vu de

---

[1] En supposant Nueva Valencia long. 70° 34′, et Villa de Curalong. 70° 5′.

couches étrangères ou subordonnées de gneis, de micaschiste ou de calcaire primitif[1].

La Sierra Parime est un des terrains granitiques les plus étendus qui existent sur le globe[2] : mais le granite qui se montre à nu à la fois sur le flanc des montagnes et dans les plaines qui les unissent (Tom. VI, p. 368), y passe souvent au gneis. On trouve le granite le plus constant dans sa composition grenue et en formation indépendante, près de l'Encaramada (Tom. VI, p. 251-253), au détroit de Baraguan (Tom. VI, p. 306), et dans les environs de la mission de l'Esmeralda. Il renferme souvent, comme le granite des Montagnes Ro-

---

[1] Le calcaire primitif, partout si commun dans le micaschiste et le gneis, se trouve dans le granite des gneis, des Pyrénées, au port d'Oô, et dans les montagnes du Labourd (*Charpentier, sur la const. géogn. des Pyrénées*, p. 144, 146).

[2] *Voyez* ci-dessus, p. 131-133. Pour prouver l'étendue de la continuité de ce terrain granitique, il suffit de rappeler que M. Lechenault de la Tour a recueilli, dans les barrages de la rivière Mana, dans la Guyane françoise, les mêmes granites-gneis (avec un peu d'amphibole) que j'ai observés, trois cents lieues plus à l'ouest, près du confluent de l'Orénoque et du Guaviare.

cheuses (lat. 38°-40°) des Pyrénées et du Tyrol méridional, des cristaux et d'amphibole[1] disséminés dans la masse sans passer pour celà à la syénite (Tom. VII, p. 22; VIII, p. 68). Ces modifications s'observent sur les bords de l'Orénoque, du Cassiquiare, de l'Atabapo et du Tuamini. L'amoncèlement en blocs que l'on retrouve en Europe sur la crête des montagnes granitiques (Riesengebirge en Silésie, Ochsenkopf en Franconie), est surtout remarquable daus la partie NO. de la Sierra Parime, entre Caycara, l'Encaramada et Uruana; dans les cataractes de Maypures et à l'embouchure du Rio Vichada (Tom. VII, p. 218). Il reste douteux si ces masses entassées qui ont la forme de cylindres (Tom. VI, p. 353), de parallélipèdes arrondis sur les bords, ou de boules de 40 à 50 pieds de diamètre (Tom. VIII, p. 262), sont l'effet d'une lente décomposition ou d'un soulèvement violent et instantané. Le granite de la

---

[1] Je n'ai pas été frappé de ce mélange d'amphibole dans le granite de la chaîne côtière de Venezuela, si ce n'est au sommet de la Silla de Caracas (Tom. IV, p. 247.

partie sud-est de la Sierra Parime passe quelquefois à la *pegmatite* [1], composé de feldspath laminaire qui enclave des masses courbes de quarz cristallin. Je n'y ai vu en *couches subordonnées* que le gneis [2]; mais entre Javita, San Carlos del Rio Negro et le Pic Duida, le granite est traversé de nombreux filons de différens âges (Tom. VIII, p. 32), tapissés de cristal de roche, de tourmaline noire et de pyrite (Tom. VII, p. 282; VIII, p. 143-145). Il paroît que ces filons ouverts deviennent plus communs à l'est du Pic Duida, dans la Sierra Pacaraina, surtout entre le Xurumu et Ru-

---

[1] *Schrift-granit.* C'est une simple modification de composition et de texture du granite, pas même une couche subordonnée. Il ne faut pas confondre la véritable pegmatite, généralement dépourvue de mica, avec les *pierres géographiques* (*piedras mapajas*) de l'Orénoque (Tom. VIII, p. 202), qui renferment des stries de mica vert-noirâtre diversement contournées.

[2] Les sables magnétiques des rivières qui sillonnent le chaînon granitique de l'Encaramada (*Voyez* ci-dessus, p. 135 et 136) font soupçonner la proximité de quelques schistes-amphiboliques ou chloritiques (*hornblend* ou *chloritschiefer*), soit en couches dans le granite, soit superposés à cette roche (Tom. VIII, p. 329.)

punuri (affluens du Rio Branco et de l'Essequebo), où le voyageur Hortsman, au lieu de diamans[2] et d'émeraudes, ne découvrit qu'une mine ou four de cristal de roche (T. VIII, p. 449-454. *Voyez* aussi ci-dessus, p. 151 et 152.)

β.) Le GNEIS prédomine le long de la Cordillère du littoral de Venezuela avec les apparences d'une formation indépendante, dans le chaînon septentrional, depuis le Cerro del Chuao et le méridien de Choroni jusqu'au Cap Codera; dans le chaînon méridional, depuis le méridien de Guigue jusqu'à l'embouchure du Rio Tuy. Le Cap Codera (Tom. IV,

---

[2] Ces fables de *diamans* sont très-anciennes sur la côte de Paria. Petrus Martyr raconte qu'au commencement du seizième siècle, un Espagnol, Andrès Morales, acheta d'un jeune Indien de la côte de Paria « adamantem mire pretiosum, duos infantis digiti articulos longum, magni autem pollicis articulum æquantem crassitudine, acutum utrobique et costis 8 pulchre formatis constantem. » Ce prétendu *adamas juvenis pariensis* résistoit à la lime. Petrus Martyr le distingue des topazes en ajoutant : « offenderunt et topazios in littore », c'est-à-dire à la côte de Paria, de Sainte-Marthe et de Veragua. Voyez *Oceanica, Dec. III, Lib. IV, p.* 53.

p. 88), la grande masse de la Silla, du Gali-
pano et du terrain entre le Guayra et Caracas
(Tom. IV, p. 139, 268, 274 et 279), le plateau de Buenavista (Tom. V, p. 88), les îlots
du lac de Valencia (Tom. V, p. 195, 203, 214-
217), les montagnes entre Guigue, Maria
Magdalena et le Cerro de Chacao (Tom. VI,
p. 14 et 19), sont composés de gneis [1]; cependant, au milieu de ce *terrain de gneis* reparoissent enclavés des micaschistes, souvent tal-
queux dans le Valle de Caurimare et dans
l'ancienne Provincia de los Mariches (T. IV,
p. 277); au Cabo Blanco, à l'ouest de la
Guayra (Tom. IV, p. 120-123); près de Caracas et d'Antimano (Tom. V, p. 72-74), et
surtout entre le plateau de Buenavista et les
vallées d'Aragua, dans la montagne de las
Cocuyzas et à l'Hacienda del Tuy (Tom. V,
p. 94 et 109). Entre les limites que nous venons
d'assigner au gneis, comme roche prédomi-
nante (long. $68°\tfrac{1}{2}$-$70°\tfrac{1}{2}$), le gneis passe quel-

[1] On m'a assuré que les îlots Orchila et Los Frailes
sont aussi composés de gneis. Curaçao et Bonaire sont
calcaires. L'île d'Oruba, dans laquelle on vient de
trouver des *pépites* d'or natif, d'une grosseur considérable, seroit-elle primitive ?

quefois au micaschiste, tandis que l'apparence d'un passage au granite ne se présente qu'au seul sommet de la Silla de Caracas [1] (Tom. IV, p. 247) : encore faudroit-il examiner, avec plus de soin que je n'ai pu le faire, si le granite des cimes du Saint-Gothard et de la Silla de Caracas repose effectivement sur le micaschiste et le gneis, ou si elles ont simplement *percé* ces roches en s'élevant sous la forme d'aiguilles ou de dômes. Le gneis de la Cordillère du littoral renferme dans la province de Caracas presque exclusivement des grenats, du titane rutile et du graphite disséminé dans la masse de la roche entière (Tom. IV, p. 139); des bancs de calcaire grenu (Tom. IV, p. 139), et quelques filons métallifères (Tom. IV, p. 269 et 279; VI, p. 9). Je ne déciderai pas si la *serpentine* grenatifère du plateau de Buenavita est enclavée dans le gneis, ou si, superposée à cette roche, elle n'appartient pas plutôt à une formation de *weisstein* (leptinite) semblable à celle de Penig et de Mittweyde en Saxe (Tom. V, p. 95, 109).

[1] La Silla est une montagne de gneis comme le pic d'Adam (dans l'île de Ceylan), dont la hauteur est à peu près la même.

Dans la partie de la Sierra Parime que nous avons parcourue M. Bonpland et moi, le gneis forme une zone moins tranchée et *oscille* plus souvent vers le granite que vers le micaschiste. Je n'ai pas trouvé de grenats dans le gneis de la Parime : on ne sauroit révoquer en doute que le granite-gneis de l'Orénoque ne soit un peu orifère sur quelques points (Tom. VI, p. 264; VIII, p. 329, 518-520; IX, p. 293 et 294.

8). Le *micaschiste* forme avec le schiste argileux (*thonschiefer*) un terrain continu dans le chaînon septentrional de la Cordillère du littoral, depuis la pointe d'Araya jusqu'au-delà du méridien de Cariaco, comme aussi dans l'île de la Marguerite. Il renferme, dans la Péninsule d'Araya, des grenats disséminés dans la masse, de la cyanite (Tom. II, p. 363), et, lorsqu'il passe au schiste argileux, de petites couches d'alun natif (Tom. IX, p. 113, 122-124 et 126-132). Du micaschiste qui constitue une formation indépendante, il faut distinguer le micaschiste qui est subordonné au terrain de gneis, à l'est du Cap Codera. Ce micaschiste subordonné au gneis présente, dans la vallée du Tuy, des bancs de calcaire primitif (T. V,

p. 112) et de petites couches d'ampélite graphique *(zeicheschiefer)*; entre le Cap Blanc et Catia, des couches de schiste chloritique granatifère et d'amphibole schisteuse (T. IV, p. 123), entre Caracas et Antimano, le phénomène remarquable de filons de gneis enchâssant des boules de diorite [1] *(grünstein)* granatifère (Tom. V, p. 72).

Dans la Sierra Parime, le micaschiste ne domine que dans la partie la plus orientale, où son éclat a donné lieu à d'étranges erreurs (Tom. VIII, p. 499 et 520). Le *schiste amphibolique* de l'Angostura (Tom. VIII, p. 352) et des masses de *diorite* en boules à couches concentriques, près de Muitaco (Tom. VIII, p. 343), paroissent superposées non au micaschiste, mais immédiatement au granite-gneis. Je n'ai cependant pu reconnoître distinctement si une partie de cette diorite pyriteuse n'étoit pas enclavée, sur les bords de l'Orénoque, comme au fond de la mer près de Cabo Blanco (Tom. IV, p. 125), et à la Montaña de Avila, dans la roche même qu'elle recouvre. Des filons très-puissans et d'*allure* irrégulière pren-

---

[1] *Voyez* mon *Essai géognostique*, p. 337.

nent souvent l'aspect de *couches courtes*, et les boules de diorite amoncelées en collines pourroient bien, d'après l'analogie de tant de cônes de basalte, être sorties sur des crevasses.

Les micaschistes, les schistes chloritiques et les roches d'amphibole schisteuse renferment du sable magnétique dans ces régions tropicales du Venezuela comme dans les régions les plus boréales de l'Europe. Les grenats y sont presque également disséminés dans le gneis (Caracas), le micaschiste (Péninsule d'Araya), la serpentine (Buenavista), le schiste chloritique (Cabo Blanco), et la diorite ou *grünstein* (Antimano) : nous verrons plus bas reparoître ces grenats dans les porphyres trachytiques qui couronnent la célèbre montagne métallifère du Potosi et dans les masses noires et pyroxéniques du petit volcan de Yana-Urcu, qui est adossé au Chimborazo.

Le pétrole, et ce phénomène est sans doute bien digne d'attention, sort du terrain de micaschiste dans le golfe de Cariaco (Tom. II, p. 369 et 370). Si, plus à l'est, sur les bords de l'Areo (Tom. III, p. 123; V, p. 63), et près de Cariaco (Tom. II, p. 274; III, p. 232), il semble jaillir de formations calcaires secondaires, ce n'est probablement que parce que ces formations reposent sur le micaschiste (Tom. IX, p. 119). De même les sources chaudes du Venezuela ont leur origine dans les roches primitives, ou plutôt au-dessous d'elles. On les voit sortir du granite (Las Trincheras), du gneis (Mariara et Onoto), et des roches calcaires et arénacées qui recouvrent les roches primitives (Morros de S. Juan, Bergantin, Cariaco). Les tremblemens de terre et les détonations souterraines dont à tort on a cherché le siége dans les montagnes calcaires de Cumana, se sont fait sentir avec le plus de violence dans les terrains granitiques de Caracas et de l'Orénoque (Tom. V, p. 30, 31 et 55). Des phénomènes ignés (si toutefois leur existence est bien constatée) sont attribués par le peuple aux pics granitiques du Duida et du Guaraco comme à la montagne calcaire du Cuchivano (Tom. III, p. 103; VIII, p. 194).

Il résulte de l'ensemble de ces observations que le granite-gneis prédomine dans l'immense groupe des montagnes de la Parime, comme le gneis-micaschiste dans la Cordillère du littoral; que, dans les deux systèmes, le terrain de granite, sans mélange de gneis et de micaschiste, n'occupe qu'une très-petite étendue de pays, et que, dans la chaîne du littoral, les formations de schiste argileux *(thonschiefer)*, de micaschiste, de gneis et de granite se succèdent tellement sur une même bande de l'est à l'ouest (offrant une inclinaison très-uniforme et très-régulière de leurs strates vers le nord-ouest), que, d'après l'hypothèse d'un prolongement souterrain des strates, on devroit croire le granite de las Trincheras et du Rincon del Diablo superposé au gneis de la Villa de Cura, de Buenavista et de Caracas, et ce gneis superposé à son tour au micaschiste et au thonschiefer de Maniquarez et de Chuparuparu dans la Péninsule d'Araya. J'ai déjà fait sentir, dans un autre endroit, que cette hypothèse d'un prolongement pour ainsi dire indéfini de chaque roche, fondée sur l'angle d'inclinaison que présentent les strates près de la surface du sol, n'est pas admissible, et que, d'après un raisonnement semblable et également hasardé, on seroit forcé de regarder les roches primitives des Alpes de la Suisse comme superposées à la formation de calcaire compacte de l'Achsenberg, et ce calcaire (de transition ou identique avec le zechstein?) comme superposé à la mollasse du terrain tertiaire.

II. FORMATION DE SCHISTE ARGILEUX (THONSCHIEFER) DE MALPASSO.

Si, dans le tableau des formations du Venezuela, j'avois voulu suivre la division reçue en terrains primitif, intermédiaire, secondaire et tertiaire, j'aurois pu être en doute sur la place que doit occuper la dernière assise des micaschistes de la Péninsule d'Araya. Cette assise, dans le ravin *(Aroyo)* du Robalo, passe insensiblement, en un schiste carburé et luisant, à une véritable ampélite. La direction et l'inclinaison des strates restent les mêmes, et le *thonschiefer*, qui prend l'aspect d'une *roche de transition*, n'est qu'une modification des micaschistes primitifs de Maniquarez, renfermant des grenats, de la cyanite, et du titane rutile (Tom. IX, p. 124-126). Ces passages insensibles du terrain primitif au terrain de transition par des schistes argileux qui deviennent carburés, tout en offrant un *gisement concordant* avec les micaschistes et les gneis, ont aussi été observés plusieurs fois en Europe [1] par des géognostes célèbres. On peut même révoquer en doute l'existence d'une formation indépendante de *schistes primitifs* (*urthonschiefer*), c'est-à-dire d'une formation qui ne seroit pas liée par le bas à des couches qui renferment quelques débris de végétaux monocotylédons.

Le petit *terrain du thonschiefer* de Malpasso (dans le chaînon méridional de la Cordillère du littoral) est séparé du gneis-micaschiste par une formation coordonnée de serpentine et de diorite. Il est divisé en deux assises, dont la supérieure présente des schistes verts, stéatiteux, et mêlés d'amphibole ; l'inférieure, des schistes bleu-noirs, très-fissiles et traversés par de nombreux filons de quarz (Tom. VI, p. 23-25). Je n'ai pu y découvrir aucune couche fragmentaire (*grauwacke*), ni le *kieselschiefer*, ni la chiastolithe. Le *kieselschiefer* appartient, dans ces contrées, à une formation calcaire que nous décrirons bientôt; quant à

---

[1] *Voyez* l'excellent ouvrage de M. de Oeynhausen: *Versuch einer geogn. Beschreib. von Oberschlesien*, 1822, p. 57, 62, 413.

la chiastolithe (*macle*), j'en ai vu de beaux échantillons que les Indiens portoient comme amulettes, et qui provenoient de la Sierra Nevada de Merida. Cette substance s'y trouve probablement dans un schiste de transition, car MM. Rivero et Boussingault ont observé des roches de *thonschiefer* à 2120 toises d'élévation, dans la Paramo de Mucuchies, en allant de Truxillo à Merida [1].

III. FORMATION DE SERPENTINE ET DE DIORITE
(GRUNSTEIN DE JUNCALITO.)

Nous avons indiqué plus haut une couche de serpentine grenatifère enclavée dans le gneis de Buenavista, ou peut-être superposée à cette roche : ici, il s'agit d'un véritable terrain de serpentine alternant avec la diorite,

---

[2] En Galice, en Espagne, j'ai vu alterner le *thonschiefer*, qui renferme la chiastholite avec le *grauwacke;* mais le chiastolithe appartient indubitablement aussi à des roches que tous les géognostes ont nommées jusqu'à présent des roches primitives, à des micaschistes intercalés comme couches dans le granite, et à un terrain de micachistes indépendant (*Charpentier*, p. 143, 193).

et s'étendant depuis le ravin de Tucutunemo jusqu'à Juncalito. La *diorite* forme la plus grande masse de ce terrain; elle est d'une couleur noir-verdâtre, grenue à petits grains, et dépourvue de quarz: sa masse est formée de petits cristaux de feldspath, entrelacés avec des cristaux d'amphibole. Cette roche de diorite se couvre, à sa surface, par l'effet de la décomposition, d'une croûte jaunâtre semblable à celle des basaltes et des dolérites. La *serpentine* d'un vert d'olive obscur, à cassure unie, melangée de stéatite bleuâtre et d'amphibole, offre, comme presque toutes les *formations coordonnées de diorite et de serpentine* (en Silésie, au Fichtelgebirge, dans la vallée de Baigorry, dans les Pyrénées, à l'île de Chypre, et aux Montagnes de Cuivre de l'Amérique circumpolaire [1]), des traces de minéraux de cuivre (Tom. VI, p. 19). Là où la diorite en partie globulaire se rapproche des schistes verts de Malpasso, de véritables couches de ces schistes verts se trouvent enclavées dans la diorite. La belle saussurite que nous avons vue dans le Haut-Orénoque, entre

---

[1] *Franklin's Journey to the Polar Sea*, p. 529.

les mains des indigènes, semble indiquer l'existence d'un terrain d'euphotide superposé au granite-gneis ou aux schistes amphiboliques de la partie orientale de la Sierra Parime (Tom. VIII, p. 13-15, 206 et 207).

IV. CALCAIRE GRENU ET MICACÉ DES MORROS DE SAN JUAN.

Les Morros de San Juan s'élèvent au milieu du terrain de diorite comme des tours en ruines. Ils sont formés d'un calcaire gris-verdâtre caverneux, à texture cristalline, mêlé de quelques paillettes de mica, et dépourvu de coquilles. On y reconnoît des masses d'argile endurcie, noires, fissiles, chargées de fer, couvertes d'une croûte jaune par décomposition, comme on en trouve dans les basaltes et les amphibolites. Un calcaire compacte, renfermant des débris de coquilles, est adossé à ce calcaire grenu des Morros de San Juan dont l'intérieur est creux (Tom. VI, p. 21-23; et ci-dessus, p. 232-235). Il est probable qu'en examinant davantage ce terrain extraordinaire, entre Villa de Cura et Ortiz, dans lequel je n'ai pu recueillir des échantillons de roches que pendant une seule journée, on y découvrira plusieurs phénomènes analogues à ceux que M. Léopold de Buch vient de décrire dans le Tyrol méridional [1]. M. Boussingault, dans un mémoire très-instructif qu'il m'a récemment adressé, nomme la roche des Morros un « gneis calcarifère problématique. » Cette expression semble prouver que, dans quelques parties, les feuillets de mica prennent une direction uniforme, comme dans la dolomie verdâtre du Val Toccia.

V. GRÈS FELDSPATHIQUE DE L'ORÉNOQUE.

Le terrain de granite-gneis de la Sierra Parime est couvert par lambeaux (entre l'Encaramada et le détroit de Baraguan, comme à l'île de Guachaco), dans sa partie occidentale, d'un grès brun-olivâtre qui renferme des grains de quarz et des fragmens de feldspath réunis par un ciment argileux et très-compacte. Ce ciment, là où il abonde, a une cassure conchoïde et passe au jaspe. Il est tra-

---

[1] *Tyroler Bothe vem 26 ten Julius* 1822; et *Lettre géognostique de M. de Buch à M. de Humboldt*, 1823, p. 13.

versé par de petits filons de mine de fer brune qui se détachent en plaques ou lames très-minces (Tom. VI, p. 155-158). La présence du feldspath semble indiquer que cette petite formation de grès (la seule de toutes les formations secondaires qui soit connue jusqu'ici dans la Sierra Parime) appartient au grès rouge ou houiller [1]. J'ai hésité de la réunir au *grès des Llanos*, dont jusqu'ici l'ancienneté relative me paroît moins constatée.

VI. FORMATION DU GRÈS DES LLANOS DE CALABOZO.

Je fais succéder les formations dans l'ordre que j'ai cru entrevoir d'après les premières impressions reçues sur les lieux mêmes. Les schistes ou thonschiefer carburés de la pénin-

---

[1] On trouve des cristaux de feldspath brisés ou intacts dans le *tote liegende*, ou grès houillier de Thuringe (*Friesleben géogn. Arbeiten*, Tom. IV., p. 82, 85, 96, 194). Au Mexique, j'ai observé une formation d'aglomérat feldspathique très-remarquable, superposée, peut-être même enclavée dans le grès rouge, près Guanaxuato, *Voyez* mon *Essai polit.*, Tom. II, p. 522; et mon ouvrage sur le *gisement des roches*, p. 218.

sule d'Araya lient les roches primitives de granite-gneis et de gneis-micaschiste au terrain de transition (schistes bleus et verts; diorite et serpentine mêlée d'amphibole; calcaire grenu gris-verdâtre) de Malpasso, Tucutunemo et San Juan. Sur ce terrain de transition s'appuient, vers le sud, les *grès des Llanos* dépourvus de coquilles et composés (savannes de Calabozo) de fragmens arrondis [1] de quarz, de kieselschiefer et de lydienne, que cimente une argile ferrugineuse brun-olivâtre (T. VI, p. 155-158). On y trouve des fragmens de bois en grande partie monocotylédons, et des masses de fer brun. Quelques couches (Mesa

[1] En Allemagne, des grès qui appartiennent indubitablement au grès rouge, renferment aussi (près de Wiederstedt, en Thuringe) des galets et fragmens arrondis (*Freisleben*, Tom. IV, p. 77). On les a même désignés pour cela sous le nom de *nagelfluhe* (Meinicke, dans le *Naturforscher*, St. 17, p. 48). Je ne citerai pas les poudingues subordonnées aux grès rouges des Pyrénées, parce que l'âge de ces grès dépourvus de houille peut être contesté (*Charpentier*, p. 427). Des couches à grains de quarz arrondis et très-fins sont enclavés dans le *tote liegen* de Thuringe (*Freisleben*, Tom. IV, p. 97) et de la Haute-Silésie (*Ochyhausen, Besch. von Oberschlesien*, p. 119).

de Paja) offrent des grains de quarz très-fins : je n'y ai vu ni fragmens de porphyre ni fragmens calcaires. Ces immenses terrains de grès qui couvrent les Llanos du Bas-Orénoque et de l'Amazone, méritent la plus grande attention des voyageurs. Par leur aspect, ils se rapprochent des nagelfluhes ou poudingues du terrain de mollasse dans lesquels manquent souvent aussi (Schottwyl et Diesbach, en Suisse) les débris calcaires [1] : mais, par leur gisement, ils m'ont paru se rapporter plutôt au *grès rouge*. Nulle part on ne peut les confondre avec les grauwackes (roches fragmentaires de transition) que MM. Boussingault et Rivero [2] ont trouvés le long des Cordillères de

---

[1] *Meisner, Annalen der allgem. schweiz. Gesellschaft*, Pl. 1, p. 49.

[2] Ces voyageurs n'ont pas seulement nivelé leur route par le moyen du baromètre; ils ont aussi déterminé la position d'un grand nombre de points par des observations méridiennes du Soleil et de Canopus, et par l'emploi d'un garde-temps. Je consignerai ici quelques latitudes très-incertaines sur nos cartes : Maracay, 10° 15′ 58″; San Carlos, 9° 40′ 10″; Barquisimeto, 9° 54′ 35″; Tocuyo, 9° 15′ 51″; Truxillo, 8° 59′ 36″; Pamplona, 7° 17′ 3″. Voici les noms des villes où

la Nouvelle-Grenade, bordant les steppes à l'ouest. Le manque des fragmens de granite, de gneis et de porphyre, comme la fréquence des bois pétrifiés [1], quelquefois dicotylédons, indiquent-ils que ces grès appartiennent à des formations plus récentes qui remplissent les

MM. Boussingault, Rivero et moi nous avons observé à différentes époques, mais pas toujours dans les mêmes habitations. La première latitude est celle que j'ai publiée; la seconde, celle des deux voyageurs que je viens de nommer: Caracas, 10° 30' 50"; 10° 30' 58": Valencia, 10° 9' 56"; 10° 10' 34": Villa de Cura, 10° 2' 47"; 10° 3' 44"; S. Juan de los Morros, 9° 55' 0"; 9° 55' 50": Honda, 5° 11' 45"; 5° 11' 20". M. Boussingault estime la latitude de Mérida, 8° 16' 0".

[1] Le peuple attribue ces bois au Bowdichia virgilioïdes ou Alcornoco (*Voyez* mes *Nova Gen. et Spec.*, Tom. III, p. 377), et au Chaparo bovo (Rhopala complicata). On croit dans le Venezuela, comme en Égypte, que les bois pétrifiés se forment de nos jours. Je dois faire observer ici que je n'ai trouvé ces bois pétrifiés dicotylédons qu'à la surface du sol, et non enchâssés dans le grès des Llanos. M. Caillaud a observé la même chose en allant à l'Oasis de Siwa. Les troncs d'arbres de 90 pieds de long, enchâssés dans le grès rouge du Kifhauser (en Saxe), sont, d'après les recherches récentes de M. de Buch, partagés en nœuds et bien certainement monocotylédons.

plaines entre les Cordillères de la Parime et du littoral, comme la mollasse de Suisse remplit l'espace entre le Jura et les Alpes? J'ai discuté ce problème dans un autre ouvrage [1]; mais les matériaux recueillis jusqu'à ce jour sont encore trop incomplets. Il n'est pas facile, lorsque plusieurs formations ne se sont point développées, de prononcer sur l'âge des roches arénacées. Même sur le sol classique de la géognosie, en Allemagne, les observateurs les plus exercés ne sont pas d'accord sur les grès de la Forêt-Noire et de tout le pays au sud-ouest du Thüringer-Waldgebirge. M. Boussingault, qui a parcouru une partie des steppes du Venezuela long-temps après moi, a jugé que le grès des *Llanos* de San Carlos, celui de la vallée de San Antonio de Cucuta, et des plateaux de Barquisimeto, Tocuyo, Merida et Truxillo, appartient à la formation du *grès rouge ancien* ou houiller. Il y a en effet de la vraie houille près de Carache, au sud-ouest du Paramo de las Rosas.

Avant d'avoir examiné géognostiquement

---

[1] *Sur le gisement des roches dans les deux hémisphères*, p. 230.

une partie de ces immenses plaines de l'Amérique, on auroit pu croire que leur *horizontalité* uniforme et continue étoit due à des terrains d'alluvion, ou tout au plus à des terrains arénacés tertiaires. Les sables qui, dans les *pays baltiques* et dans tout le nord de l'Allemagne, couvrent le calcaire grossier et la craie, sembloient justifier ces idées systématiques, qu'on n'a pas manqué d'étendre sur le Sahara et sur les steppes de l'Asie. Mais les observations que nous avons pu recueillir suffisent pour prouver que, dans les deux mondes, les plaines, les steppes et les déserts renferment à la fois un grand nombre de formations de différens âges, et que ces formations y viennent souvent *au jour* sans être recouvertes de dépôts d'alluvion. Le calcaire jurassique, le sel gemme (plaines de Meta et de la Patagonie) et le grès houiller se montrent dans les *Llanos* de l'Amérique méridionale; le quadersandstein [1] (désert entre l'Arkansas et le Canadian-

---

[1] *Long, Expéd.*, Tom. II, p. 293. La physionomie des roches taillées en murs et en pyramides, ou divisées en blocs rhomboïdaux, semblent sans doute caractériser le quadersandstein; mais le grès de la déclivité

River; rivière Platte), un terrain salifère, des couches de houille [1] (déclivité des Alleghanis, rives de l'Ohio), et le calcaire de transition à trilobites [2] (Missoury au-dessus de Council Bluff), remplissent les vastes plaines de la Louisiane et du Canada. En examinant les roches que l'infatigable Caillaud a recueillies dans le désert lybien et dans l'Oasis de Siwa, on y reconnoît des grès semblables à ceux de Thèbes; des fragmens de bois pétrifié

orientale des Montagnes Rocheuses, dans lequel le savant voyageur, M. James, a trouvé des sources salées (*licks*), des couches de gypse et non pas de la houille (*L. c.*, Tom. II, p. 397, 404), paroît appartenir plutôt au grès bigarré (*bunte sandstein*).

[2] *L. c.*, Tom. I, p. 15. Cette houille recouvre, comme en Belgique, immédiatement le grauwacke, ou grès de transition.

[3] *L. c.*, Tom. I, p. 147. Le calcaire intermédiaire est recouvert, dans les plaines du Haut-Missoury, d'un autre calcaire secondaire à turritelles, que l'on croit jurassique, tandis qu'un calcaire à gryphées, riche en minérais de plomb, et que j'aurois cru plus ancien encore que le calcaire oolithique et analogue au *lias*, est, selon M. James (*L. c.*, Tom. II, p. 412), placé au-dessus de la formation de grès la plus récente. Cette superposition a-t-elle pu être bien constatée?

dicotylédon (de 30 à 40 pieds de long), avec rudimens de branches et couches médullaires concentriques, provenant peut-être d'un grès tertiaire à lignite [1]; de la craie avec spatanges et ananchytes, du calcaire (jurassique) à nummulites en partie agatisées; un autre calcaire à petits grains [2] employé à la construction du temple de Jupiter Ammon (Omm-Beydah); du sel gemme avec soufre et bitume [3]. Ces exemples prouvent assez que les plaines (*Llanos*), les steppes et les déserts n'offrent pas cette uniformité de roches tertiaires que l'on y suppose trop généralement. Les beaux morceaux de jaspe rubané, ou *cailloux d'Egypte*, que M. Bonpland a ramassés dans les savanes

---

[1] Formation de mollasse.

[2] M. de Buch demande avec raison si ce calcaire statuaire, qui ressemble au marbre de Paros et au calcaire devenu grenu par le contact avec les granites syénitiques de Predazzo, est une modification du calcaire à nummulites de Siwa? Les montagnes primitives, desquelles on croiroit tiré ce marbre à petits grains, si on se laissoit tromper par son apparence grenue, sont bien éloignées de l'Oasis de Siwa.

[3] *Caillaud et Drovetti, Voyage à Syouah*, p. 8, 9, 16.

de Barcelone (près Curataquiche), appartiennent-elles au grès des *Llanos de Calabozo*, ou à un terrain superposé à ce grès ? La première de ces suppositions rapprocheroit, d'après l'analogie des observations faites en Égypte par M. de Rosière, le grès de Calabozo de la *nagelfluhe* tertiaire. (T. IX, p. 59-63.)

VII. FORMATION DU CALCAIRE COMPACTE DE CUMANACOA.

Un calcaire gris-bleuâtre compacte, presque dépourvu de pétrifications, souvent traversé par de petits filons de chaux carbonatée, forme des montagnes à escarpemens très-abruptes. Ses couches ont la même direction et la même inclinaison (Punta Delgada, à l'est de Cumana) que le micaschiste d'Araya. Là où le flanc des montagnes calcaires de la Nouvelle-Andalousie est très-escarpé, on voit, comme à l'Achsenberg, près d'Altorf, en Suisse, des couches singulièrement arquées ou contournées. Les teintes du calcaire de Cumanacoa varient du gris-noirâtre au blanc-bleuâtre (Bordones ; noyau du Cerro del Impossible ; Cocollar ; Turimiquiri ; Montaña de

Santa Maria), et passent quelquefois du compacte au grenu (Tom. II, p. 334, 335; III, p. 12-16, 94-97, 101, 118, 219 et 220). Il renferme, comme *substances accidentellement disséminées* dans la masse, de la mine de fer brune, du fer spathique (T. III, p. 94-96), et même du cristal de roche [1]; comme *couches subordonnées*, 1° de nombreux strates de *marnes* carburées et schisteuses, avec pyrites (Cerro del Cuchivano, près Cumanacoa); 2° du grès quarzeux, alternant avec des strates très-minces d'argile schisteuse (Quetepe, au sud de Cumana; Cerro del Impossible; plateau du Cocollar; Cerro de Saca Manteca, près Catuaro, vraisemblement aussi le bassin du Guarda de San Agustin, et le Purgatorio). Ce grès renferme les sources. Généralement il ne fait que couvrir le calcaire de Cumanacoa; mais quelquefois il m'y a paru enclavé (T. III, p. 12-15, 29, 118, 226); 3° du gypse avec du soufre, près de Guire, dans le Golfo Trieste, sur la côte de Paria (T. VI, p. 155-158). Comme je n'ai pas examiné sur les lieux le

[1] Le zechstein de Gross-Oerner, en Thuringe, enchâsse aussi du cristal de roche. Freiesleben, Tom. III, p. 17.

gisement de ce gypse blanc-jaunâtre et à petits grains, je ne puis prononcer avec certitude sur son *âge relatif*.

Les seules pétrifications de coquilles que j'aie trouvées dans cette formation calcaire sont un amas de turbinites et de trochites, sur le flanc du Turimiquiri, à plus de 680 toises de hauteur, et un ammonite de 7 pouces de diamètre dans la *Montaña de Santa Maria*, au nord-nord-ouest de Caripe. Je n'ai vu reposer nulle part le *calcaire de Cumanacoa*, dont je traite spécialement dans cet article, sur le *grès des Llanos* : si cette superposition a lieu, on doit la trouver en descendant du plateau du Cocollar vers la Mesa de Amana. Sur la côte méridionale du golfe de Cariaco, la formation calcaire (Punta Delgada) couvre probablement, et sans qu'il y ait interposition d'une autre roche, le micaschiste qui passe au thonschiefer carburé. Dans la partie boréale du golfe, j'ai vu distinctement cette formation schisteuse à une profondeur de 2 à 3 brasses dans la mer. Les sources chaudes sous-marines (T. III, p. 248) m'ont paru jaillir du micaschiste, de même que le pétrole de Maniquarez (T. II, p. 369). S'il reste des doutes sur la roche à laquelle le *calcaire de Cumanacoa* est immédiatement superposé, il n'y en a point sur les roches qui le recouvrent, telles que 1° le calcaire tertiaire de Cumana, près Punta Delgada, et au Cerro de Meapire (Tom. III, p. 226); 2° le grès de Quètepe et du Turimiquiri qui, formant aussi des couches dans le calcaire de Cumanacoa, appartient probablement à ce dernier terrain; 3° le calcaire de Caripe, que nous avons souvent identifié, dans le cours de cet ouvrage, avec le calcaire jurassique, et dont nous allons parler dans l'article qui suit immédiatement.

VIII. FORMATION DU CALCAIRE COMPACTE DE CARIPE.

En descendant le Cuchilla de Guanaguana vers le couvent de Caripe, on voit succéder à la *formation calcaire gris-bleuâtre de Cumanacoa* une autre formation plus récente, blanche, à cassure unie ou imparfaitement conchoïde, et divisée en couches très-minces (T. III, p. 135). J'appelle préalablement celle-ci la *formation calcaire de Caripe*, à cause de la caverne de ce nom qui est habitée par des milliers d'oiseaux nocturnes. Ce calcaire m'a paru identique, 1° avec le calcaire du Morro de Barcelone et des îles Chimanas (T. IV, p. 76 et 77; IX, p. 98) qui renferme de petites couches de *kieselschiefer* noir (jaspe schisteux), dépourvu de filons de quarz, et se brisant en fragmens de forme parallélipipède; 2° avec le calcaire gris-blanchâtre, à cassure unie de Tisnao, qui semble recouvrir le *grès des Llanos* (T. VI, p. 167). On retrouve la *formation de Caripe* dans l'île de Cuba (entre la Havane et Batabano, entre le port de la Trinidad et Rio Guaurabo), comme aux îlots des Caymans.

J'ai décrit jusqu'ici les formations de calcaire secondaire de la chaîne du littoral, sans leur donner des *noms systématiques* qui puissent les lier aux formations de l'Europe. Pendant mon séjour en Amérique, j'ai pris le *calcaire de Cumanacoa* pour du *zechstein* ou *calcaire alpin*, celui de *Caripe* pour du *calcaire jurassique*. Les marnes carburées et légèrement bitumineuses de Cumanacoa, analogues aux couches de schistes bitumineux qui sont très-nombreuses [1] dans les Alpes de la Bavière

---

[1] Je les ai trouvées aussi dans les Andes péruviennes, près Montau, à 1600 toises de hauteur.

méridionale, m'ont paru caractériser la première de ces formations; tandis que la blancheur éclatante du terrain caverneux de Caripe et la forme de ces assises de roches qui s'alignent en murailles et en corniches, me rappeloient vivement le calcaire jurassique de Streitberg, en Franconie, ou d'Oitzow et de Krzessowice, dans la Haute-Silésie. Il y a dans le Venezuela suppression des différens terrains qui séparent, dans l'ancien continent, le zechstein du calcaire du Jura. Le grès du Cocollar, dont le calcaire de Cumanacoa est quelquefois recouvert, pourroit être considéré comme *gris-bigarré*; mais il est plus probable qu'en alternant par couches avec le calcaire de Cumanacoa, il est quelquefois repoussé à la limite supérieure de la formation à laquelle il appartient. Le zechstein d'Europe renferme aussi du grès très-quarzeux [1]. Les deux terrains calcaires de Cumanacoa et de Caripe se succèdent immédiatement, comme font le calcaire alpin et le calcaire jurassique à la pente occidentale du plateau mexicain, entre Sopilote, Mescala et Tehuilotepec. Ces formations

---

[1] *Voyez* mon *Essai géogn.*, p. 257.

passent peut-être l'une à l'autre, de sorte que la dernière ne seroit qu'une assise supérieure du zechstein. Ce recouvrement immédiat [1], cette suppression de terrains interposés, cette simplicité de structure et cette absence de couches oolithiques, ont également été observés par d'habiles géognostes dans la Haute-Silésie et dans les Pyrénées [2]. D'un autre côté, la superposition immédiate du calcaire de Cumanacoa sur des micaschistes et des thonschiefer de transition, la rareté des pétrifications qui n'ont point encore été suffisamment examinées, les couches de silex passant à la pierre lydienne, pourroient faire croire que les terrains de Cumanacoa et de Caripe sont d'une formation beaucoup plus ancienne que les roches *secondaires*. Il ne faut pas s'étonner que les doutes qui se présentent au géognoste lorsqu'il doit prononcer sur l'âge relatif du *calcaire des hautes montagnes*, soit dans les Pyrénées, soit dans les Apennins (au sud du lac de Pérugia) et dans les Alpes de la

---

[1] *L. c.*, p. 281, 291.

[2] *Cart von Oeyhausen*, p. 258, 450; *Charpentier*, p. 444, 446.

Suisse, s'étendent sur les terrains calcaires des hautes montagnes de la Nouvelle-Andalousie, et partout en Amérique où l'on ne reconnoît pas distinctement la présence du *grès rouge*.

IX. GRÈS DU BERGANTIN.

Un grès quarzeux recouvre, entre Nueva Barcelona et las Cerro del Bergantin (T. IX, p. 214 et 215), le calcaire (jurassique) de Cumanacoa. Est-ce une roche arénacée analogue au *grès vert*, ou appartient-elle au grès du Cocollar? Dans ce dernier cas, sa présence sembleroit prouver, plus clairement encore, que les calcaires de Cumanacoa et de Caripe ne sont que *deux assises d'un même système* qui alterne avec du grès tantôt quarzeux, tantôt schisteux.

X. GYPSE DES LLANOS DE VENEZUELA.

Des dépôts de gypse lamelleux, renfermant de nombreuses couches de marnes, se trouvent par lambeaux dans les steppes de Caracas et de Barcelone : par exemple, dans le plateau de San Diego; entre Ortiz et la *Mesa de Paja;* près de la Mission de Cachipo. Il m'ont paru recouvrir le calcaire (jurassique) de Tisnao, qui est analogue à celui de Caripe; on y trouve mêlés des rognons de gypse fibreux (T. VI, p. 155-158; IX, p. 59-61). Je n'ai donné le nom de *formations*, ni au *grès de l'Orénoque*, ni au *grès du Cocollar*, ni au *grès du Bergantin*, ni au *gypse des Llanos*, parce que rien ne prouve jusqu'ici l'*indépendance* de ces terrains arénacés et gypseux. Je présume qu'on reconnoîtra un jour que le *gypse des Llanos* ne recouvre pas seulement le calcaire (jurassique) des Llanos, mais que quelquefois aussi il y est enclavé comme le gypse du Golfo Triste l'est dans le calcaire (alpin) de Cumanacoa. Peut-être les grandes masses de soufre (T. III, p. 129; V, p. 62; VI, p. 158) trouvées dans des couches entièrement argileuses des steppes (Guayuta; vallée de San Bonifacio; Buen Pastor; confluent du Rio Pao avec l'Orénoque), appartiennent-elles aux marnes du *gypse d'Ortiz?* Ces couches argileuses méritent d'autant plus l'attention des voyageurs, que les belles observations de M. de Buch et de plusieurs autres géognostes célèbres sur la cavernosité du gypse, sur l'irrégularité de l'inclinaison de ses strates, et sur son gisement parallèle aux deux pentes du Harz et de la chaîne (soulevée) des Alpes, de même que la présence simultanée du soufre, du fer oligiste [1], et des vapeurs d'acides sulfureux qui ont précédé la formation de l'acide sulfurique, semblent manifester l'action de forces qui résident à une grande profondeur dans l'intérieur du globe [2].

XI. FORMATION D'ARGILE MURIATIFÈRE (AVEC BITUME ET GYPSE FEUILLETÉ) DE LA PÉNINSULE D'ARAYA.

Ce terrain offre une analogie frappante avec le *salzthôn* ou *leberstein* (argile muriatifère) que j'ai fait connoître comme accompagnant, sous toutes les zones, le sel gemme [3]. Dans les

---

[1] Gypse avec fer oligiste dans le grès bigarré au sud de Dax (département des Landes).

[2] *Leopold von Buch, Resultate geogn. Forsch.*, 1824, p. 471-473. Friedrich Hofmann, *Beitr. zur geogn. Kenntniss von Norddeutschland*, 1822, Tom. I, p. 85, 92. Boué, *Mém. sur les terrains second. du versant nord des Alpes*, p. 14. Freiesleben, *Kupferschiefer*, 1809, Tom. II, p. 124. Brieslak, *Geol.*, T. I, p. 255.

[3] Humboldt, *Essai géogn.*, p. 241. Leonhard, *Characteristik der Felsarten*, p. 362.

salines d'Araya (Haraia), il avoit fixé l'attention de Pierre Martyr d'Anghiera, dès le commencement du 16ᵉ siècle (Tom. III, p. 255). Il est probable qu'il a facilité le déchirement des terres et la formation du golfe de Cariaco. C'est une argile gris de fumée, imprégnée de pétrole, mêlée de gypse lamelleux et lenticulaire, et traversée quelquefois de petits filons de gypse fibreux. Elle enchâsse des masses anguleuses et moins friables d'argile brun-noirâtre, à cassure schisteuse, quelquefois conchoïde (Tom. II, p. 337 et suiv.). Le muriate de soude s'y trouve disséminé en parties invisibles à l'œil nu. Les rapports de gisement ou de superposition de ce terrain avec les roches tertiaires ne m'ont point paru assez clairs pour que je pusse prononcer avec certitude sur cet élément le plus important de la géognosie positive. Dans les deux hémisphères, les *couches coordonnées de sel gemme, d'argile muriatifère* et *de gypse* offrent les mêmes difficultés : partout ces masses, dont les formes sont très-irrégulières, offrent des traces de grands bouleversemens. Elles ne sont presque jamais recouvertes de *formations indépendantes;* et, après avoir cru long-temps, sur le continent de l'Europe, le sel gemme exclusivement propre au calcaire alpin et au calcaire de transition, on admet aujourd'hui plus généralement encore, soit d'après des raisonnemens fondés sur des analogies, soit d'après des suppositions sur le prolongement des couches, que le vrai gîte du sel gemme se trouve dans le grès bigarré *(bunte sandstein)*. Quelquefois le sel gemme paroît osciller du grès bigarré vers le *muschelkalk*.

J'ai fait deux excursions à la Péninsule d'Araya. Dans la première, j'inclinois à regarder l'argile muriatifère comme subordonnée à l'aglomérat (de formation évidemment tertiaire) du Barigon et de la montagne du château de Cumana, parce que, un peu au nord de ce château, j'avois trouvé des bancs d'argile

---

[1] Voy. *Kleinschrod*, dans *Leonh. Taschenb.*, 1821, T. I, p. 148. *Humboldt, Essai géogn.*, p. 271. *Hausmann, Jüngers Flœzgeb.*, p. 177. Peut-être le sel gemme oscille-t-il du grès bigarré à la fois vers le calcaire alpin (zechstein) et vers le muschelkalk. Un excellent géognoste, M. d'Oeyhausen, le place dans les couches inférieures du muschelkalk (*Karsten, Archiv.*, 1824, St. 8, p. 11 (*Voyez* aussi MM. Dechen, Oeyhausen et la Roche dans *Hertha*, B. I, p. 27.

endurcie [1] renfermant du gypse lamelleux et enclavé dans le terrain tertiaire (Tom. VI, p. 13-15). Je croyois que l'argile muriatifère pouvoit alterner avec *l'aglomérat calcaire du Barigon*. Près des petites cabanes de pêcheurs qui sont situées vis-à-vis le Macanao, des rochers d'aglomérats me sembloient percer les strates d'argile. Dans une seconde excursion à Maniquarez et aux schistes aluminifères de Chaparuparu (Tom. IX, p. 113-116), la liaison entre le terrain tertiaire et l'argile avec bitume me parut assez problématique. J'examinai plus particulièrement le site des *Peñas negras* près du Cerro de la Vela, à l'ESE. du château ruiné d'Araya. Le calcaire de ces *Peñas* [2] est compacte, gris-bleuâtre, et presque dépourvu de pétrifications. Il me sembloit beaucoup plus ancien que l'aglomérat tertiaire du Barigon, et je le vis recouvrir, en gisement concordant, une argile schisteuse assez analogue à l'argile muriatifère. Je me plaisois à rapprocher cette dernière formation des

---

[1] Non muriatifère et sans pétrole ?

[2] *Rel. hist.*, Tom. II, p. 337 et suiv., 335-345, en consultant l'*errata* pour cette page.

couches de marne carburée que renferme le calcaire alpin de Cumanacoa. D'après les idées géognostiques les plus répandues aujourd'hui, on pourroit regarder la roche des *Peñas negras* comme représentant le *muschelkalk* (calcaire de Gœttingue), et l'argile salifère et bitumineuse d'Araya comme représentant le *grès bigarré* : mais ces problèmes ne pourront être résolus que lorsqu'on aura entrepris de véritables travaux de mines dans ces contrées. Quelques géognostes, qui croient qu'en Italie le sel gemme pénètre jusque dans des terrains supérieurs au calcaire jurassique et même à la craie, seront tentés de prendre le calcaire des *Peñas negras* pour une de ces couches de calcaire compacte, dépourvues de grains de quarz et de pétrifications que l'on rencontre fréquemment au milieu de l'aglomérat tertiaire du Barigon et du Castillo de Cumana : l'argile salifère d'Araya leur paroîtra analogue, soit à *l'argile plastique de Paris* [1], soit aux bancs argileux (dief et tourtia) de grès secondaires à lignites, qui, en Belgique et en Westphalie, renferment des sources salées [2]. Quel-

[1] Grès tertiaire à lignites ou molasse d'Argovie.
[2] Notes manuscrites de MM. de Dechen et d'Oey-

que difficile qu'il soit de distinguer *isolément* les couches de marne et d'argile appartenant au grès bigarré, au muschelkalk, au quadersandstein, au calcaire jurassique, au grès secondaire à lignites (*green and iron sand*), et au terrain tertiaire supérieur à la craie, je pense pourtant que le bitume qui accompagne partout le sel gemme, et le plus souvent même les sources salées, caractérise les argiles muriatifères de la Péninsule d'Araya et de l'île de la Marguerite, comme liées à des formations placées sous le terrain tertiaire. Je ne dis pas qu'elles sont *antérieures* à ce terrain; car, depuis la publication des observations de M. Buch sur le Tyrol, il n'est plus permis de regarder ce qui est *dessous*, dans l'espace, comme nécessairement *antérieur*, relativement à l'époque de sa formation.

Le bitume et le pétrole sortent encore aujourd'hui, comme nous l'avons fait voir plus haut (Tom. II, p. 364 et 365; IX, p. 119-122), du micaschiste : ces substances sont rejetées chaque fois que le sol (entre Cumana, Cariaco et le *Golfo Triste*) est ébranlé par des forces

hausen (*Voyez* aussi *Buff.* dans *Noggerath, Rheinland-Westph.*, Tom. III, p. 53).

souterraines. Or, c'est à ce même terrain primitif qu'est adossée, dans la Péninsule d'Araya et dans l'île de la Marguerite, l'argile salifère imprégnée de bitume, à peu près comme en Calabre le sel gemme se montre par lambeaux dans des bassins, enclavés par des terrains de granite et de gneis [1]. Ces circonstances servent-elles à étayer le système ingénieux [2] d'après lequel toutes les formations coordonnées de gypse, de soufre, de bitume et de sel gemme (constamment anhydre) sont dues à des épanchemens à travers des crevasses qui ont traversé la croûte oxidée de notre planète et pénétrée jusqu'au siége de l'action volcanique? Les énormes masses de muriate de soude (chlorure de sodium) vomies récemment par le Vésuve [3]; les petits filons de ce sel que j'ai

---

[1] Melograni, *Descr. geologica di Aspromonte*, 1823, p. 256, 276, 287.

[2] Breislak, *Geologia*, Tom. I, p. 350; Boué, *sur les Alpes*, p. 17.

[3] Laugier et Gaillard, dans les *Annales du Mus.*, 5ᵉ année, n° 12, p. 435. Les masses rejetées en 1822 étoient si considérables, que les habitans de quelques villages autour du Vésuve les recueillirent et en firent des provisions pour leur usage domestique.

vu souvent traverser les laves lithoïdes les plus récentes, et dont l'origine (par sublimation) paroît semblable à celle du fer oligiste déposé dans ces mêmes fentes [1]; les bancs de sel gemme et d'argile salifère qu'offre le terrain trachytique dans les plaines du Pérou et autour du volcan des Andes de Quito [2], sont bien dignes de fixer l'attention des géologues qui veulent discuter l'origine des formations. Dans le tableau que je trace ici, je me borne à la simple énumération des *phénomènes de gisement*, tout en indiquant quelques vues théoriques d'après lesquelles des observateurs, placés dans des circonstances plus avantageuses que je ne l'étois, pourront diriger leurs recherches.

XII. AGLOMÉRAT CALCAIRE DU BARIGON, DU CHÂTEAU DE CUMANA, ET DES ENVIRONS DE PORTO-CABELLO.

C'est une formation très-complexe : elle présente ce mélange et ce retour périodique

---

[1] Gay-Lussac, sur l'action des volcans, dans les *Ann. de chimie*, Tom. XXII, p. 418.

[2] *Voyez* mon *Essai géogn*., p. 251.

de calcaire compacte, de grès quarzeux et d'aglomérats (brèches calcaires) qui caractérisent plus particulièrement, sous toutes les zones, le terrain tertiaire. Elle forme la montagne du château de Saint-Antoine, près de la ville de Cumana, de même que l'extrémité sud-ouest de la Péninsule d'Araya, le Cerro Meapire, au sud de Cariaco, et les environs de Porto-Cabello (Tom. II, p. 335, 369-371; III, p. 12-15 et 226; IV, p. 123-125; V, p. 253; IX, p. 116-119). Elle renferme, 1° un *calcaire compacte* généralement gris-blanchâtre ou blanc-jaunâtre (*Cerro del Barigon*), dont quelques bancs très-minces sont entièrement dépourvus de pétrifications, tandis que d'autres sont pétris de cardites, d'ostracites, de pectens, et de débris de polypiers lithophytes; 2° une brèche dans laquelle une innombrable quantité de coquilles pélagiques se trouve mêlée à des grains de quarz aglutinés par un ciment de carbonate de chaux; 3° un *grès calcaire* à grains de quarz arrondis et très-fins (Punta Arenas, à l'ouest du village de Maniquarez), enchâssant des rognons de mine de fer brune; 4° des bancs de marne et d'argile schisteuse dépourvue de paillettes de mica, mais enchâssant de la sélénite et du gypse lamelleux. Ces bancs d'argile m'ont paru constamment former les couches inférieures. A ce même terrain tertiaire appartiennent aussi le tuf calcaire (formation d'eau douce) des vallées d'Aragua (Tom. V, p. 129, 226), près de la Victoria, et la roche fragmentaire du Cabo Blanco, à l'ouest du port de la Guayra. Je n'ose désigner cette dernière par le nom de *nagelfluhe*, parce que ce mot indique des fragmens arrondis, tandis que les fragmens du Cabo Blanco sont généralement anguleux, et se composent de gneis, de quarz hyalin et de schiste chloriteux réunis par un ciment calcaire. Ce ciment renferme du sable magnétique [1], des madréporites, et des débris de coquilles bivalves pélagiques. Les différens lambeaux du terrain tertiaire que j'ai trouvés dans la Cordillère du littoral de Venezuela, sur les deux versans du chaînon septentrional, semblent superposés, près de Cumana (entre Bordones et Punta Delgada), dans le Cerro de

---

[1] Le sable magnétique est dû sans doute au schiste qui forme, dans ces parages, le fond de la mer. Vol. IV, p. 123-125.

Meapire et au calcaire (alpin) de Cumanacoa;
entre Porto-Cabello et le Rio Guayguaza, de
même que dans les vallées d'Aragua, au granite; sur la déclivité occidentale de la colline
qui forme le Cabo Blanco, au gneis; dans la
Péninsule d'Araya, à l'argile salifère. Ce dernier mode de gisement n'est peut-être qu'une
simple *apposition* [1]. Si l'on veut ranger les
différens membres de la série tertiaire d'après
l'âge de leur formation, on doit regarder, je
pense, comme le plus ancien, *la brèche du
Capo Blanco* avec fragmens de roches primitives, et faire succéder à cette brèche le *calcaire
arénacé du château de Cumana*, dépourvu de
silex corné, mais d'ailleurs assez analogue au
calcaire (grossier) de Paris, et le *terrain d'eau
douce de la Victoria*. Le gypse argileux, mêlé
de brèches calcaires à madrépores, cardites
et huîtres, que j'ai trouvé entre Carthagène
des Indes et le Cerra de la Popa, et les calcaires
également récens de la Grande Terre de la
Guadeloupe et de la Barboude [2] (calcaires

---

[1] *An-nicht Auffagerung*, selon le langage précis des géognostes de ma patrie.

[2] *Moreau de Jonnès, Hist. phys. des Antilles franç.*,

pétris de coquilles pélagiques qui ressemblent à celles qui vivent actuellement dans la Mer des Antilles), prouvent que le terrain tertiaire (terrain de sédiment supérieur) s'étend bien loin vers l'ouest et vers le nord.

Ces formations récentes, si riches en débris de corps organisés, offrent aux voyageurs, familiarisés avec les caractères zoologiques des roches, un vaste champ à défricher. Examiner ces débris dans les couches superposées comme par étages les unes aux autres, c'est étudier les *Faunes de différens âges*, et les comparer entre elles. La Géographie des animaux trace les limites dans l'espace selon la diversité des climats qui déterminent l'état actuel de la végétation sur notre planète. La Géologie des corps organisés, au contraire, est un fragment de l'*histoire de la nature*, en prenant le mot *histoire* dans son acception propre : elle décrit les habitans de la terre selon la succession des temps. On peut reconnoître dans les Musées les genres et les espèces; mais les *Faunes des*

Tom. I, p. 564. *Brongniart, Descrip. géol. des environs de Paris*, 1822, p. 201.

différens âges, la prédominance de certaines coquilles, les rapports numériques qui caractérisent le règne animal et la végétation d'un *lieu* ou d'une *époque*, doivent être étudiés à la vue même des formations. Il m'a paru [1], depuis long-temps, que, sous les tropiques, comme dans la zone tempérée, les coquilles univalves sont plus nombreuses (en espèces) que les bivalves. Par cette supériorité en nombre, le *monde organique fossile* offre, sous toutes les latitudes, une analogie de plus avec les *coquilles intertropicales* qui vivent aujourd'hui dans le sein des mers. En effet, M. Defrance, dans un ouvrage [2] rempli d'idées neuves et ingénieuses, ne reconnoît pas seulement cette même prédominance des univalves dans le nombre des genres; mais il rappelle aussi que, sur 5500 espèces fossiles de coquilles univalves, bivalves et cloisonnées, que renferment ses riches collections, il y en a 3066 d'univalves, 2108 de bivalves, et 326 de cloisonnées; de

---

[1] *Essai géogn.*, p. 42.

[2] *Tableau des corps organisés fossiles*, 1824, p. 51, 125.

sorte que les univalves fossiles sont aux bivalves $= 3 : 2$.

XIII. FORMATION D'AMYGDALOÏDE PYROXÉNIQUE ET DE PHONOLITHE, ENTRE ORTIZ ET CERRO DE FLORÈS.

Je place à la fin des formations du Venezuela le terrain d'amygdaloïde pyroxénique et de phonolithe *(porphyrschiefer)*, non comme les seules roches que je regarde comme pyrogènes, mais comme celles dont l'origine entièrement volcanique est probablement postérieure au terrain tertiaire. Ce résultat n'est pas dû aux observations que j'ai faites à la pente méridionale de la Cordillère du littoral entre les Morros de San Juan, Parapara et les *Llanos* de Calabozo. Dans cette région, des circonstances locales conduiroient plutôt à regarder les amygdaloïdes d'Ortiz comme liées au système de roches de transition (serpentine amphibolique, diorite, et schistes carburés de Malpasso) que j'ai décrites plus haut [1] : mais l'éruption des trachytes à travers

---

[1] *Voyez* ci-dessus, p. 269 et 170.

des roches postérieures à la craie dans les Euganées, et en d'autres parties de l'Europe, jointe au phénomène de l'absence totale de fragmens de porphyre pyroxénique, de trachyte, de basalte et de phonolithe [1] dans les conglomérats ou roches fragmentaires antérieures aux terrains tertiaires les plus récens, rend probable que l'apparition des *roches trapéennes* à la surface du sol, est l'effet d'une des dernières révolutions de notre planète, même là où l'éruption a eu lieu par des crevasses (filons) qui traversent le granite-gneis ou des roches de transition non recouvertes par des formations secondaires et tertiaires.

Le petit terrain volcanique d'Ortiz (lat. 9° 28′-9° 36′) forme l'ancien rivage du vaste bassin des *Llanos* de Venezuela; il n'est composé, dans les points où j'ai pu l'examiner, que de deux espèces de roches ; savoir :

---

[1] Les fragmens de ces roches ne paroissent que dans les tufs ou aglomérats qui appartiennent essentiellement au terrain basaltique, ou qui environnent les volcans les plus récens. Chaque formation volcanique s'enveloppe de ses brèches, qui sont les effets de l'éruption même (*Leopold von Buch*, *Resultate geogn. Forsch.*, p. 311).

d'amygdaloïde et de phonolithe (Tom. VI, p. 26-37). L'amygdaloïde bleu-grisâtre et bulleuse renferme des cristaux fendillés de pyroxène et de mésotype. Elle forme des boules à couches concentriques, dont le noyau aplati a presque la dureté du basalte. On n'y distingue ni olivine ni amphibole. Avant de paroître comme un *terrain indépendant* et de s'élever en petites collines coniques, l'amygdaloïde semble alterner par couches avec la même diorite que nous avons vue plus haut mêlée au schiste carburé et à la serpentine amphibolique. Ces liaisons intimes de roches si diverses en apparence, et si propres à embarrasser le géognoste, donnent un grand intérêt aux environs d'Ortiz. Si les *masses* de diorite et d'amygdaloïde qui nous paroissent des couches, sont des filons très-puissans, on peut les croire formées et soulevées simultanément. Nous connoissons aujourd'hui deux formations d'amygdaloïdes; l'une, la plus commune, est subordonnée au terrain basaltique; l'autre, beaucoup plus rare [1], appartient au porphyre

---

[1] On trouve des exemples de cette dernière en Norwège (Vardekullen, près Skeen), dans les mon-

pyroxénique [1]. L'amygdaloïde d'Ortiz approche, par ses caractères oryctognostiques, de la première de ces formations; et l'on est presque surpris de la trouver adossée, non au basalte, mais à la phonolithe [2], roche éminemment feldspathique, dans laquelle on rencontre bien quelques cristaux d'amphibole, très-rarement du pyroxène, et jamais de l'olivine. Le Cerro de Florès est une colline couverte de blocs tabulaires de phonolithe gris-verdâtre, enchâssant des cristaux alongés (non fendillés) de feldspath vitreux, entièrement analogue à la phonolithe du Mittelgebirge. Elle est entourée d'amygdaloïde pyroxénique; dans la profondeur on la verroit sans doute sortir im-

tagnes du Thüringerwald, dans le Tyrol méridional, à Ilefeld au Harz, à Bolaños au Mexique, etc.

[1] *Porphyres noirs* de M. de Buch.

[2] Il y a des phonolithes du terrain basaltique (les plus anciennement connus) et des phonolithes du terrain trachytique (Andes du Mexique). *Voyez* mon *Essai géogn.*, p. 347. Les premiers sont généralement supérieurs au basalte; et, dans cette réunion, le développement extraordinaire du feldspath et le manque du pyroxène m'ont toujours paru des phénomènes très-remarquables.

médiatement du granite-gneis, comme la phonolithe du *Biliner-Stein*, en Bohème, qui renferme des fragmens de gneis empâtés dans la masse.

Existe-t-il dans l'Amérique méridionale un autre groupe de roches désignées de préférence sous le nom de roches volcaniques, et qui fussent aussi éloignées de la chaîne des Andes, aussi avancées vers l'est, que le groupe qui borde les steppes de Calabozo ? J'en doute, du moins pour la partie du continent située au nord de l'Amazone. J'ai souvent fixé l'attention des géognostes sur l'absence du porphyre pyroxénique, du trachyte, du basalte et des laves (je range ces formations selon leur *âge relatif*), dans toute l'Amérique, à l'est des Cordillères. L'existence du trachyte n'a pas même encore été constatée dans la *Sierra Nevada de Merida*, qui lie les Andes à la chaîne du littoral de Venezuela. On diroit qu'après la formation des roches primitives, le feu volcanique n'a pu se faire jour dans l'Amérique orientale. (*V*. ci-dessus, p. 252 et 253). Peut-être la moindre richesse et la moindre fréquence de filons argentifères observée dans ces mêmes contrées tient-elle à l'absence de phénomènes volcaniques plus recens[1]. M. d'Eschwege a vu au Brésil quelques couches (filons?) de diorite, mais ni trachyte, ni basalte, ni dolérite, ni amygdaloïde : il a été d'autant plus frappé de voir, dans les environs de Rio Janeiro, une masse isolée de phonolythe, entièrement semblable à celle de Bohème, percer le terrain de gneis.[2] J'incline à croire que l'Amérique, à l'est des Andes, auroit des volcans actifs si, près du littoral de Venezuela, de la Guyane et du Brésil, la série des roches primitives étoit interrompue par des trachytes. Ce sont les trachytes qui, par leur fendillement, et leurs crevasses ouvertes, semblent établir cette communication permanente entre la surface du sol et l'intérieur du globe, qui est la condition indispensable de l'existence d'un volcan. Si, de la côte de Paria, par les granites-gneis de la Silla de Caracas, par le grès rouge de Barquisimeto et du Toçuyo, par les montagnes schisteuses de la Sierra Nevada de Merida, et la Cordillère orientale de Cundinamarca, on se dirige sur Popayan et sur

---

[1] *Voyez* mon *Essai géogn.*, p. 118, 120.
[2] *Notes manuscrites du baron d'Eschwege.*

Pasto, en prenant le rumb de l'ouest et du sud-ouest, on rencontre dans le voisinage de ces deux villes les premières bouches volcaniques encore enflammées des Andes, celles qui sont les plus septentrionales de toute l'Amérique du Sud: ajoutons qu'on trouve ces cratères là où les Cordillères commencent à offrir des trachytes dans une distance de 18 ou 25 lieues des côtes actuelles de l'Océan pacifique [1]. Des communications permanentes, ou du moins renaissantes à des époques très-rapprochées, entre l'atmosphère et l'intérieur du globe, ne se sont conservées que le long de cette immense crevasse sur laquelle ont été soulevés les Cordillères; mais les forces volcaniques souterraines n'en montrent pas moins d'activité dans l'Amérique orientale, en ébranlant le sol dans la Cordillère du littoral de Venezuela et dans le groupe de

---

[1] Je crois que les premières hypothèses sur les rapports entre l'activité des volcans et la proximité de la mer sont énoncées dans un ouvrage très-éloquent et peu connu du cardinal Bembo : *Ætna dialogus* (Voyez *Opera omnia Petr. Bembi*, Tom. III. p. 60): et dans *Vicenti Aliarii Crucii Vesuvius ardens*, 1632, p. 164 et 235.

la Parime[1]. En décrivant les phénomènes qui ont accompagné le grand tremblement de terre de Caracas[2], du 26 mars 1812, j'ai fait

---

[1] *Voyez* l'ouvrage classique de M. de Hoff, sur les sphères d'oscillations et les limites des tremblemens de terre, portant le titre: *Geschichte der nat. Veränderungen der Erdoberfläche*, 1824, Tom. II, p. 516.

[1] J'ai exposé dans un autre endroit l'influence que cette grande catastrophe a exercée sur la contre-révolution que le parti royaliste parvint à faire éclater à cette époque dans le Venezuela. Rien n'est plus curieux que la négociation qui fut entamée, dès le 5 avril, par le gouvernement républicain, siégeant à Valencia dans les vallées d'Aragua, avec l'archevêque Prat (Don Narciso Coll y Prat), pour l'engager à publier une lettre pastorale capable de tranquilliser le peuple sur la colère de la divinité. On vouloit bien permettre à l'archevêque de dire « que cette colère étoit méritée à cause du déréglement des mœurs; mais il devoit déclarer positivement « que la politique et les opinions systématiques sur le nouvel ordre social n'y entroient pour rien (*declarar que la justicia divina a los mas ha querido castigar a los vicios morales, sin que el terremoto tenga conexion alguna con los sistemas y reformas politicas de Venezuela*). L'archevêque Prat perdit la liberté après cette étrange correspondance. (Voyez les documens officiels publiés dans *Pedro de Urquinaona, Relacion documentada del*

mention des détonnations que l'on entendit, à différentes époques, dans les montagnes entièrement granitiques de l'Orénoque. Des forces élastiques qui agitent le sol, des volcans encore actifs, des sources chaudes et sulfureuses renfermant quelquefois de l'acide fluorique, la présence de l'asphalte et du naphte dans des terrains primitifs, tout nous conduit vers cet intérieur de notre planète dont la haute température se fait sentir jusque dans nos mines les moins profondes, et qui, depuis Héraclite d'Ephèse et Anaxore de Clazomènes jusqu'au Plutonisme des temps modernes, a été regardé comme le siége des grandes agitations du globe.

Le tableau que je viens de tracer offre presque toutes les *formations* que l'on connoît dans la partie de l'Europe qui a servi de *type* à la géognosie positive. C'est le fruit d'un travail de seize mois, souvent interrompu par d'autres occupations. Les formations de porphyre quarzifère, de porphyre pyroxénique et de trachyte, celles de grauwacke, de mus-

trastorno de las provincias de Venezuela, 1820, Tom. I, p. 72-83.)

chelkalk et de quadersandstein, fréquentes vers l'ouest, n'ont point encore été reconnues dans le Venezuela; mais aussi, dans le système des roches secondaires de l'Ancien Continent, le muschelkalk et le quadersandstein ne se sont pas toujours nettement développés : souvent, par la fréquence de leurs marnes, on les trouve confondus avec les assises inférieures du calcaire jurassique. Le muschelkalk est presque [1] un lias à encrinites, et les quadersandstein (car il y en a sans doute plusieurs, et de supérieurs au lias ou calcaire à gryphites) me semblent *représenter* les couches arénacées des assises inférieures du calcaire jurassique. J'ai cru devoir donner un grand développement à la description géognostique de l'Amérique du Sud, non seulement à cause de l'intérêt de nouveautés qu'inspire l'étude des *formations* dans les régions équinoxiales, mais surtout à cause des efforts honorables tentés récemment en Europe pour vivifier et pour étendre l'exploitation des mines dans les Cordillères de Colombia, du

---

[1] *Voyez* les réflexions judicieuses de M. Boué, dans son *Mémoire sur les Alpes*, p. 24.

CHAPITRE XXVI. 315

Mexique, du Chili et de Buenos-Ayres. De grands capitaux ont été réunis pour atteindre un but si utile. Plus la confiance publique a agrandi et consolidé ces entreprises dont les deux Continens pourront tirer des avantages réels, plus il est du devoir de ceux qui possèdent une connoissance locale de ces contrées de publier des matériaux propres à faire apprécier la richesse relative des gîtes de minérais dans les diverses parties de l'Amérique espagnole. Il s'en faut de beaucoup que le succès des *associations pour l'exploitation des mines* et celui des travaux ordonnés par les gouvernemens libres, dépende uniquement du perfectionnement des machines employées pour l'épuisement des eaux et pour l'extraction des minérais, de la distribution régulière et économique des *ouvrages souterrains*, des améliorations dans la *préparation, l'amalgamation* et la *fonte*; ce succès dépend aussi de la connoissance approfondie des différens *terrains superposés*. La pratique de l'art du mineur est intimement liée aux progrès de la géognosie; et l'on peut prouver que plusieurs millions de piastres ont été follement dépensés dans l'Amérique équinoxiale, à cause de cette ignorance profonde de la nature des *formations* et du gisement des roches, avec laquelle on dirigeoit les *travaux de recherches*. Aujourd'hui, ce ne sont pas les métaux précieux seuls qui doivent fixer l'attention des nouvelles *associations des mines*: la multiplication des machines à vapeur rendra indispensable, partout où le bois n'est pas abondant ou d'un transport facile, de s'occuper en même temps de la découverte de la *houille* ou des *lignites*. Sous ce point de vue, la connoissance précise du grès rouge ou grès houiller, du quadersandstein et de la mollasse (formation tertiaire à lignites) souvent recouverte de basalte et de dolérite, a une grande importance pratique. Il sera difficile au mineur européen, récemment débarqué, de *s'orienter* dans des pays d'un aspect nouveau, et où les mêmes formations couvrent d'immenses étendues. J'ose me flatter que le travail que je publie dans ce moment, de même que l'*Essai politique sur la Nouvelle-Espagne*, et mon ouvrage *sur le gisement des roches dans les deux hémisphères*, contribueront à diminuer ces obstacles. Ils renferment pour ainsi dire la *première reconnoissance géognostique* des lieux dont les richesses souterraines attirent l'attention des peuples commerçans et serviront à classer les notions plus précises que des recherches ultérieures ajouteront à mes travaux.

La république de Colombia offre, dans ses limites actuelles, un vaste champ à l'esprit entreprenant du mineur. L'or, le platine, l'argent, le mercure, le cuivre, le sel gemme, le soufre et l'alun peuvent devenir des objets d'exploitations importantes. La production de l'or seul étoit déjà montée, avant l'époque des dissensions civiles[1], année moyenne, à 4700 kilogrammes (20,500 marcs de Castille). C'est presque la moitié de la quantité que fournit toute l'Amérique espagnole, quantité qui influe d'auant plus puissamment sur les proportions variables entre la valeur de l'or et de l'argent, que l'extraction du premier de ces métaux a diminué au Brésil, depuis quarante ans, avec une rapidité surprenante. Le *quint* (droit que le gouvernement lève sur l'or de lavage) qui étoit dans la Capitania de Minas Geraes, en 1756, 1761 et 1767, de 118, 102 et 85 arrobes d'or (à 14¾ kilogrammes), est

[1] *Voyez* mon *Essai politique*, Tom. II, p. 633.

tombé, d'après des notes manuscrites qui m'ont été obligeamment fournies par le baron d'Eschwege, directeur général des Mines du Brésil, en 1800, 1813 et 1818, à 30, 20 et 9 arrobes, chaque arrobe d'or ayant, à Rio Janeiro, une valeur de 15,000 cruzades. D'après ces évaluations, la production annuelle de l'or du Brésil a été, en faisant abstraction de l'exportation frauduleuse, au milieu du 18me siècle, dans les années de la plus grande richesse des *lavages*, de 6600 kilogr., et, de nos jours, de 1817 à 1820, de moins de 600 kilogrammes. Dans la province de Saint-Paul, l'extraction de l'or a entièrement cessé; dans celle de Goyaz, elle étoit, en 1793, de 803 kilogrammes; en 1819, à peine de 75 kil. Dans la province de Mato Grosso, elle est presque nulle, de sorte que M. d'Eschwege pense que tout le produit de l'or du Brésil ne s'élève pas aujourd'hui au-delà de 600,000 cruzades (à peine 440 kilogrammes). J'insiste sur ces résultats précis, parce qu'en confondant les diverses époques de la richesse et de la pauvreté des *lavages* du Brésil, on affirme encore, dans tous les ouvrages qui traitent du commerce des métaux précieux, que l'Amérique

CHAPITRE XXVI.

portugaise fait refluer en Europe annuellement une quantité d'or équivalant à 4 millions de piastres, c'est-à-dire 5800 kilogrammes d'or [1]. Si, comme valeur commerciale, l'or en

---

[1] L'erreur est décuple (*Eschwege*, *Journal von Brasilien*, Tom. I, p. 218); et il est probable que, déjà, depuis 45 ans, le produit de l'or brésilien, *payant le quint*, ne s'est plus élevé à 5500 kilogrammes. J'ai partagé jadis cette erreur avec tous les écrivains d'économie politique, en admettant, d'après un mémoire d'ailleurs très-instructif de M. Correa de Serra, que le quint étoit encore, en 1810 (au lieu de 26 arrobes ou 379 kil.), de 51,200 onces portugaises, ou 1435 kil.; ce qui supposoit un produit de 7165 kil. (*Voyez* mon *Essai polit.*, Tom. II, p. 633; Malte-Brun, *Géogr.*, Tom. V, p. 675; *Lowe*, *present States of England*, 1822, p. 267). Les renseignemens très-exacts, donnés d'après deux manuscrits portugais sur les *lavages d'or* de Minas Gerraes, Minas Novas, et Gojaz, dans le *Bullion Report for the House of Commons*, 1810, acc. p. 29, ne vont que jusqu'à l'année 1794, dans laquelle le *quinto do ouro* du Brésil étoit de 53 arrobes; ce qui indique un produit (*payant le quint*) de plus de 8900 kil. Dans l'important ouvrage de M. Tooke (*on high and low Prices*, P. II, p. 2), ce produit est encore évalué, année moyenne (1810-1821), d'après M. Jacob, à 1,736,000 piastres; tandis que, d'après les documens officiels que je possède, la

grains et en poudre l'emporte, dans la république de Colombia, sur la valeur des autres métaux, ceux-ci n'en sont pas pour cela moins dignes de fixer l'attention du gouvernement et des particuliers. Les mines argentifères de Sainte-Anne, de la Manta, du Santo Cristo de las Laxas, de Pamplona, du Sapo et de la Vega de Supia, font naître de grandes espérances. La rapidité des communications entre les côtes de Colombia et celle de l'Europe donnent même l'intérêt aux mines de cuivre

moyenne du quint de ces 10 ans n'est montée qu'à 15 arrobes, ou à un *produit quinté* de 1195 kilogrammes ou 755,000 piastres. M. John Allen avoit déjà rappelé au *Committee of the Bullion Report*, dans ses notes critiques sur le Tableau de M. Brongniart, que le décroissement du produit des lavages d'or au Brésil avoit été très-rapide depuis 1794 (*Report*, p. 44); et les notions données par M. Auguste de Saint-Hilaire indiquent ce même abandon des mines d'or du Brésil. Les anciens mineurs deviennent cultivateurs (*Hist. des plantes les plus remarquables du Brésil et du Paraguay* 1824, introd., p. ix et xxxiij). La valeur d'une arrobe d'or est de 15,000 cruzades du Brésil (chaque cruzade à 50 sols). D'après M. Franzini, l'onça portugaise est égale à 0,028 kilog., et 8 onças font 1 marc; 2 marcs font 1 arratel, et 32 arratels font 1 arroba.

du Venezuela et de la Nouvelle-Grenade. Les métaux sont une marchandise achetée au prix du travail et d'avances en capitaux; ils font, dans les pays qui les produisent, partie de la richesse commerciale, et leur extraction vivifie l'industrie dans les terrains les plus arides et les plus montagneux. Comme les profits des mines sont souvent irréguliers par leur nature, et comme une interruption des travaux souterrains, tout en causant des pertes irréparables, entrave les plans d'une sage administration, le *système d'association* qui vient d'être appliqué en Angleterre aux richesses métalliques du Nouveau-Monde, aura les suites les plus heureuses, si ces *associations* ont une longue durée, si elles donnent leur confiance à des hommes qui réunissent à la connoissance pratique de l'art du mineur celles de la mécanique et de la chimie moderne, si elles ne dédaignent pas les lumières qui se trouvent répandues, en Amérique même, parmi les hommes qui ont suivi les travaux d'exploitation et d'amalgamation; enfin, si elles savent se prémunir contre les illusions qui naissent toujours de l'espoir exagéré du gain.

Relat. hist., *Tom.* 10.　　　　21

Dans la carte de Colombia que je publie dans ce moment (mars 1825), les limites se trouvent indiquées telles qu'elles étoient lorsque le congrès a fixé, conformément aux articles 85 et 93 de la constitution, la division en départemens et en provinces, en évaluant en même temps les populations respectives dont dépend le nombre des représentans. Ces évaluations officielles sont pour les huit départemens de l'Orénoque (175,000); de Venezuela (430,000); de Zulia (162,000); de Boyaca (444,000); de Cundinamarca (371,000); de Cauca (191,000); de Magdalena (239,300), et de Guayaquil (90,000), à peu près telles que je les ai données (T. IX, p. 171-172), d'après la *Gazeta de Colombia*, du 10 février 1822 : mais elles diffèrent un peu pour les départemens de Quito (516,071) et de l'Ystmo (90,825). Le premier comprenoit en 1822 sept provinces; savoir : Quito, Quixos et Macas (ensemble 354,748); Jaen (9,000); Maynas (36,000); Cuenca (89,343); Loxa (26,980). Le département de l'Ystmo est divisé en deux provinces; savoir : Panama (58,625), et Veragua (32,200) : total de Colombia, 2,711,296. Cette évaluation officielle, *qui n'est fondée sur aucun dénombrement direct*, coïncide à $\frac{1}{37}$ près avec celle à laquelle je me suis arrêté. D'après un décret très-récent du congrès de Bogota (du 23 juin 1824), le territoire de la république de Colombia se compose de 12 départemens, comprenant ensemble 38 provinces; savoir : 1. *Orinoco* (chef-lieu, Cumana), divisé en 4 provinces : Cumana, Barcelone, Marguerite, et Guyana. 2. *Venezuela* (chef-lieu, Caracas), divisé en 2 provinces : Caracas et Carabolo. 3. *Apure* (chef-lieu, Varinas), divisé en 2 provinces : Varinas et Apure. 4. *Zulia* (chef-lieu, Maracaïbo), divisé en 4 provinces : Maracaïbo, Coro, Merida, et Truxillo. 5. *Boyaca* (chef-lieu, Tunja), divisé en 4 provinces : Tunja, Pamplona, Socorro, Casanare. 6. *Cundinamarca* (chef-lieu, Bogota, c'est-à-dire la ville de Santa Fe de Bogota, l'ancienne résidence du vice-roi du *Nouveau Royaume de Grenade*, et non le village de Bogota, appelé aujourd'hui Funsà); ce département est divisé en 4 provinces : Bogota, Antioquia, Mariquita, et Neiva. 7. *Magdalena* (chef-lieu, Cartagena), divisé en 3 provinces : Cartagena, S. Marta, et Rio Hacha. 8. *Cauca* (chef-lieu, Popayan), divisé en 4 provinces : Popayan,

Choco, Pasto, et Bonaventura. 9. *Ystmo* (chef-lieu, Panama), divisé en 2 provinces : Panama et Veragua. 10. *L'Equateur, departemento del Ecuador* (chef-lieu, Quito), divisé en 3 provinces : Pichincha, Imbubura, et Chimborazo. 11. *Assuay* (chef-lieu, Cuenca), divisé en 4 provinces : Cuenca, Loxa, Jaen, et Maynas. 12. *Guayaquil* (chef-lieu, Guayaquil), divisé en 2 provinces : Guayaquil et Manabi. Avant la révolution des colonies, toute la côte des Mosquitos, depuis le cap Gracias à Dios jusqu'au Rio Chagre, y compris l'île San Andrès, avoit été séparée, par la cédule royale du 30 novembre 1803, de la Capitania general de Guatimala, et ajoutée à la Nouvelle-Grenade. On trouve, pour la grandeur moyenne d'un département de Colombia, 7700 lieues carrées marines; pour la grandeur moyenne d'une province, 2400 lieues carrées : un des douze nouveaux départemens de Colombia excède par conséquent 33 fois; une des 38 provinces de Colombia excède 12 fois l'étendue moyenne d'un département de la France. (T. IX, p. 251 note.) La population moyenne d'un département de Colombia, dont la surface égale deux fois celle du Portugal, est de 232,000 âmes, c'est-à-dire la moitié plus petite que la population moyenne d'un département de la France. Le Venezuela, c'est-à-dire l'ancienne Capitania general de Caracas, a presque la moitié de la surface de la Présidence actuelle du Bengal, mais sa *population relative* est 36 fois plus petite. Rien n'est plus frappant que cette différence entre l'antique civilisation de l'Inde, et ces contrées de l'Amérique du Sud où le genre humain paroît comme une colonie récemment établie. Dans les tableaux de population que présente la belle carte de l'Indostan, publiée par M. Carry, en 1824, sous les auspices du colonel Valentin Blacker, chef des ingénieurs géographes à Calcutta, on donne aux possessions angloises et aux alliés de la Grande-Bretagne 123,000,000 ; savoir : territoire britannique dans l'Inde, 83 mill.; alliés et tributaires, 40 mill. Les états que j'avois considérés, avec M. Hamilton, comme indépendans, sont devenus alliés de la compagnie.

RÉSUMÉ DES HAUTEURS DES LIEUX LES PLUS REMARQUABLES DU VENEZUELA AU-DESSUS DU NIVEAU DE LA MER.

NOMS DES LIEUX.	HAUTEURS en toises.	NOMS DES OBSERVATEURS ET VARIANTES.
Chemin de la Guayra à Caracas:		Tout le nivellement du chemin est indiqué dans ce tableau d'après MM. Boussingault et Rivero.
Maiqueti, à l'entrée de la rue qui conduit à Caracas......	13	
Curucuti........................	320	
El Salto, ancien fortin............	479	(Profil (Pl. IV), 465 t.)
La Venta.......................	622	(Humboldt, 606 t.)
La Cumbre, le plus haut du chemin...	764	Ht., 763 t.
Caracas, au milieu de la rue de Carabobo...	477	Ht, à la grande place, 446 t.
Pic oriental de la Silla de Caracas......	550	Humboldt, le 3 janv. 1800; Boussingault et Rivero (le 12 janv. 1823), 1351 toises.
Chemin de Caracas à Merida:		
Colline de Buenavista...............	835	Humboldt.
Village de San Pedro...............	584	Ht. (Boussingault et Rivero, 590 t.)

CHAPITRE XXVI.

NOMS DES LIEUX.	HAUTEURS en toises.	NOMS DES OBSERVATEURS ET VARIANTES.
Maracay dans les vallées d'Aragua............	223	B. et R.
La Victoria................................	270	Ht. (B. et R., 284 t.).
Nueva Valencia.............................	234	Ht. (B. et R., 247 t.).
Villa de Cura..............................	266	Humboldt.
San Carlos................................	85	B. et R.
Calabozo (le petit plateau, *mesa* dans les Llanos)..	94	Ht.
Barquisimeto..............................	76	B. et R.
Tocuyo...................................	322	B. et R.
Truxillo..................................	420	B. et R.
Merida...................................	826	B. et R.
Paramo de Mucuchies, adossé à la Sierra Nevada de Merida...............................	2120	B. et R.
MONTAGNES DE LA NOUVELLE-ANDALOUSIE :		
Cumana...................................	3	Humboldt.

NOMS DES LIEUX.	HAUTEURS en toises.	NOMS DES OBSERVATEURS ET VARIANTES.
Cerro del Imposible............	297	Ht.
Cumanacoa...................	104	Ht.
Plateau du Cocollar............	408	Ht.
Sommet du Turimiquiri.........	1050	Ht., un peu douteux (mesure trigon.).
Cuchilla de Guanaguana........	548	Ht.
Couvent de Caripe.............	412	Ht.
Plateau du Guarda de San Augustin..	535	Ht.
Catuaro......................	190	Ht.
SIERRA PARIME et bords de l'Orénoque et du Rio Negro:		
Sol des forêts autour de Javita et de l'Esmeralda..	180	Ht.
Pic Duida....................	1300	Ht. (mesure trigonométrique).
Fortin de San Carlos del Rio Negro.............	127	Ht., un peu douteux.

Le nivellement barométrique dont j'ai donné les résultats dans mon Recueil d'Observations astronomiques (Vol. I, p. 295-298) a été rectifié et étendu récemment par deux voyageurs très-instruits dans toutes les branches des sciences physiques, MM. Boussingault et Rivero. Partout où mes anciens résultats différoient des leurs, j'ai donné la préférence à ces derniers. M. Boussingault a transmis à l'Institut de France tout le détail de ses mesures. Il ne faut point oublier que, dans mon profil du chemin de la Guayra à Caracas (Pl. IV), publié en 1817, les hauteurs de Torrequemada, Curucuti, et Puente del Salto, se fondoient sur de simples évaluations approximatives et non sur de véritables mesures. (*Rel. hist.*, Tom. IV, p. 128). Au Salto, a la Venta et à la Cumbre, les résultats de M. Boussingault et les miens sont peu différens : dans la mesure de la Silla, qui est la plus haute montagne de ces contrées, la concordance (accidentellement sans doute) est d'une toise ; mais, dans la ville de Caracas, mes hauteurs semblent pécher en moins. J'ai cru la douane 491 t.; la caserne, 462 t.; la Trinité, 454 t.; la grande place, 446 t. Selon

MM. Boussingault et Rivero qui sont munis d'excellens baromètres de Fortin, le milieu de la rue de Carabobo est de 477 toises au-dessus du niveau de la mer. Nous n'avons pas mesuré aux mêmes endroits de la ville; et les voyageurs modernes donnent aux bords du Rio Guayre 460 t., tandis que j'avois trouvé (si toutefois mon journal ne renferme pas quelque incorrection de chiffres), près de la Noria, 414 t. (Tom. IV, p. 179). Dans cette incertitude sur les résultats partiels, je me suis borné à indiquer dans le tableau précédent, pour la ville de Caracas, le *niveau de la rue de Carabobo*. Dans les vallées d'Aragua, la concordance entre mes observations et celles de MM. Rivero et Boussingault est très-satisfaisante, tant pour les latitudes que pour les hauteurs.

OBSERVATIONS FAITES POUR CONSTATER LA MARCHE DES VARIATIONS HORAIRES DU BAROMÈTRE SOUS LES TROPIQUES, DEPUIS LE NIVEAU DE LA MER JUSQUE SUR LE DOS DE LA CORDILLÈRE DES ANDES.

Les résultats des observations que nous

avons faites, M. Bonpland et moi, sur les petites *marées atmosphériques*, pendant notre séjour à Cumana, à Caracas, dans les steppes de Calabozo et au milieu des forêts de l'Orénoque, ont été publiés en 1800 et 1801 par M. de Lalande, auquel je les avois communiqués successivement. Je puis me flatter que ce travail a contribué beaucoup à fixer en Europe l'attention des physiciens sur un phénomène extrêmement curieux, et dont la cause n'est point encore complétement reconnue. La régularité des variations horaires du baromètre, sous la zone torride, avoit été entrevue depuis le commencement du 18ᵉ siècle, et les questions que l'Académie des sciences adressoit à M. de la Pérouse [1] tendoient à démêler la part que l'attraction de la lune pouvoit avoir à ces changemens périodiques. MM. de Lamanon et Mongès firent, en 1785, dans l'Océan Atlantique, par les lat. 1° 5′ N. et 1° 34′ S., pendant trois jours et trois nuits, d'heure en heure, une série d'observations très-précieuses dans une saison où

---

[1] *Voyage de la Pérouse autour du monde*, Tom. I, p. 161; Tom. IV, p. 257.

la température ne changeoit pas, de la nuit au jour, de 1° ½ Réaum. : mais il restoit à constater l'uniformité de cette marche du baromètre dans l'intérieur des Continens, pendant un temps inconstant, et à diverses hauteurs au-dessus du niveau de la mer. La résolution de ces problêmes a été l'objet d'un travail que j'ai suivi avec le plus grand soin pendant quatre ans, au nord et au sud de l'équateur, dans les plaines et sur les plateaux des Cordillères élevés de 1800 à 2100 toises. Comme aucun autre physicien n'a eu jusqu'ici la facilité de se livrer à ce genre de recherches, d'après une *échelle de hauteur* également considérable, je vais consigner peu à peu dans cet ouvrage un extrait de mes observations horaires. Pour rendre plus intéressantes celles du Venezuela, j'ai ajouté des hauteurs barométriques de Lima dans l'hémisphère austral, de Sierra Leone, et du plateau méridional de l'Inde. Les tableaux suivans offrent les variations horaires du littoral de Cumana et de La Guayra, du Pérou, des côtes d'Afrique, et de l'île Taïti; celles du Mysore (400 t,); de la vallée Caracas (lat. 480 t.); d'Ibagué, dans la Nouvelle-Grenade, au pied des Andes de

Quindiu (703 t.); de Popayan (911 t.); de Mexico (1168 t.), et de Quito (1492 t.). Toutes ces observations sont inédites, à l'exception de celles du capitaine Sabine que j'ai empruntées à l'intéressante Météorologie de M. Daniell. (*Essais* de 1823, p. 254.)

VARIATIONS HORAIRES A CUMANA, LAT. BOR. 10° 27′ 52″; HAUT.
15 TOISES. (*Observations de MM. de Humboldt et Bonpland.*)

JUILLET 1799.	JUILLET 1799.
Le 17 à 20ʰ½..337.57 Th. 16°	+ 21ʰ...337.63
+ 21ʰ...337.62	Le 21 à 1ʰ...337.23 Th. 23°
Le 18 à 0ʰ...337.54	3ʰ...337.04
2ʰ...337.12 Th. 23°	— 4ʰ...336.83
3ʰ...336.74	9ʰ½..337.25
— 3ʰ½..336.52	+ 11ʰ...337.81 Th. 19°
6ʰ...336.83 Th. 21°	12ʰ...337.64
7ʰ½..337.24	Le 21 à 18ʰ½..337.24 Th. 20°
9ʰ...337.75	+ 21ʰ½..337.82
+ 11ʰ...337.90	Le 22 à 0ʰ...337.75
14ʰ...337.21 Th. 18°½	3ʰ...337.21 Th. 23°
18ʰ½..337.62	— 4ʰ...336.95
+ 21ʰ...337.71 Th. 20°	6ʰ½..337.32
Le 19 à 1ʰ...337.69	10ʰ½..337.64
2ʰ...336.81 Th. 22°	+ 11ʰ...337.71 Th. 18°
3ʰ½..336.62	13ʰ...337.52
— 4ʰ...336.53	20ʰ...337.43
5ʰ½..336.76 Th. 21°	+ 21ʰ...337.62
+ 11ʰ...337.79	Le 23 à 1ʰ...337.54
12ʰ...337.51 Th. 18°	3ʰ...337.21 Th. 23°
19ʰ...337.7	— 4ʰ...337.03
20ʰ½..338.14 Th. 22°	5ʰ...337.14
+ 21ʰ½..338.42	7ʰ½..337.32
23ʰ½..337.93	10ʰ...337.53
Le 20 à 2ʰ...337.32 Th. 24°	+ 11ʰ...337.61 Th. 18°
— 4ʰ...336.80	11ʰ½..337.45
10ʰ½..337.74 Th. 19°	AOUT 1799.
+ 11ʰ...337.90	
13ʰ...337.31 Th. 18°	Le 16 à 18ʰ...336.62 Th. 18°
19ʰ½..337.40	+ 21ʰ...337.20

CHAPITRE XXVI.

VARIATIONS HORAIRES A CUMANA, HAUT. 15 TOISES.
(Continuation.)

AOUT 1799.	AOUT 1799.
Le 16 à 21ʰ½..337.10 Th. 22°	Le 19 à 2ʰ...336.65 Th. 23°
22ʰ...337.02	3ʰ...336.45
23ʰ...336.80	3ʰ½..336.30
Le 17 à 0ʰ...336.73	— 4ʰ...336.24
1ʰ...336.20	5ʰ...336.32
2ʰ½..336.10 Th. 23°	6ʰ½..336.37
3ʰ...336.02	10ʰ...336.80
— 4ʰ...335.90	+ 11ʰ...336.95 Th. 19°
6ʰ...336.12 Th. 19°	12ʰ...336.84
8ʰ...336.40	
9ʰ½..336.63	
10ʰ½..336.70	
+ 11ʰ...336.82	
13ʰ...336.51 Th. 18°	Du 18 au 24 juillet, régu-
18ʰ½..336.25	lièrement à 2ʰ, un orage qui
20ʰ½..336.81 Th. 19°	va du sud-est au sud le long
+ 21ʰ...336.85	des montagnes. Le 18 août, on
23ʰ½..336.70	a senti onze secousses de trem-
Le 18 à 0ʰ½..336.51	blement de terre à Carupano.
2ʰ...336.27	L'hygromètre de Deluc, le
— 4ʰ...335.92 Th. 21°	matin, 60° à 58°; après-midi,
8ʰ...336.34	48° à 50.
+ 11ʰ...336.75	
12ʰ...336.71 Th. 18°	
18ʰ...336.75	
20ʰ...336.94	
+ 21ʰ...337.12 Th. 21°	
22ʰ...337.07	
23ʰ...337.07	
Le 19 à 0ʰ...337.00	

VARIATIONS HORAIRES A CUMANA, HAUT. 15 TOISES.
(Continuation.)

AOUT 1799.	AOUT 1799.
Le 21 à 18h½..336.68 Th. 18°	Le 23 à 20h...336.70
+ 21h...337.12	+ 21h½..336.80 Th. 21°
22h...337.05	22h½.. 337.70
Le 22 à 1h...336.80	13h½..336.90
2h...336.60 Th. 23°	Le 24 à 1h...336.70
3h...336.40	2h...336.30
— 4h...336.40	— 2h½..336.52 Th. 25°
7h½..336.52	5h...336.40
10h½..336.68	7h½..336.70
+ 11h...336.75	9h...336.95 Th. 23°
12h...336.65	+ 11h...337.05
15h...336.50	23h...337.00
— 16h½..336.40 Th. 17°	Le 25 à 2h...336.90
17h...336.53	— 4h...336.80 Th. 23°
+ 21h...337.10	5h...336.80
22h...337.05	7h...336.80
23h...336.90	+ 10h...337.00
Le 23 à 0h...336.85 Th. 22°	12h...336.90 Th. 18°
1h...336.70	13h...336.84
3h½..336.00	20h...337.41
— 4h...336.00	+ 21h...337.50
5h...336.13	22h...337.40
7h½..336.50	23h...337.23
9h...336.65	Le 26 à 0h...337.05 Th. 23°
10h½..336.80	0h½..336.70
+ 11h...336.85 Th. 19°	1h...336.75
12h...336.50	3h...336.45
— 15h...336.50	— 4h...336.40
16h½..336.55	5h...336.40 Th. 22°
19h...336.53	7h...336.50

CHAPITRE XXVI.

VARIATIONS HORAIRES A CUMANA, HAUT. 15 TOISES.
(*Continuation*).

AOUT 1799.

Le 26 à 10$^h\frac{1}{2}$..337.10
+ 11^h...337.25 Th. 18°
13^h...337.08
20$^h\frac{1}{2}$..337.10
+ 21^h...337.18 Th. 19°
23$^h\frac{1}{2}$..337.18
Le 27 à 0$^h\frac{1}{2}$..337.05
1^h...336.82
2^h...336.80 Th. 23°
— 4^h...386.51
5$^h\frac{1}{2}$..336.53
6$^h\frac{1}{2}$..336.59
8$^h\frac{1}{2}$..336.75
+ 11^h...336.83
12^h...336.80 Th.17°,5
16^h...336.75
16$^h\frac{1}{2}$..336.70
17$^h\frac{1}{2}$..336.90
19$^h\frac{1}{2}$..337.18
21^h...337.20
+ 23^h...336.95
Le 28 à 0$^h\frac{1}{2}$..336.70 Th.25°,5
1^h...336.62
2$^h\frac{1}{2}$..336.29
3$^h\frac{1}{2}$..336.18 Th.25°,7
— 4^h...336.15
4$^h\frac{1}{2}$..336.25
7^h...336.60 Th. 18°
+ 11^h...336.50
12^h...336.40

AOUT 1799.

Le 28 à 21^h...337.27
23$^h\frac{1}{2}$..336.76
Le 29 à 0^h...336,50 Th.24°,5
2^h...336.25
— 4^h...335.75
4$^h\frac{1}{2}$..335.78
6$^h\frac{1}{2}$..336.05 Th.19°,7
10$^h\frac{1}{2}$..336.52
+ 11^h...336.57
12^h...336.40 Th.18°,2
16^h...335.72
— 19$^h\frac{1}{2}$..336.17 Th. 21°
20^h...336.25
+ 21^h...336.75
21$^h\frac{1}{2}$..336.70
22^h...336.60
Le 30 à 2^h...336.60 Th. 24°
2$^h\frac{1}{2}$..336.75
— 4^h...335.72
5$^h\frac{1}{2}$..335.74
8$^h\frac{1}{2}$..336.25
+ 11^h..336.50 Th. 19°

Le 24 et le 30 août, de furieux orages électriques paroissent avoir interrompu pour quelques instans le mouvement du baromètre. La marche de l'instrument a été rétrograde le 24 et le 30, à la même heure, à 2^h $\frac{1}{2}$ après midi.

LIVRE IX.

VARIATIONS HORAIRES À CUMANA, HAUT. 10 TOISES. (*Continuation.*)

NOVEMBRE 1799.	NOVEMBRE 1799.
Le 3 à 20ʰ½..336.80	Le 5 à 4ʰ½..336.52
+ 21ʰ...336.83	+ 11ʰ...336.86
Le 4 à 1ʰ...336.04	13ʰ...336.32
— 4ʰ½..335.92	— 16ʰ½..336.28
10ʰ...336.20	20ʰ...337.30
+ 11ʰ...336.42	+ 21ʰ...337.64
12ʰ...336.26	21ʰ½..337.76
15ʰ...336.02	Le 6 à 0ʰ...336.47
— 16ʰ...335.90	3ʰ...336.24
20ʰ...336.94	— 4ʰ...336.28
+ 21ʰ...337.02	5ʰ...336.32
22ʰ...337.00	8ʰ½..336.63
Le 5 à 1ʰ...336.72	+ 11ʰ...336.90
3ʰ...336.25	13ʰ...336.52
— 4ʰ...336.20	— 6ʰ...335.95
	18ʰ...336.70
	+ 21ʰ...337.34

Il y a eu, le 4 novembre, à 4ʰ 12′ du soir, une forte secousse de tremblement de terre. (Tom. I, p. 298 et 299.) Thermomètre dans toutes les observations de Cumana, à division de Réaumur.

CHAPITRE XXVI.

VARIATIONS HORAIRES A LA GUAYRA, LAT. BOR. 10° 36′ 19″; HAUT. 5 TOISES. (*Observations de MM. Boussingault et Rivero.*)

Jours.	Heures.	Millimèt.	Therm. cent.	Hygrom.
		NOVEMBRE.		
23	8	763.65	25.0	88
+	9	763.80	25.3	86
	10	764.0	25.8	87
	11	764.0	27.0	90
	midi.	763.35	28.1	90
	1	762.75	28.5	89
	2	762.35	28.8	88
	3	761.95	28.8	90
—	4	761.70	28.0	91
23	5	761.75	27.3	91
	6	762.75	27.4	93
	7	762.20	27.0	92
	8	763.0	27.0	91
+	9	763.55	26.5	90
	10	763.35	26.3	7
	11	763.15	26.0	86
	minuit.	763.05	25.3	85

De 8ʰ du matin à minuit. Ces observations ont été faites avec un excellent baromètre de Fortin. Thermom. centésimal. Hygr. de Saussure.

LIVRE IX.

VARIATIONS HORAIRES A LA GUAYRA, LAT. BOR. 10° 36′ 19″; HAUT. 5 TOISES. (*Continuation.*)

NOVEMBRE 1822.

Jours.	Heur.	Millimèt.	Th. cent.	Hygr.	ÉTAT DU CIEL.
24	3	762.06	24.8	83	beau temps.
	6	762.80	24.5	84	(matin).
	7	763.0	24.6	84	
	8	763.70	25.3	84	
	9	764.20	26.7	83	
	10	764.35	26.8	81	
	11	764.0	28.2		
	2	752.35	28.4		(soir).
	4	762.0	27.6	100	pluie.
25	7	763.70	25.0	96	beau temps.
	8	763.95	26.2	95	(matin).
	9	764.25	26.3	96	
	10	764.30	27.7	96	
	11	763.25	27.6	100	beau temps.
	midi.	762.05	26.9	100	
	2	761.70	27.0	100	(soir).
	3	761.50	27.0		
	4	761.50	27.0		
	5	761.70	26.5	98	
	11	762.65	25.3	94	

CHAPITRE XXVI.

VARIATIONS HORAIRES A LA GUAYRA, LAT. BOR. 10° 36′ 19″; HAUT. 5 TOISES. (*Continuation.*)

NOVEMBRE 1822.

Jours.	Heur.	Millimèt.	Th. cent.	Hygr.	ÉTAT DU CIEL.
26	7	762.35	24.5	94	beau temps.
	9	763.30	26.0	92	(matin).
+	10	763.45	27.4	94	
	11	763.10	28.4	93	
	midi.	762.45	28.3	93	
	1	761.65	28.3	92	(soir).
	2	761.65	28.1	93	temps couv.
	3	760.65	28.0	93	temps couv.
—	4	760.60	27.7	93	couvert.
	6	760.60	27.5	94	très-couvert.
	7	761.0	26.9	94	(soir).
	8	761.20	26.8	93	nuageux.
+	11	762.05	26.3	91	nuageux.
	minuit	761.15	26.6	91	
27	7	762.35	26.5	90	(matin).
	8	763.0	26.6	91	
	9	763.25	27.3	89	beau.
+	10	763.45	28.6	89	
	11	763.15	18.7	89	
	2	760.25	29.2	86	(soir).
	4	761.0	28.1	92	orage.

LIVRE IX.

VARIATIONS HORAIRES À LA GUAYRA, LAT. BOR. 10° 36′ 19″; HAUT. 5 TOISES. (*Continuation.*)

NOVEMBRE 1822.

Jours.	Heur.	Millimèt.	Th. cent.	Hygr.	ÉTAT DU CIEL.
	8	761.15	27.0	90	nuageux.
+	11	762.60	26.2	89	
28	2	761.45	26.5	88	(matin).
	3	761.10	26.5	90	
—	6	762.0	27.0	99	
	9	764.70	28.3	89	
+	10	763.50	29.0	88	
	11	763.10	29.0	91	couvert.
	1	761.15	28.0	100	(soir).
	2	762.0	27.7	100	orage.
—	4	761.65	26.7	98	
	10	763.05	25.5	87	
+	11	763.20	26.0	95	
29	4	762.0	25.0	94	(matin).
—	7	763.75	26 0	100	brise sur mer.
	8	764.0	26.5	100	
+	9	764.25	26.8	100	beau temps.
—	4	761.65	27.4	100	(soir).
	10	764.80	27.1	100	
+	10 ½	763.65	27.8	100	
	minuit	763.70	26.9	92	

CHAPITRE XXVI.

VARIATIONS HORAIRES A LA GUAYRA, HAUT. 5 TOISES. *(Continuation.)*

Jours.	Heures.	Millimèt.	Th. cent.	Hygr.	Ciel.
30 nov.	8	764.0	26.0	90	(matin).
—	10	764.20	27.5	90	
+	11	763.95	28.7	93	beau.
—	4	761.80	27.9	92	(soir).
+	11	763.30	26.0	95	
1 déc.	6	762.20	24.5	89	
	9	763.50	27.0	86	
+	10	763.90	27.9	90	étoilé.
	11	763.15	28.2	95	
—	4	761.35	27.8	86	
+	11	763.0	26.0	87	

J'ai consigné plus haut (Vol. IV, p. 102-106) quelques observations horaires faites à La Guayra. M. le colonel Lanz y avoit trouvé, à l'hôtel du commandant, le 5 mars 1822, avec un baromètre de Fortin, à 10^h du matin, 764.40; à 4^h du soir, 761.50 : le thermomètre marquoit 24° et 27° cent. Au bord de la mer, M. Lanz observoit (26 fév.), à midi, 767.05, le thermomètre étant 26°.

LIVRE IX.

VARIATIONS HORAIRES A LA GUAYRA, HAUT. 5 TOISES. (*Continuation*).

Jours.	Heures.	Millimèt.	Th. cent.	Ciel.
6 déc.	10	762.65	27.0	(matin).
+	11	762.0	27.8	bleu.
	midi.	761.70	28.0	
	1	761.35	28.5	(soir).
	2	760.80	28.5	
	4	760.70	27.7	
—	4½	760.65	27.5	bleu.
	5½	761.0	26.5	
	10	762.50	26.3	
7	8	763.35	25.5	(matin)
	9½	763.95	27.0	
+	10	764.20	27.3	beau.
	11	763.65	27.7	
	midi.	763.60	27.2	
	4	761.50	26.2	soir.

CHAPITRE XXVI.

VARIATIONS HORAIRES A LIMA, LAT. AUSTR. 12° 2' 34" ; HAUT. 85 TOISES. (*Observ. de M. de Humboldt.*)

NOVEMBRE 1802.

Jours.	Heures.	Baromètre.	Therm. Fahr.
19	15	329.90	65.3
—	16	330.40	
	21	330.69	
+	22¾	330.54	65.2
20	0	330.13	
	1	330.00	
	2	329.92	68.5
	3	329.80	
	3½	329.78	
—	4	329.73	
	5	330.00	
	7	330.13	66
	8	330.54	65
	9¾	330.54	
	10	330.76	64.5
+	11	330.69	
	11½	330.27	65.5
20	18	330.26	
+	20¾	330.54	70.3
	23½	329.89	80.5
21	1	329.59	79

Le 20, par un temps couvert et brumeux; le 21, par un ciel serein.

Variations horaires a Lima, haut. 85 toises. (*Continuation.*)

NOVEMBRE 1802.			
Jours.	Heures.	Baromètre.	Therm. Fahr.
	2½	329.32	75
	3	329.05	74
—	4	328.92	72
	7½	328.86	64.5
	8	330.00	65
	9	330.06	
	9½	330.13	
	10	330.13	65.6
+	11	330.13	
	12	330.13	65
21 nov.	20¾	330.59	70
+	22½	330.40	74
22	0	330.13	80
	0¾	329.86	79
	1	329.46	79
	1½	329.32	78½
—	5¾	329.49	68
	6½	329.73	66
	7½	329.78	65
	8	329.86	67.8
	9	330.27	65.5
+	11	330.25	65.5

CHAPITRE XXVI. 347

VARIATIONS HORAIRES A LIMA, HAUT. 85 TOISES. (*Continuation.*)

NOVEMBRE 1802.

Jours.	Heures.	Baromètre.	Therm. Fahr.
	12½	330,13	65
+	21	330.87	68.5
	21¾	330.83	71
	22¾	330.27	76.5
	0	330.00	
23 nov.	1	329.86	80.5
	2¾	329.59	76¼
	3½	329.46	76
—	4½	329.59	73
	5¾	329.73	71.2
	7¾	330.54	68
	8	330.67	65
	9¾	330.81	64.5
+	11	330.94	65
	1	330.54	65

Le temps a été brumeux au Callao de Lima jusqu'à 5ʰ du matin, le 19 novembre. Les observations barométriques y ont été faites avec un excellent baromètre anglois de Gabory, appartenant à M. de Quevedo, capitaine de vaisseau, commandant la frégate espagnole *la Rufina*. (On a réduit les centièmes de pouces anglois en fractions de lignes de l'ancien pied françois.) J'ai consigné préalablement ici quelques observations péruviennes pour offrir, sous un même point de vue, les variations horaires entre les tropiques, au nord et au sud de l'équateur.

LIVRE IX.

Variations horaires au port du Callao, lat. austr. 12° 3′ 19″; haut. 6 toises. (*Observ. de M. de Humboldt.*)

NOVEMBRE 1802.

Heures.	Heures.	Baromètre.	Therm. cent.
8 nov.	20	337.05	
+	21	337.28	
	22	337.23	19.2
	2½	336.85	
	3	336.68	20.4
	3¾	336.65	
—	4	336.50	
	5¼	336.75	
	7	337.10	17.3
	7¾	337.20	
	8¼	337.25	
	9	337.25	
	10	337.30	16.3
	11	336.98	
+	13	336.72	
	14	336.60	
	15	336.65	
	15½	336.62	16.0
	16	336.55	
	16¾	336.80	
—	17	336.87	16.4
	17½	336.95	
	20	337.25	18.0

CHAPITRE XXVI.

VARIATIONS HORAIRES AU PORT DU CALLAO, HAUT. 6 TOISES.
(*Continuation.*)

NOVEMBRE 1802.

Heures.	Heures.	Baromètre.	Therm. cent.
+	21	337.35	18.3
	22½	337.13	20.4
9 nov.	0½	336.90	20.1
	0¾	336.75	
	3½	336.60	22.8
	4	336.45	
	5	336.50	18.4
	8	336.85	
	9	336.95	16.5
	10	336.97	
+	11	336.15	
	11½	336.90	16.7
	13	336.84	
	20	337.55	
	20½	337.65	17.3
+	21	337.57	
	22	337.45	
10 nov.	23½	337.30	19.2
	0	337.25	
	0½	337.05	
	1	336.90	
	1½	336.93	21.5
	½	336.6	

VARIATIONS HORAIRES OBSERVÉES SUR LES CÔTES D'AFRIQUE ET A TAITI.

A SIERRA LEONE (lat. 8° 30' bor.), PAR LE CAP. SABINE.

Le 20 mars,	à 21ʰ.	Bar. 29.875	Th. 81°,2 F.
+	21½	29.876	
	22	29.872	
Le 21 mars	0	29.876	
	0½	29.872	
	2	29.828	Th. 84°
	3¼	29.810	
—	4	29.808	Th. 81°
	8½	29.812	
	9	29.850	Th. 80°
+	10	29.870	
	19	29.818	Th. 80°,7
	22	29.828	
+	22½	29.830	
	23	29.828	
Le 22 mars	3	29.774	
—	4	29.760	
	5	29.772	
	9	29.808	
+	10	29.814	Th. 82°,5

CHAPITRE XXVI.

VARIATIONS HORAIRES OBSERVÉES SUR LES CÔTES D'AFRIQUE ET A TAITI.

A TAITI (lat. 17° 29' austr.), PAR M. IWAN SIMONOFF.

Le 5 août	à 14^h.	Bar.	30.06	Th. 80°½ F.
	— 15		30.05	
	17		30.08	79°
	+ 20		30.14	
	21		30.13	78°½
Le 6 août	à 0		30.07	
	— 4		30.05	80
	9		30.14	78
	+ 10		30.15	
	15		30.12	
	— 16		30.11	79°
	20		30.18	77°
	+ 21		30.19	
	0		30.17	79°
	— 3		30.11	
	7		30.16	79°
	+ 10		30.18	
	14		30.14	
	— 15		30.13	79°

VARIATIONS HORAIRES A CHITTLEDROOG, SUR LE PLATEAU DU MYSORE (LAT. BOR. 14° 11'), A 400 TOISES DE HAUTEUR OBSERVÉES PAR M. LE CAPITAINE KATER.

Jours.	Heures.	Baromèt.	Therm.
5 août.	0	27.51	75 F.
	2	27.48	74
	3	27.48	73
—	5	27.46	72
	6	27.47	72
+	8	27.51	72
	9	27.51	73
	12	27.51	71
—	15	27.44	71
	17	27.44	71
	19	27.44	72
	20	27.48	72
+	22	27.48	74
	23	27.49	75
6 août.	1	27.47	76
	2	27.45	76
—	3	27.42	76
	4	27.42	76
	5	27.42	75
	6	27.45	73
+	10	27.50	72
	12	27.50	70

CHAPITRE XXVI.

VARIATIONS HORAIRES A CHITTLEDROOG, SUR LE PLATEAU DU MYSORE, HAUTEUR 400 TOISES. (*Continuation.*)

Jours.	Heures.	Baromèt.	Therm.
6 août.	13	27.45	70
	15	27.43	70
—	17	27.42	71
	18	27.43	71
	20	27.46	71
+	23	27.50	73
7 août.	1	27.50	74
	3	27.45	76
—	4	27.44	75
	5	27.47	75
	8	27.50	73
+	11	27.51	72
	13	27.51	72

Les hauteurs barométriques en centièmes et millièmes de pouce anglois dans les observations d'Afrique, de Taïti et d'Asie. Les dernières ont été faites pendant un temps pluvieux et dans la saison des moussons.

LIVRE IX.

VARIATIONS HORAIRES À CARACAS, LAT. BOR. 10° 30′ 50″; HAUT. 480 TOISES. (*Observations de M. de Humboldt.*)

NOVEMBRE ET DÉCEMBRE 1799.

Jours.	Heures.	Baromètre.	Therm. de R.
30 nov.	19½	303.70	13°
+	21	304.21	15°
	22	304.05	
	23	304.00	
1 déc.	0	303.82	
	0½	303.60	
	1	303.52	18°,7
—	4	303.00	
	5	303.25	
+	11	303.84	
	12	303.60	
	20	303.92	
	21	304.03	16°,4
	23	303.80	
2 déc.	0	303.72	18°,2
—	4	303.00	
	5½	303.02	
	11	303.70	
	13	303.92	

Du 30 nov. au 8 déc., ciel assez serein; mais, du 20 au 24 déc., pluie et vents impétueux.

CHAPITRE XXVI.

VARIATIONS HORAIRES A CARACAS, HAUT. 480 TOISES. (*Continuation.*)

DÉCEMBRE 1799.

Jours.	Heures.	Baromètre.	Therm. de R.
30 nov.	20	303.60	14°,9
	20½	303.82	
+	21	304.00	
	21½	303.92	
	23	303.80	
3 déc.	0	303.72	17°,5
	0½	303.55	
	1½	303.40	18°,2
—	4	303.10	
	7	303.62	
	10	303.85	
+	11	303.90	
	12	303.82	
	14	303.63	
3	20½	304.25	14°,9
+	21	304.40	
	22	304.32	
	22½	304.30	
4	3	303.20	
—	4	303.12	18°,2
	7	303.64	
+	11	303.92	

VARIATIONS HORAIRES À CARACAS, HAUT. 480 TOISES. (*Continuation*.)

DÉCEMBRE 1799.

Jours.	Heures.	Baromèt.	Therm. de R.
3 déc.	12	303.80	
	20½	304.22	
+	21	304.40	15°,0
	22	304.25	
	22½	304.20	
	23	304.15	
5	0	303.80	
	1	303.72	
—	4	303.00	18°,0
	5	303.20	
+	11	303.75	13°,0
	19½	304.00	
	20	304.10	
	20½	304.20	
+	21	304.32	
	21½	304.32	
	23	304.02	1°,0
6	0	303.85	
	5	303.46	
—	4	303.30	
	3	303.22	
	6½	303.40	15°,0

CHAPITRE XXVI.

VARIATIONS HORAIRES A CARACAS, HAUT. 480 TOISES. *(Continuation).*

DÉCEMBRE 1799.

Jours.	Heures.	Baromètre.	Therm. de R.
3 déc. +	11	303.72	
	12	303.60	
+	21	304.20	
	23	303.92	
7	0½	303.70	
7	3½	303.10	18°,2
	4	303.00	
	7	303.32	16°,0
	10½	304.01	
+	11	304.05	13°,7
	11½	303.95	
	18	303.80	
	20	304.25	
+	21	304.40	
8	0	304.15	
—	4	303.00	
	5	303.25	16°,2
	7½	303.40	
	11	304.00	14°,0
—	16	303.68	
	17	303.76	
20	20	303.62	

LIVRE IX.

VARIATIONS HORAIRES A CARACAS, HAUT. 480 TOISES. *(Continuation.)*

DÉCEMBRE 1799.

Jours.	Heures.	Baromèt.	Therm. de R.
3 déc. +	21	303.80	
	23	303.65	
21	0	303.60	15°,5
—	4	302.75	
	10	303.30	
+	11	303.45	14°,3
+	21	303.70	
22	0	303.52	
—	4	302.54	
+	11	303.10	
+	21	304.00	
23	0	302.95	
—	4	302.54	
+	11	303.10	
+	21	303.55	
24	0	303.20	17°,8
—	4	302.75	
+	11	303.80	13°,4

CHAPITRE XXVI.

VARIATIONS-HORAIRES A IBAGUE, LAT. BOR. 4° 27′ 45″; HAUT. 703 TOISES. (*Observ. de M. de Humboldt.*)

SEPTEMBRE 1801.

Le 23 à 0ʰ............ 292.6   Th. 18° R.
        1ʰ½............ 292.5
— 4ʰ............ 292.3   Th. 19°
        7ʰ½............ 292.7
        9ʰ½............ 293.0
+ 11ʰ............ 293.1
        12ʰ............ 293.1   Th. 17°,6
+ 21ʰ½............ 293.4
Le 24 à 0ʰ½............ 293.3
        2ʰ½............ 292.7   Th. 19°
— 4ʰ............ 292.5
        7ʰ............ 292.8
        9ʰ½............ 293.2   Th. 16°
+ 11ʰ............ 293.3
        12ʰ............ 293.2

La petite ville d'Ibague est située dans une haute vallée au pied des Andes de Quindiù.

VARIATIONS HORAIRES A IBAGUE, HAUT. 703 TOISES.
(*Continuation.*)

SEPTEMBRE 1801.

Le 24 à 20ʰ............ 293.0   Th. 19°,3 R.
     + 21ʰ............ 293.7   Th. 20°,2
Le 25 à 0ʰ............ 293.6
     — 4ʰ............ 292.8   Th. 20°,0
       7ʰ............ 293.1   Th. 18°,2
       9ʰ............ 293.4
     + 11ʰ............ 293.5   Th. 17°,7
       18ʰ¾............ 294.0
     + 21ʰ½............ 294.6
Le 26 à 2ʰ½............ 293.7   Th. 21°,3
     — 4ʰ¾............ 293.5   Th. 18°,2
       10ʰ............ 294.3
     + 11ʰ............ 294.5
       12ʰ............ 294.2
     + 20ʰ½............ 294.7   Th. 21°
Le 27 à 1ʰ............ 294.1
     — 4ʰ............ 294.0

CHAPITRE XXVI.

Variations horaires a Popayan, lat. bor. 2° 26′ 17″; haut. 911 toises. (*Observations faites, en mai 1801, par Don Josef Caldas.*)

$$
\begin{array}{ll}
\text{Le 16 à } 3^h\ldots\ldots\ldots & 274.8 \quad \text{Th. } 16° \\
\quad-\ 4^h\ldots\ldots\ldots & 274.7 \\
\quad\ \ 7^h\ldots\ldots\ldots & 274.9 \\
\quad\ \ 9^h\ldots\ldots\ldots & 275.5 \\
+\ 11^h\ldots\ldots\ldots & 275.6 \\
\quad\ 19^h\ldots\ldots\ldots & 275.1 \\
\quad\ 21^h\ldots\ldots\ldots & 275.3 \quad \text{Th. } 15° \\
\quad\ 22^h\ldots\ldots\ldots & 275.1 \\
\text{Le 17 à } 3^h\ldots\ldots\ldots & 274.4 \\
\quad-\ 4^h\ldots\ldots\ldots & 274.3 \\
\quad\ \ 7^h\ldots\ldots\ldots & 274.4 \\
\quad\ \ 8^h\ldots\ldots\ldots & 274.7 \\
+\ 9^h\tfrac{1}{2}\ldots\ldots & 274.9 \\
\quad\ 10^h\ldots\ldots\ldots & 274.9 \quad \text{Th. } 15° \\
\text{Le 17 à } 19^h\ldots\ldots & 274.9 \quad \text{Th. } 14°,5 \\
+\ 21^h\ldots\ldots\ldots & 275.1 \\
\text{Le 18 à } 0^h\ldots\ldots\ldots & 274.9 \\
\quad-\ 2^h\ldots\ldots\ldots & 274.3 \\
\quad\ \ 3^h\ldots\ldots\ldots & 274.3 \\
\quad\ \ 6^h\ldots\ldots\ldots & 274.5 \\
\quad\ \ 7^h\ldots\ldots\ldots & 274.9 \\
\quad\ \ 8^h\ldots\ldots\ldots & 275.0 \\
+\ 9^h\ldots\ldots\ldots & 275.3 \quad \text{Th. } 14° \\
\quad\ 19^h\ldots\ldots\ldots & 275.3
\end{array}
$$

VARIATIONS HORAIRES A POPAYAN, HAUT. 911 TOISES.
(*Continuation.*)

Le 18 sept. 21ʰ	275.4	
Le 19 à 2ʰ	275.3	
3ʰ	275.2	
+ 10ʰ	275.4	
Le 20 à 20ʰ	275.3	Th. 14°
+ 22ʰ	275.4	
Le 21 à 0ʰ	275.1	
— 3ʰ	274.5	
7ʰ	275.0	
+ 11ʰ	275.3	
18ʰ	275.3	
+ 21ʰ	275.3	
23ʰ	275.0	
Le 22 à 2ʰ	274.4	
— 3ʰ	274.3	
+ 10ʰ	275.1	

Le thermomètre de la division de Réaumur; les hauteurs barométriques comme à Cumana, Lima, Callao, Caracas et Ibague en dixièmes et centièmes de ligne du pied françois.

CHAPITRE XXVI.

VARIATIONS HORAIRES OBSERVÉES A MEXICO ET A QUITO PAR M. DE HUMBOLDT.

A MEXICO, LAT. BOR. 19° 25′ 45″; HAUT. 1168 TOISES,
EN JUIN 1803.

Le 26 à	8ʰ............	259.70	Th. 63° F.
+	11ʰ............	259.87	
	13ʰ............	259.75	Th. 61°
—	16ʰ............	259.40	
	18ʰ¼............	259.75	Th. 58°,5
+	21ʰ............	259.90	Th. 65°
	21ʰ¼............	259.85	Th. 66°
	22ʰ............	259.68	
	22ʰ½............	259.55	Th. 68°
	23ʰ............	259.55	Th. 68°,5
Le 27 à	0ʰ½............	259.70	Th. 71°
—	4ʰ............	258.90	Th. 70°
	7ʰ½............	259.47	Th. 64°
+	11ʰ............	259.78	
	12ʰ............	259.70	Th. 62°
	13ʰ............	259.45	Th. 61°
—	16ʰ............	259.21	Th. 59°
+	20ʰ½............	259.65	Th. 63°
	21ʰ¼............	259.65	
	21ʰ¾............	259.55	Th. 67°
	2ʰ............	258.58	Th. 73°,5
—	3ʰ¾............	258.70	Th. 71°
	4ʰ............	258.70	
	4ʰ½............	258.75	Th. 70°
+	11ʰ............	259.26	Th. 67°
	12ʰ............	259.00	Th. 64°

VARIATIONS HORAIRES AU PLATEAU D'ANTISANA, LATITUDE AUSTR. 0° 32′ 52″; HAUT. 2104 TOISES. (*Observations de M. de Humboldt.*)

Le 16 mars à	4ʰ........	208.60	Th. 8° R.
	8ʰ........	208.78	Th. 7°,2
	13ʰ........	208.20	Th. 6°
	18ʰ........	208.50	Th. 5°,4

VARIATIONS HORAIRES OBSERVÉES A MEXICO ET A QUITO, PAR M. DE HUMBOLDT. (*Continuation.*)

A QUITO, LAT. AUSTR. 0° 14'; HAUT, 1492 TOISES.
EN AVRIL 1802.

Le 4 à	20ʰ............	244.00	Th. 57° F.
	21ʰ............	244.32	Th. 60°
	23ʰ............	244.25	Th. 63°
Le 5 à	2ʰ.............	244.15	Th. 65°
	3ʰ.............	244.15	Th. 59°
	7ʰ.............	243.60	Th. 55°
	8ʰ½...........	243.75	Th. 54°
	10ʰ¾..........	243.80	Th. 52°
	12ʰ............	243.61	Th. 51°,5
	20ʰ½..........	244.22	Th. 58°
	22ʰ............	244.70	Th. 67°
Le 6 à	0ʰ½...........	244.70	
	3ʰ¾...........	244.70	Th. 61°
	4ʰ¾...........	244.61	Th. 56°
	6ʰ.............	244.25	Th. 54°
	7ʰ¾...........	244.15	
	12ʰ............	244.10	Th. 47°
	19ʰ............	243.70	Th. 45°
	20ʰ¾..........	244.45	Th. 63°
	22ʰ............	244.65	Th. 66°
	22ʰ¾..........	244.70	Th. 67°
Le 7 à	2ʰ½...........	244.70	
	4ʰ.............	244.65	Th. 66°,5
	7ʰ.............	244.65	Th. 58°
	11ʰ¼..........	244.15	Th. 52°
	12ʰ½..........	243.90	Th. 53°

Les variations horaires de Quito et d'Antisana ont été observées par un temps pluvieux. Elles sont, pour cette époque, moins sensibles et moins régulières qu'à Mexico et à Santa-Fe de Bogota.

CHAPITRE XXVI.

Pour éviter, dans les tableaux qui précèdent, les répétitions fréquentes des mots *matin* et *soir*, les heures sont comptées (selon l'ancienne méthode des astronomes) du passage du soleil par le méridien, de sorte que 21^h correspondent à 9^h du matin. Les hauteurs barométriques sont indiquées, soit en millimètres (dans les observations de MM. Rivero et Boussingault), soit en lignes et centièmes de lignes du pied de roi (dans mes observations de Cumana, La Guayra, Callao, Lima, Caracas, Ibague, Popayan, Mexico, Quito et Antisana), soit enfin en pouces et centièmes de pouces anglois (dans les observations de MM. Kater, Sabine et Simonoff). On a suspendu le thermomètre à côté du baromètre, lorsqu'il n'a pas été enchâssé dans cet instrument même. Les hauteurs barométriques ne sont pas encore corrigées par la température, c'est-à-dire qu'elles n'ont pas été réduites à zéro ou à un même degré au-dessus du point de congélation. Il en résulte que, comme le baromètre baisse de 21^h à 4^h, tandis que la chaleur augmente, l'étendue de la variation diurne est en partie masquée dans les tableaux par cet accroissement de température : la même chose a lieu de 4^h à 11^h, la marche du thermomètre étant encore opposée à celle du baromètre. Au contraire, les étendues apparentes de la variation dans les marées atmosphériques de 11^h à 16^h et de 16^h à 21^h sont plus grandes que les variations réelles, parce que, à ces époques, le baromètre et le thermomètre montent et baissent ensemble.

Il en est des variations horaires du baromètre comme d'un grand nombre de phénomènes importans que l'histoire des découvertes physiques nous montre d'abord, soit comme vaguement aperçues, soit comme examinées avec soin, mais publiées par des observateurs isolés et de peu de célébrité. Ces phénomènes restent dans l'oubli, si les savans ou les académies qui exercent dans chaque siècle une grande influence sur la marche des sciences, n'ont pas voulu en faire l'objet de leurs recherches. Lorsque, dans la suite, par la réunion de plusieurs observateurs que d'autres travaux ont fait connoître, ou par une discussion plus complète des phénomènes, les doutes se trouvent dissipés, on se plaît à considérer comme anciennement reconnu ce qui n'est plus permis de négliger comme mal observé. Un savant laborieux, qui a rendu des services essentiels à la météorologie, le père Cotte, attribuoit encore, en 1774, malgré le témoignage uniforme de tant de voyageurs qui avoient visité les tropiques, la régularité des variations horaires à l'imperfection des baromètres, c'est-à-dire à une petite quantité d'air contenue dans le vide de Torricelli, et susceptible de dilatation et de condensation par la chaleur croissante et décroissante du jour [1]. Comme les premières observations horaires n'avoient été faites que près des côtes, M. Playfair, dont les vastes connoissances et la supériorité de talent n'ont jamais été contestées, a cru pendant long-temps [2] que les marées atmosphériques observées sous la zone

---

[1] *Cotte*, *Traité de Météorologie*, 1774, p. 344. L'auteur ne se rappela point que les *minima* de pression correspondent à la fois aux heures les plus froides et les plus chaudes de la nuit et du jour.

[2] *Edimb.*, *Trans.*, Tom. V, Pl. III, p. 6. Cette même cause a été indiquée plus tard par le capitaine Flinders, dont la longue et mystérieuse détention a été déplorée par tous les amis de la justice, de l'humanité et des sciences. (*Tuckey*, *Marit. Geogr.*, Tom. I, p. 525.)

équinoxiale étoient dues à l'alternance des vents de terre et de mer. Aujourd'hui, la régularité périodique de ces marées peut être regardée comme un des phénomènes physiques le mieux et le plus universellement constatés; on l'a reconnu à la fois dans la vaste étendue de l'Océan et dans l'intérieur des terres, dans les plaines et à 2000 toises de hauteur, entre les tropiques et dans les zones tempérées des deux hémisphères. Avant d'offrir les résultats que l'on peut tirer des nombreuses observations consignées dans les tableaux qui précèdent, je vais rappeler succinctement et dans un ordre chronologique, les diverses tentatives des physiciens pour constater la régularité des variations horaires du baromètre.

En 1682, MM. Varin, des Hayes et de Glos[1] remarquèrent, dans un voyage fait par ordre du Roi, au Cap Verd et aux îles de l'Amérique, « qu'à Gorée, le baromètre est généralement plus bas quand le thermomètre est le plus haut, et généralement plus haut la nuit que le jour de 2 à 4 lignes, et que cet instrument fait plus de changement du matin jusqu'au soir que du soir au matin. »

[1] *Mém. de l'Acad.* Tom. VII, p. 452.

CHAPITRE XXVI.

C'est à ce même aperçu vague et peu exact[1], sur l'ascension du baromètre dans les heures les moins chaudes du jour, que se réduisent aussi les observations du père de Bèze[2], cité à tort par quelques physiciens, comme ayant découvert, en 1690, à Pondichéry et à Batavia, la régularité des variations horaires sous les tropiques. Le père de Bèze se contente de rapporter « qu'il est de l'avis d'un de ses amis qui croit que la hauteur du baromètre, si constante dans les régions équinoxiales, pourroit servir aux différens peuples de la terre, d'une mesure commune très-sûre et toujours aisée à retrouver. » On pourroit être surpris que Richer, que l'académie avoit chargé, en 1671, d'examiner si la hauteur barométrique (moyenne) étoit la même à Cayenne et à Paris, n'ait point fixé son attention sur les variations horaires[3].

C'est en 1722 que ce phénomène des variations horaires a été observé pour la pre-

---

[1] Le baromètre et le thermomètre montent à la fois depuis le lever du soleil à 9^h du matin.

[2] *L. c.*, p. 839.

[3] *L. c.*, p. 323.

mière fois, et assez complétement, dans les marées du jour et de la nuit, par un physicien hollandois dont le nom n'est point parvenu jusqu'à nous. Il est dit, dans le *Journal littéraire de la Haye :* « Le mercure monte [1], dans cette partie de la Guyane hollandoise, tous les jours régulièrement depuis 9^h du matin jusqu'à environ $11^h \frac{1}{2}$; après quoi il descend jusque vers les 2 ou 3 heures du soir, et ensuite il revient à sa première hauteur. Il fait

[1] *Voyez*, extrait d'une lettre de Surinam, dans la *série de l'année* 1722, p. 234. Les observations qu'offre cette lettre prouvent que l'auteur s'étoit occupé à déterminer les *hauteurs moyennes* du baromètre à la Haye et à Surinam. Il croit la première, d'après un relevé de six ans, de 336,1 lignes; la seconde, de 336,5 lignes (sans correction de température). Il fait aussi connoître une régularité très-remarquable dans les heures où commencent les pluies dans la Guyane Hollandoise. « Dans la saison humide, dit-il, les pluies commencent d'abord entre 9 et 10 heures du matin, et continuent tous les jours jusques entre 3 et 4 heures après midi ; ensuite elles commencent vers les 11 heures ou midi; puis vers 1 ou 2 heures, et enfin vers les 3 ou 4 heures après midi; après quoi elles cessent tout-à-fait. Il pleut très-rarement la nuit ; à la pointe du jour, l'air est serein dans toutes les saisons.

à peu près les mêmes variations aux mêmes heures de la nuit; la variation n'est que d'environ ½ ligne ou ¾ de ligne, tout au plus une ligne entière. On désire que les philosophes d'Europe fassent leurs conjectures là-dessus. » Les observations que j'ai faites, 77 ans plus tard, près de ces mêmes côtes de Surinam, sur les bords de l'Orénoque, ont confirmé, à l'exception de l'heure du *maximum* du matin, la précision du premier aperçu des périodes: elles prouvent aussi que le voyageur hollandois avoit veillé plusieurs nuits pour déterminer le *minimum* qui précède le lever du soleil de deux à trois heures. Quant aux conjectures des philosophes d'Europe que le correspondant de Surinam désire connoître, on ne peut pas, jusqu'à ce jour, en offrir de bien satisfaisantes.

Depuis 1740 jusqu'en 1750, le père Boudier [1] avoit observé le baromètre à Chandernagor, dans l'Inde. Il remarque, dans le journal manuscrit conservé parmi les papiers de M. de l'Isle, « que la plus grande élévation du

---

Voyez *Cotte, Traité de Météorologie*, p. 343. *B. Mémoires sur la Météorologie*, Tom. II, p. 302.

mercure a lieu tous les jours vers les neuf ou dix heures du matin, et la moindre élévation vers trois ou quatre heures du soir, et que, depuis le grand nombre d'années que le baromètre est en place à Chandernagor, il n'y a pas 8 ou 10 jours où cette marche uniforme du mercure n'ait pas été observée. Cependant Chandernagor se trouve situé presque à l'extrémité de la région équinoxiale, par les 22° 51′ de latitude nord.

Les académiciens envoyés à Quito, en 1735, n'avoient, en quittant l'Europe, aucune connoissance des observations faites à Surinam, sur la régularité des marées astmosphériques; MM. Bouguer et de la Condamine attribuent la découverte de cette régularité à un de leurs collaborateurs, M. Godin. « Je fis aussi, dans cette année de 1741, dit la Condamine[1], quel-

---

[1] *Voyage à l'équateur*, p. 50 et 109. Bouguer, qui s'énonce avec la même brièveté sur l'observation de Godin, ajoute que les variations du baromètre sont, sous l'équateur, de $2\frac{1}{2}$ à 3 lignes au bord de la mer, et d'environ d'une ligne à Quito. (*Figure de la terre*, p. xxxix.) On voit, par l'ouvrage de Thibault de Chanvalon, que les manuscrits de Bouguer renfermoient un grand nombre d'observations horaires inédites. *Voyage à la Martinique*, p. 135 (22).

ques observations de baromètre, d'abord avec M. Godin, et puis seul, pour confirmer la remarque de M. Godin qui s'étoit aperçu le premier de plusieurs variations journalières et périodiques. Je trouvai que, vers les neuf heures du matin, le baromètre étoit à sa plus grande hauteur, et vers trois heures après midi à la moindre : la différence moyenne étoit (à Quito) de $1\frac{1}{4}$ de ligne. » Dans la *Relation du Voyage à l'Amazone*, M. de la Condamine revient encore sur le même sujet. « M. Godin, dit-il, a remarqué que les variations du baromètre ont (sous la zone équinoxiale) des alternatives très-régulières : il suffit, par conséquent, d'une seule expérience pour juger de la hauteur barométrique moyenne [1]. »

En 1751, un physicien, dont la sagacité et le rare mérite n'ont pas été suffisamment appréciés de ses contemporains, M. Thibault de

---

[1] *Voyage à la Riv. des Amaz.*, p. 23. C'est sur une observation analogue que se fonde la table que j'ai donnée pour les variations horaires appliquées aux calculs de la hauteur des lieux dans mon *Recueil d'Obs. astr.*, Tom. 1, p. 289.

Chanvalon [1], réduisit le premier, en tableaux, les observations horaires qu'il avoit faites aux îles Antilles. « Le baromètre, dit-il dans un ouvrage qui n'a été publié qu'en 1761, est entièrement inutile à la Martinique pour indiquer les variations du temps, mais il offre une singularité qui mérite d'être suivie dans tous ses détails. Elle avoit déjà été aperçue par un observateur à Surinam ; mais, soit qu'à cause du peu de confiance qu'inspirent généralement les voyageurs, on aimât mieux douter d'un phénomène que de l'approfondir, soit qu'il faille quelque célébrité pour accréditer des faits extraordinaires, la vérité fut comme étouffée dès qu'on la présentoit au public. On pourroit dire que la régularité des variations horaires étoit ignorée jusqu'au voyage de M. Godin à Quito. Peu de temps après mon arrivée à la Martinique, j'aperçus que le baromètre montoit insensiblement pendant toute la matinée ; qu'ensuite, après avoir été quelque temps sans mouvement, il commençoit à baisser jusqu'au soleil couchant. Alors, après avoir été encore quelque temps stationnaire,

[2] *Voyage à la Martinique*, p. 135 (20, 21, 25).

il remontoit, aux approches de la nuit, jusqu'à dix heures du soir. Les révolutions les plus considérables dans l'atmosphère n'altèrent point cette marche périodique du baromètre qui coïncide avec celle des variations horaires de la déclinaison magnétique. Au milieu des pluies les plus abondantes, des vents et des orages, le mercure monte ou descend, si c'est son heure de monter ou de descendre, comme si tout étoit tranquille dans l'air. La même variation a lieu au Sénégal; car M. Adanson, à qui j'en ai fait part dès mon arrivée en France, l'a pareillement vérifiée par une longue série d'observations qu'il a fait faire en Afrique par un de ses amis auquel il avoit envoyé un baromètre. »

Depuis l'année 1761, le docteur Mutis, qui cultivoit avec succès toutes les branches des sciences physiques, observa, avec la plus grande assiduité et pendant quarante années successives, à Santa-Fe de Bogota, les marées atmosphériques. Il fixa surtout avec précision l'époque du *minimum* [1] qui précède le lever du

---

[1] *Papel per de Santa-Fe de Bogota, para 7 feb.* 1794, p. 128; et *Semanario de el Nuevo Reyno de Gran*, Tom. I, p. 55, 128.

soleil. Malheureusement cette grande masse d'observations, que leur auteur cacha avec trop de soin pendant sa vie, n'a pas été publiée après sa mort. M. Mutis, dans la Nouvelle-Grenade, Alzate et Gama, au Mexique, sont les premiers physiciens qui aient examiné le phénomène des variations horaires sur le dos des Cordillères, à 1200 et 1400 toises de hauteur au-dessus du niveau de la mer. Le père Alzate parle des heures du *maximum* et du *minimum* dans l'introduction d'un mémoire assez rare qui porte le titre d'*Observaciones meteorologicas de los ultimos nueve meses de el año* 1769. Ce sont ces variations horaires observées à Mexico que Cotte regarda d'abord comme dues à l'imperfection des instrumens; mais, dès l'année 1784, par conséquent bien avant qu'il pût avoir connoissance du travail de Lamanon, il reconnut [1] sa première erreur, en attribuant le phénomène, qu'il croit même observer en Europe, à une cause qui a quelques rapports avec les marées atmosphériques occasionnées par la lune.

Ni les observations de Thibault de Chan-

---

[1] *Mémoires de Météorologie*, Tom. II, p. 304.

valon (1751) ni le petit nombre de celles publiées par Alzate (1769) correspondoient aux *heures tropiques*, c'est-à-dire aux époques où le baromètre est arrivé aux sommets convexe ou concave de la courbe de ses variations diurnes : c'est dans le voyage de la Pérouse, que MM. de Lamanon et Mongès firent, en 1785, d'heure en heure, les premières observations continues pendant trois jours et trois nuits. Ces savans se trouvoient alors au milieu des mers, dans l'Océan-Atlantique, entre les parallèles de 1° lat. nord et 1° lat. sud [1].

Le travail de Lamanon est antérieur de huit années à celui qui fut entrepris, à Calcutta, par MM. Trail, Farquhar, Pearce et Balfour; mais comme les résultats de ce dernier furent insérés dans le 4ᵉ vol. des *Asiatic Researches*, publiés à Calcutta, en 1795, tandis que le Voyage de l'infortuné La Pérouse ne parut qu'en 1797, les observations de l'Inde acquirent plus de célébrité en Europe. C'étoient aussi les seules par lesquelles, lors de mon départ pour l'Amérique, j'avois appris à connoître la régularité des mouvemens horaires du baromètre. Des idées trop systématiques,

[1] *Voyage de la Pérouse*, 1797, Tom. IV, p. 257-264.

sur la périodicité de toutes les maladies sous la zone torride et sur l'influence de la lune dans les mouvemens vitaux, avoient fixé, dans les Antilles et à Calcutta, l'attention de quelques médecins anglois sur les variations du poids de l'atmosphère. Le docteur Moseley [1] parle des changemens horaires dans son *Treatise on tropical diseases* (1792, p. 3, 550 et 556), et le docteur Balfour, qui n'avoit pas moins de foi dans l'influence lunaire et solaire sur les fièvres que les médecins de la Jamaïque, eut la patience d'observer le baromètre à Calcutta, pendant une lunaison entière (en 1794), de demi-heure en demi-heure.

[1] « Le baromètre, dit Moseley, offre un phénomène, dans les Antilles angloises et dans d'autres régions des tropiques, qui n'est point encore vérifié dans la zone tempérée : le mercure a deux mouvemens par jour, un de descente et l'autre d'ascension. Ils correspondent à la marche diurne du soleil. Le mercure monte selon que le soleil approche du zénith et du nadir ; il descend selon que l'astre s'éloigne de ces points. » Cette coïncidence n'est pas rigoureusement vraie. L'auteur auroit pu observer que les *maxima* précèdent de 1 à 3 heures le passage du soleil par le zénith et le nadir, et que les *minima* succèdent à ces passages d'un égal nombre d'heures.

J'ai commencé la série de mes observations sur les variations du poids de l'atmosphère, conjointement avec M. Bonpland, le 18 juillet 1799, deux jours après notre arrivée à Cumana, et je les ai continuées pendant cinq ans avec le plus grand soin, depuis les 12° de latitude australe jusqu'aux 23° de latitude boréale, dans les plaines et sur des plateaux dont la hauteur égale celle du Pic de Ténériffe. Depuis l'époque de mon voyage à l'équateur, ce phénomène a occupé presque tous les voyageurs et les physiciens munis d'instrumens propres à faire des observations précises. Je me bornerai à citer les observations de M. Horsburgh [1], pendant son séjour sur les côtes de la Chine et de l'Inde; du capitaine Kater, dans les hautes plaines du Mysore; de M. Ramond, en Auvergne; de MM. Langsdorf et Horner [2] qui, dans le voyage de Krusenstern, ont réuni plus de 1400 hauteurs baro-

---

[1] *Voyez* la lettre de ce savant navigateur, à Henry Cavendish, dans les *Phil. Trans.*, 2805, p. 178, et dans *Nicholson, Journ.*, 1806, Vol. XIII, n° 50, p. 16 et 56.

[2] *Mém. de l'Acad. de Pétersbourg*, 1809, Tom. I, p. 450-486.

métriques; de M. d'Eschwege, dans les missions des Indiens Coroatos et sur le plateau qui environne le presidio de S. Jaoô Baptista au Brésil [1]; de M. Arago, en Espagne et en France [2]; de M. de Freycinet, à Rio Janeiro et dans la Mer du Sud; de M. Simonoff [3], astronome du voyage de Bilinghausen, qui, pendant les années 1820 et 1821, a observé lui seul, d'heure en heure, plus de 4300 hauteurs barométriques dans l'hémisphère austral, entre les 10° et 30° de latitude; du capitaine Sabine, sur les côtes occidentales de l'Afrique; de MM. Boussingault et Rivero, à La Guayra et dans les Cordillères de Colombia; de M. Duperrey, commandant la corvette françoise *la Coquille*, qui, dans son voyage autour du monde, a touché à Payta, sur les côtes du Pé-

---

[1] *Journal von Brasilien*, Tom. I, p. 174; Tom. II, p. 142.

[2] *Voyez* les résumés d'observations météorologiques que ce savant physicien donne à la fin de chaque année dans les *Annales de Chimie et de Physique*, depuis l'année 1816.

[3] *Iwan Simonoff, Beschreibung der Billinghausischen Entdekkungsreise in das südliche Eismer*, 1824, p. 33.

rou. Dans l'état actuel des sciences physiques, il ne s'agit plus de constater, par de nouvelles observations, l'existence d'un phénomène si généralement reconnu : nous engagerons plutôt les voyageurs qui, pendant leurs courses dans l'intérieur d'un continent, ne peuvent suivre la marche des variations diurnes, de demi-heure en demi-heure, pendant plusieurs lunaisons, à diriger successivement leur attention sur les circonstances particulières qui accompagnent ou modifient les marées atmosphériques. Avant de remonter aux causes premières, il faut établir des lois empiriques. Ces lois embrassent la continuité (le manque de toute interruption irrégulière) dans les mouvemens d'ascension ou d'abaissement; les heures limites ou époques des *maxima* et des *minima*; la durée du temps où le baromètre est stationnaire en apparence; l'étendue moyenne des variations horaires sous différentes latitudes et à diverses hauteurs; l'influence des saisons ou des phases de la lune sur les heures tropiques et sur l'étendue des variations. L'observateur qui voudroit éclaircir à la fois, dans un lieu quelconque de la terre, toutes les parties d'un phénomène si compliqué, auroit (même sous les tropiques où des moyennes tirées d'un très-petit nombre de données offrent des résultats suffisamment exacts) à renoncer à toute autre espèce d'occupation. Lorsqu'il s'agit de démêler la période et l'étendue de petits accroissemens ou décroissemens successifs, l'observation [1] doit être pour ainsi dire continue (*observatio perpetua*). Il en est des variations horaires du baromètre comme de celles de la déclinaison magnétique; et l'astronomie célèbre [2] qui, seul sur le continent de l'Europe, suit ces dernières en mesurant journellement, pendant plusieurs heures, l'amplitude des élongations de l'aiguille aimantée, nous dira, en publiant ces précieuses observations, quelle patience et quelle longue assi-

---

[1] J'ai fait, à Berlin (pendant le solstice d'été, l'équinoxe d'automne et le solstice d'hiver de 1806, comme pendant l'équinoxe du printemps et le solstice d'été de 1807), avec une lunette aimantée de Prony, conjointement avec M. Oltmanns, pendant 29 jours et 29 nuits, de demi en demi-heure, de ces *observations continues* sur les variations horaires de la déclinaison magnétique. Les limites des erreurs étoient 6' à 8' en arc.

[2] M. Arago.

duité exige ce genre de travail. Je conseillerois au voyageur qui arrive sous les tropiques de constater d'abord en observant, pendant un jour et une nuit sans discontinuer, si les *époques des limites* sont effectivement dans le lieu où il veut établir son séjour, 21^h-22^h; 4^h-5^h; 10^h-11^h; 15^h-16^h. Ce travail préalable lui fera connoître les époques du jour et de la nuit auxquelles il doit se trouver près de l'instrument pour s'occuper des différentes parties du problême des variations horaires; par exemple, pour examiner, en observant de 10 à 10 minutes, si le *maximum* est atteint à 9^h ou à $9^h\frac{1}{4}$ du matin; si le mercure reste stationnaire et combien de temps dure cet état; si les marées de la nuit sont moins fortes que celles du jour, etc.

I. *Continuité des mouvemens.* Ce qui frappe au premier abord dans le phénomène des variations barométriques entre les tropiques, c'est la non interruption du mouvement ascendant ou descendant. Soient les époques où le mercure atteint, pendant 24 heures, le *maximum* et le *minimum*, m, n, m' et n', la direction du mouvement reste constamment la même de *m* à *n* et de *m'* à *n'*, quelles que soient, dans différens endroits de la terre, les heures auxquelles correspondent les sommets concaves ou convexes de la courbe des variations diurnes. Sur des milliers d'observations américaines, on trouve à peine une ou deux exceptions aux lois que j'ai reconnues. Accoutumé à une régularité non interrompue, l'observateur est tellement frappé des moindres anomalies, qu'il est le plus souvent tenté de les attribuer à quelque négligence dans l'observation ou au manque de perpendicularité de l'instrument [1]. C'est à cause de cette continuité des mouvemens, qu'à Cumana, par exemple, un seul jour et une seule nuit suffisent pour reconnoître le type de la marche du baromètre, tandis qu'en Europe, il faut prendre des moyennes, non d'une décade, mais (comme nous l'exposerons bientôt) pour le moins de 20 à 30 jours.

II. *Époques des maxima et des minima. Durée de l'état stationnaire.* Il y a quelque chose de vague dans la manière d'indiquer les époques

---

[1] *Voyez* plus haut, dans les observations de Cumana, les 24 et 30 août, p. 236.

CHAPITRE XXVI.

des limites. Il faut déterminer à la fois le moment où la hauteur du mercure atteint son *minimum* et ne change plus sensiblement, et le moment où le mercure commence de nouveau à monter. Il arrive, comme dans toutes les grandeurs susceptibles d'un *maximum* et d'un *minimum*, que l'accroissement et la diminution des marées de l'atmosphère et de l'Océan, près des limites extrêmes[1], sont proportionnelles aux carrés des temps écoulés depuis les époques des *maxima* et des *minima*. Le baromètre reste par conséquent stationnaire en apparence, avant que son mouvement devienne rétrograde. Cet état stationnaire dure plus ou moins long-temps, comme l'état du flux dans la *mer étale*. Si, par exemple, à Calcutta, les hauteurs observées ont été :

à 2ʰ 0′	29,97 (mesure angl.)
2ʰ 30′	29,97
3ʰ 0′	29,96
4ʰ 0′	29,96
6ʰ 0′	29,96
6ʰ 30′	29,96
7ʰ 0′	29,97
7ʰ 30′	29,98,

[1] *Laplace, Système du monde*, 1813, p. 84.

on peut ou dire que le baromètre a atteint son *minimum* à 3^h, qu'il s'est soutenu à la même hauteur jusqu'à $6^h 3o'$, et que dès-lors il a commencé à remonter; ou l'on peut (ce qui théoriquement est plus exact, en supposant des changemens inaperçus pour nos sens et également rapides des deux côtés du sommet) indiquer $\dfrac{3^h + 6^h\frac{1}{2}}{2} = 4^h 45'$, comme la vraie époque du *minimum*. Une longue expérience m'a appris qu'il y a souvent plus de régularité dans la période, quant aux heures du *maximum* et du *minimum* apparens, que dans la durée de l'état stationnaire. Le *minimum* apparent étoit atteint, par exemple, dans l'Amérique méridionale, très-uniformément, pendant des mois entiers, à 4^h ou $4^h 15'$ après midi; mais, dans la même saison, le baromètre remontoit visiblement, tantôt depuis 5^h, tantôt depuis $6^h \frac{1}{2}$. C'est pour cette raison que, dans mes tableaux, je place les signes du *maximum* et du *minimum* (+ et —) près des heures auxquelles le mercure paroît avoir atteint les sommets concaves ou convexes de la courbe. Il m'auroit même été impossible d'énoncer, par la *demi-somme des hauteurs égales*, le moment qui correspond théoriquement au vrai sommet, mes occupations ne m'ayant permis, pour découvrir l'étendue des variations, que d'observer aux heures où le baromètre atteint le *maximum* ou le *minimum apparens*. D'après cette remarque, l'assertion de M. Balfour, que le mercure offre une tendance constante (*prevailing tendency*) à descendre depuis 10^h du matin jusqu'à 6^h du soir, est un peu vague, parce que les temps où le mercure continue à conserver son *maximum* et son *minimum* de hauteur sont compris dans l'intervalle énoncé. La tendance que montre le mercure vers la descente, ou, pour mieux dire, l'intervalle entre le *maximum* du matin et le *minimum* de l'après midi, ne peut être déterminée qu'en connoissant avec précision la demi-durée des états stationnaires près des limites de 10^h et de 4^h.

Les observations publiées à Calcutta étant jusqu'à présent les seules qui soient faites pendant une lunaison entière, de demi-heure en demi-heure, elles m'ont servi à trouver la différence entre les *maxima vrais* et *apparens*. Voici, pour 27 jours, l'*instant tropique* et la durée de l'état stationnaire :

OBSERVATIONS DE CALCUTTA.

JOURS.	MAXIMA apparens.	MAXIMA vrais.	DURÉE.	JOURS.	MAXIMA apparens.	MAXIMA vrais.	DURÉE.
1	8ʰ 30'	8ʰ 45'	0ʰ 30'	15	10ʰ 0'	10ʰ 30'	1ʰ 0'
2	9ʰ 0'	10ʰ 0'	2ʰ 0'	16	8ʰ 0'	10ʰ 45'	5ʰ 30'
3	9ʰ 0'	10ʰ 30'	3ʰ 30'	17	9ʰ 0'	9ʰ 30'	1ʰ 0'
4	9ʰ 30'	9ʰ 45'	0ʰ 30'	18	8ʰ 0'	8ʰ 30'	1ʰ 0'
5	9ʰ 0'	10ʰ 30'	3ʰ 0'	19	9ʰ 0'	9ʰ 30'	1ʰ 0'
6	10ʰ 0'	10ʰ 15'	0ʰ 30'	20	10ʰ 0'	10ʰ 15'	0ʰ 30'
7	10ʰ 0'	10ʰ 15'	0ʰ 30'	21	11ʰ 30'	11ʰ 45'	0ʰ 30'
8	8ʰ 30'	9ʰ 0'	1ʰ 0'	22	9ʰ 0'	10ʰ 0'	2ʰ 0'
9	8ʰ 0'	9ʰ 30'	3ʰ 0'	23	10ʰ 0'	10ʰ 45'	1ʰ 30'
10	9ʰ 30'	10ʰ 15'	1ʰ 30'	24	10ʰ 30'	10ʰ 45'	0ʰ 30'
12	9ʰ 45'	9ʰ 45'	1ʰ 30'	25	10ʰ 0'	10ʰ 45'	1ʰ 30'
13	9ʰ 30'	10ʰ 30'	2ʰ 0'	26	9ʰ 0'	10ʰ 0'	2ʰ 0'
14	9ʰ 30'	10ʰ 30'	2ʰ 0'	27	8ʰ 30'	9ʰ 45'	2ʰ 30'

CHAPITRE XXVI.

Il résulte de ce tableau que, même dans des endroits où, près de l'extrémité de la zone équinoxiale, les variations horaires deviennent beaucoup moins régulières qu'à Cumaná, l'époque du *maximum* ne varie pas autant que la durée de l'état stationnaire. Nous trouvons, pour Calcutta :

moyenne du max. app............ 9^h $17'$
   du max. vrai............ 10^h $5'$
   de la durée............ 1^h $36'$

Or, les variations du *maximum apparent* se sont écartées de la moyenne, plus de 18 minutes de temps, 14 fois sur 26; tandis que le même écart de 18′ s'est présenté, dans la durée de l'état stationnaire, 19 fois. Les époques des *maxima* et *minima apparens* sont, à Calcutta, en employant les observations d'un mois entier : 9^h $15'$ du matin, 2^h $36'$ après midi, 9^h $32'$ du soir et 3^h $12'$ du matin. Les *maxima vrais*, c'est-à-dire les vraies époques des *maxima*, succèdent à peu près d'une heure aux *maxima apparens*.

Les époques des limites extrêmes, que nous avons appelées avec M. Ramond les heures *tropiques* [1], sont-elles les mêmes sur toute la terre? Dans l'état actuel de nos connoissances, cette question ne peut pas être complétement résolue. On ne connoît généralement que les époques *apparentes* et non les époques *vraies*, même les premières ne sont pas toujours indiquées avec une précision suffisante. Les voyageurs ont observé les *maxima* ou les *minima*, pour ainsi dire au hasard, tantôt au moment où les limites étoient atteintes, tantôt une heure plus tard, pendant que le baromètre se trouvoit dans un état stationnaire. Les observations nombreuses de M. Ramond prouvent que, sous la zone tempérée, par les 45° et 46° de latitude, les *heures tropiques* ou *heures limites* changent d'été en hiver, et que les deux points du *maximum* et du *minimum* diurne se rapprochent de midi à mesure que le froid se développe [2]. Nous ignorons encore

---

[1] *Wendestunden*, heures dans lesquelles le mouvement *retourne* sur lui-même, qu'il ne faut pas confondre avec les heures de l'*année tropique* ou *equinoxiale*.

[2] *Mém. de l'Inst.*, 1808, p. 103. (*Bibl. universelle*, février 1824, p. 93.)

si des changemens semblables ne précèdent pas, dans une partie de la zone torride (par exemple, à Quito et à Bombay), l'époque où, sous l'influence de circonstances locales, pendant la saison des pluies, on assure avoir vu entièrement disparoître le type régulier des variations horaires. C'est là un point qu'on ne sauroit assez recommander aux recherches des voyageurs. Je vais consigner ce que j'ai pu rassembler jusqu'ici de plus certain sur l'époque des *maxima* et des *minima*.

A. *Sous les tropiques ou près de leurs limites.* Une nouvelle révision de toutes les observations que j'ai faites au nord et au sud de l'équateur, dans l'Amérique espagnole, depuis 23° de latitude boréale jusqu'à 12° de latitude australe, soit dans les basses régions des steppes et des forêts, soit sur le dos des Cordillères où la température moyenne égale celle de l'Europe boréale, ne m'a point forcé de modifier les résultats que j'ai publiés dans le *Tableau physique des régions équatoriales*. Partout j'ai vu que le baromètre a atteint le *maximum* à 9^h ou $9^h\frac{1}{2}$ du matin; qu'il descend avec lenteur jusqu'à midi, mais rapidement de midi à $4^h\frac{1}{2}$; qu'il remonte de nouveau jusqu'à 11^h du soir, où il est un peu plus bas qu'à 9^h du matin; qu'il baisse lentement toute la nuit jusqu'à 4^h du matin, et qu'il remonte de nouveau jusqu'à 9^h. A Caracas, à Cumana et à Mexico, la durée de l'état stationnaire a été si courte que, pour le *maximum* du matin, par exemple, la moyenne de mes observations donne, *époque vraie*, $9^h\ 20'$; *époque apparente*, $9^h\ 5'$. J'ai passé un grand nombre de jours près de l'instrument aux heures tropiques, pour reconnoître si elles étoient plutôt 9^h que $9^h\frac{1}{4}$, plutôt 4^h que $4^h\frac{1}{2}$, et j'ai observé, comme je l'ai dit ailleurs, que, dans quelques endroits de la zone torride, le moment où la pression de l'air commence à diminuer est si marqué, qu'à un quart d'heure près, le baromètre indique le temps vrai. Lorsque la durée de l'état stationnaire près des limites est presque nulle, comme c'est le cas à Cumana, les changemens s'annoncent, dès que la limite est atteinte, par un changement dans la convexité de la colonne du mercure. Les variations paroissoient indépendantes de celles de la température et des saisons. Si le mercure étoit en baissant de 2^h à 4^h, s'il étoit en montant de 4^h à 11^h, un violent orage, un tremblement de terre, des averses, et les vents les plus impétueux n'altéroient pas sa marche : rien ne paroît la déterminer que le temps vrai ou la position du soleil. La régularité des variations étoit constante pendant la saison des pluies, soit dans les forêts épaisses de l'Atabapo, soit sur le plateau de Pasto (1600 toises) et du Mexique. Si la durée de l'état stationnaire se prolongeoit, c'étoit plus souvent à 4^h après midi et 4^h du matin qu'à 9^h du matin. A Lima, le *maximum* du soir oscilloit de $9^h \frac{1}{2}$ à $11^h \frac{1}{2}$. Les observations que j'ai faites à 4^h du matin sont malheureusement les moins nombreuses. Le seul endroit où, pendant le cours de mon voyage, j'ai remarqué une déviation notable, est la ville de Quito, située dans une vallée étroite, et adossée au volcan de Pichincha. Je n'ai pu observer dans cette vallée que pendant les mois de janvier, de février et de mars, où, par un temps extrêmement variable et pluvieux, le *maximum* étoit plutôt près de midi qu'à 9^h du matin, et où le baromètre continuoit à descendre sans interruption de midi à minuit. Si, au pied du Pichincha, les variations étoient également irrégulières pendant toute l'année, le type de ces variations n'y auroit probablement pas été reconnu par M. Godin. Je regrette beaucoup de n'avoir pas veillé assez de nuits à Quito pour pouvoir juger des marées nocturnes; mais les observations très-récentes que M. Duperrey, commandant la corvette françoise *la Coquille*, a recueillies dans un voyage autour du monde, nous prouvent qu'au sud-ouest de Pichincha, au port de Payta (lat. 5° 5′ sud), les *époques des limites* sont très-régulièrement au mois de mars : 9^h du matin, 3^h après midi, 11^h du soir et 3^h après minuit. Ce résultat est tiré d'une belle série d'observations faites de 15 à 15 minutes pendant 6 jours et 6 nuits avec un baromètre de Fortin. Le tableau suivant, indiquant des centièmes de millimètres et les degrés du thermomètre centésimal, est extrait d'un journal manuscrit qui m'a été obligeamment communiqué par M. Arago.

CHAPITRE XXVI.

Observations de Payta, en 1823.

JOURS.	HEURES.	BAROMÈTRE.	THERMOMÈTRE.
12 mars.	6	762.20	25°.0
	7	762.40	25°.3
	8	762.40	25°.9
	8 ½	762.70	26°.7
+	8 ¾	762.80	26°.7
	9	762.70	27°.2
	10	762.50	26°.8
	11	762.10	26°.9
	midi.	761.50	28°.2
	2	759.80	28°.7
—	3	759.20	29°.1
	4	759.20	28°.8
	5 ¾	759.20	27°.6
	6	759.30	27°.7
	9	761.40	26°.9
	10	762.30	26°.7
	10 ¾	762.30	26°.3
+	11	762.40	26°.2
	11 ¾	762.20	26°.1
	minuit.	762.30	26°.0
13 mars.	1	761.30	25°.8
	2	761.10	25°.5
—	2 ¾	760.70	25°.3
	3	760.80	25°.3
	4	761.20	25°.3
	5	761.50	25°.6
+	9 ¾	762.30	27°.0
	10	762.20	26°.8
	midi.	761.20	29°.5
—	2 ¾	759.80	30°.9
	4	759.80	30°.5
	5	760.00	30°.4
	10	761.60	27°.3
+	11	762.50	27°.4
	minuit.	762.80	26°.4

En comparant les heures des *maxima* et des *minima* dans différentes zones, il ne faut pas confondre des observations faites dans des circonstances entièrement différentes ; il faut distinguer les lieux où, pendant toute l'année, dans le temps des sécheresses comme dans le temps des pluies, le baromètre offre une marche périodique régulière, et les lieux où, pendant la saison des pluies et des *moussons*, cette marche est interrompue ou rendue insensible. D'après Thibault de Chanvalon, l'influence de ces causes ne s'observe pas [1] à la Martinique ; je ne l'ai remarqué, sur le continent de l'Amérique espagnole, qu'à Quito, dans le mois d'avril, et à la Vera-Cruz, lorsque le vent du nord souffle avec le plus de violence. Le docteur Cassan assure avoir trouvé beaucoup d'irrégularité à l'île Sainte-Lucie, au sud de la Martinique. « Nous avons, dit-il [2], observé avec beaucoup de soin cette fameuse variation du baromètre, qui est indépendante de la constitution apparente de l'atmosphère, et qui a été célébrée par Godin

---

[1] *Voyez* à la Martinique, p. 135 (25).
[2] *Journ. de phys.*, 1790. Tom. 36, p. 268.

et Chanvalon. Le mouvement périodique d'ascension et d'abaissement se fait sans doute deux fois dans les 24 heures; mais l'heure de ce mouvement m'a paru beaucoup moins réglée qu'on l'assure. » Cette assertion du docteur Cassan perd de son importance, si l'on se rappelle le peu de précision que ce physicien met généralement dans ses travaux. Il n'admet pas seulement que les mouvemens du mercure, dans leur irrégularité même, correspondent parfaitement aux mouvemens de l'Océan sur la côte occidentale de Sainte-Lucie; il prétend aussi « que les formules barométriques dont on se sert en Europe ne peuvent être appliquées à la mesure de la hauteur des montagnes situées sous les tropiques. » Le peu d'observations qu'on a publiées jusqu'ici sur les variations horaires à l'île de Saint-Domingue [1], pourroit faire soupçonner des inégalités qui ne disparoîtroient que dans l'emploi des moyennes; mais il est à craindre que

---

[1] Chanvalon donne pour les heures limites: $+ 22^h$; $- 6^a$; $+ 10^h$. Moreau de Saint-Méry: $+ 23^h$; $- 3^h$. M. Moreau de Jonnès: $+ 21^h$; $- 2^h$; $+ 7^h$; $- 13^h$. (*Hist. phys. des Ant. franç.*, Tom. I, p. 417).

les voyageurs, en n'observant pas d'heure en heure, aient confondu soit les différentes époques de l'état stationnaire du baromètre, soit les effets de la saison des pluies et de celle des sécheresses. Dans l'Inde, un observateur qui mérite la plus haute confiance, M. Horsburgh, a fait des remarques extrêmement curieuses sur les circonstances climatériques et locales qui masquent ou altèrent, même quelquefois dans la zone torride, le type des marées atmosphériques. Il a vu qu'à Bombay les pluies interrompent entièrement la période, mais qu'on observe une tendance à la régularité, chaque fois que, pour quelques heures seulement, le temps commence à s'éclaircir. Dans la même saison et à la même latitude, les marées atmosphériques sont très-sensibles en pleine mer, tandis que sur les côtes la périodicité disparoît [1]. Il y a plus encore : M. Horsburgh a vu que les hautes terres qui bordent le détroit de Sincapore (passe de très-peu de largeur) suffisent pour masquer la régularité des variations horaires.

On peut être surpris de voir qu'au pied des

---

[1] *Nicholsen*, *Journ.*, Vol. XIII, p. 20.

Cordillères de Venezuela, de la Nouvelle-Grenade, de Quito et du Mexique (à Cumana, à La Guayra, à Calabozo, à Guayaquil, à Payta, à Lima, et à la Vera-Cruz), les variations atteignent leurs limites extrêmes aux mêmes heures que dans les hautes vallées et les plateaux de Caracas, de Santa-Fe de Bogota et de Popayan (entre 500 et 1400 toises), tandis que dans l'Inde la configuration des terres modifie le phénomène des marées atmosphériques d'une manière très-frappante. Cette différence entre l'Amérique et une petite partie de l'Asie équinoxiale paroît due à des circonstances climatériques : presque partout, entre les tropiques, un même vent (ENE. ou ESE.) amène des couches d'air qui ont la même température; mais, dans l'Inde, des *moussons* variables occasionnent des refoulemens extraordinaires contre les parties élevées des terres. Les effets des refoulemens ne se font pas sentir loin des côtes; car, au large, M. Horsburgh a trouvé, dans ces mêmes parages de l'Inde et de la Chine, une périodicité barométrique non interrompue dans toutes les saisons. C'est surtout en étudiant la position des lieux où les déviations du type se manifestent, qu'on parviendra à éclaircir la cause qui produit la régularité des marées atmosphériques.

Depuis mon départ de Lima, le professeur Don Hipolito Unanue et le capitaine américain Samuel Curson ont trouvé, sur toute la côte du Pérou et du Chili, les mêmes heures du *maximum* et du *minimum* qu'indiquent les tableaux qui précèdent (*Voy*. ci-dessus, p. 348. et 349) : mais M. Unanue me mande « que ces heures semblent changer lorsqu'on monte sur les Cordillères du Pérou; et que ce retard, dans les époques des limites extrêmes, lui paroît dû aux vents qui soufflent différemment sur les côtes de l'Océan pacifique et dans les vallées étroites des Andes. » Je ne révoque pas en doute la possibilité de ces changemens d'époques; mais, jusqu'à ce jour, aucun physicien n'a encore publié une série d'observations qui l'indiquât d'une manière régulière. Il s'agit de savoir si les vents et les pluies (comme c'est le cas pendant une partie de l'année à Bombay et à Canton) dérangent la marche du baromètre, de manière qu'aucun type de régularité puisse y être reconnu, ou si (ce qui est très-différent) il existe des lieux de la zone équatoriale où l'on remarque, soit toujours, soit dans une seule saison, des marées atmosphériques dont les époques des *minima* et des *maxima* s'écartent régulièrement (de plus de 2 heures, par exemple) des époques de 4^h et 9^h du matin, et de 4^h et $10^h \frac{1}{2}$ du soir? L'on verra, par l'inspection du tableau placé à la fin de ce mémoire, que, dans les seuls endroits de la terre sur lesquels on a des observations assez nombreuses pour offrir avec précision les heures où les variations atteignent les limites extrêmes, près de trente observateurs ont trouvé une concordance frappante [1] dans le retour des mêmes époques.

Souvent des lieux, que trop légèrement on avoit dits sans régularité dans la périodicité des marées atmosphériques, ont été reconnus, d'après un examen plus mûr, comme offrant la plus grande régularité dans les époques des *maxima* et des *minima*. M. d'Eschwege avoit trouvé ces époques toutes semblables à celles

---

[1] Un excellent observateur, M. Colebrooke, a affirmé très-récemment encore que, même dans l'intérieur de l'Inde, dans la plupart des lieux, la périodicité est manifeste et indépendante des variations de température, et des saisons de l'année. *Asiat. Res.*, Vol. XII p. 266.

de Cumana, dans la partie basse et chaude du Brésil, qui est limitée par les deux chaînons de l'Espinhaço et du littoral [1], par exemple à San Joaô Baptista, dans les missions des Indiens Caroatos : au contraire, à Villarica et à Rio Janeiro, le type paroissoit masqué par des causes perturbatrices. Nous savons aujourd'hui que cette assertion mérite quelque restriction pour Rio Janeiro : M. de Freycinet, qui a relâché dans ce port pendant son dernier voyage autour du monde, y a trouvé, au mois d'août, par conséquent par un temps peu serein, la plus grande régularité des variations horaires [2].

---

[1] *Voyez* plus haut, p. 169.

[2] Baromètre de Fortin. Les hauteurs sont réduites à zéro de température. Si l'on vouloit qu'elles fussent corrigées de la capillarité et de l'erreur du niveau, il faudroit y ajouter encore $0^{mm},922$.

CHAPITRE XXVI.

OBSERVATIONS DE RIO-JANEIRO, EN 1820.

HEURES des OBSERVATIONS.	HAUTEURS DU BAROMÈTRE en centièmes de millimètre.	HEURES des OBSERVATIONS.	HAUTEURS DU BAROMÈTRE en centièmes de millimètre.
11........	+766,71	23........	766,65
minuit....	766,77	midi......	765,96
13........	766,59	1.........	765,76
14........	766,15	2.........	766,04
15........	−765,65	3.........	764,28
16........	765,67	4.........	764,49
17........	765,78	5.........	764,46
18........	766,00	6.........	765,33
19........	766,35	7.........	764,69
20........	766,49	8.........	766,38
21........	+766,91	9.........	766,55
22........	766,96	10........	

Ces résultats sont même confirmés par des observations plus anciennes que celles de Lamanon. M. Sanchez Dorta a publié, dans le premier volume des *Mémoires de l'Académie de Lisbonne*, dans le plus grand détail, les hauteurs barométriques observées à Rio Janeiro à trois époques du jour (le matin, à midi et le soir) pendant toute l'année de 1785. On trouve à peine 2 ou 3 jours par mois où, dans ce tableau de plus de mille observations [1], on remarque quelque irrégularité; mais comme les heures indiquées ne sont pas précisément celles des limites extrêmes, il vaut mieux avoir recours au tableau dans lequel M. Dorta donne pour chaque mois les moyennes des heures, 18^h, 20^h, 22^h, 24^h, 2^h, 4^h, 6^h, 10^h.

---

[1] *Mem. da Academia Real das sciencias*, 1799, Vol. I, p. 397. Le baromètre étoit de la construction de M. de Magalhâes.

CHAPITRE XXVI.

OBSERVATIONS DE RIO JANEIRO, EN 1785.

MOIS.	6ʰ du matin.	8ʰ du matin	10ʰ du matin.	midi.	2ʰ ap. midi.	4ʰ ap. midi.	6ʰ du soir.	10ʰ du soir.	TEMP. MOYENNE. FAHR.	
									à 10ʰ du matin.	à 4ʰ ap. midi.
Janvier.	1.83	2.10	2.22	1.96	1.63	1.26	1.65	2.30	81.1	83.6
Février..	1.62	1.87	2.12	1.86	1.67	1.30	1.61	2.15	79.4	81.9
Mars....	2.57	2.93	3.18	2.88	2.54	2.28	2.59	3.00	76.1	77.4
Juillet..	4.02	4.31	4.65	4.30	3.93	3.69	3.98	4.44	66.7	70.4
Août....	4.48	4.74	5.06	4.68	4.40	4.18	4.43	4.73	71.2	74.7
Sept.....	3.68	3.98	4.22	3.89	3.49	3.33	3.66	4.13	71.7	73.9

Les hauteurs barométriques[1] sont indiquées dans ce tableau en centièmes de lignes (ancienne mesure de pied de roi). Pour pouvoir les dégager de l'influence de la température, ou les réduire au point de la congélation, j'ai ajouté les températures moyennes des heures limites dans lesquelles le mercure atteint le *maximum* et le *minimum*. La marche périodique des variations horaires, à Rio Janeiro, est, comme partout où l'on peut prendre les moyennes d'observations bien faites, de la plus grande régularité. Il n'auroit d'ailleurs pas été extraordinaire de trouver, parmi 1095 observations partielles que M. Dorta a publiées pour l'année 1785, des anomalies plus nombreuses; car Rio Janeiro (lat. 22° 54′) se trouve, comme la Havane (lat. 23° 9′), Calcutta (lat. 22° 34′), Canton (lat. 23° 8′), et Macao (lat. 22° 12′), près de la limite de la zone torride, là où les influences perturbatrices de la zone tempérée commencent à se faire sentir.

Il faut ajouter à chaque hauteur 28 pouces, de sorte que la hauteur moyenne du baromètre à Rio Janeiro, à 10ʰ du matin, a été, au mois de juillet, de 28 ᵖᵒ 4 ˡⁱ. 65.

CHAPITRE XXVI.

Les doutes qu'on avoit jetés sur la régularité des variations horaires de la côte du Brésil se sont étendus, plus à l'est encore, sur un lieu situé à égale distance de l'équateur, dans l'hémisphère boréal, sur Macao. Une série d'observations très-précieuses [1], faites pendant trois ans par M. l'abbé Richenet, de la congrégation de Saint-Lazare, prouvent que, sur les côtes australes de la Chine, les marées atmosphériques présentent la constance la plus admirable, et qu'on reconnoît leur période, jour par jour, sans être obligé d'avoir recours à des moyennes. Je choisirai le mois le plus sec (janvier), dans lequel il n'y a pas eu un seul jour de pluie, et le mois le plus humide (juin), dans lequel vingt jours de pluie ont donné 732 millimètres d'eau [2].

[1] Ces observations inédites, dont je dois la communication aux bontés de M. le vicomte de Strathallan, qui a lui-même résidé long-temps à Canton et à Manille, ont été faites avec deux baromètres de construction angloise, avec un thermomètre à *maxima* de six, et avec un hygromètre de Saussure. Les hauteurs barométriques, en centièmes de pouce anglois, ne sont point corrigées par la température.

[2] Quantité d'eau tombée à Macao en 1814, en 154 jours de pluie, dont 36 accompagnés de tonnerre : 7 ^{pi}. 7 ^{po}. ,6, mesure angloise.

OBSERVATIONS DE MACAO, EN 1814.

JANVIER.	BAROMÈTRE.			THERMOMÈTRE.		JUIN.	BAROMÈTRE.			THERMOMÈTRE.	
	10ʰ du matin.	5ʰ du soir.	10ʰ du soir.	maxim. F.	minim. F.		10ʰ du matin.	5ʰ du soir.	10ʰ du soir.	maxim. F.	minim. F.
1	30.35	30.24	30.25	72	66	1	30.07	30.00	30.01	83	79
2	30.26	30.21	30.24	73	67	2	30.08	30.06	30.14	83	80
3	30.34	30.28	30.30	74	67	3	30.18	30.16	30.22	80	78
4	30.39	30.28	30.32	73	69	4	30.25	30.18	30.23	80	71
5	30.34	30.28	30.33	75	70	5	3e.12	30.11	30.11	82	77
27	30.32	30.27	30.30	71	65	26	29.89	29.79	29.84	84	82
28	30.35	30.32	30.34	70	67	27	29.83	29.82	29.85	81	78
29	30.41	30.52	30.53	72	67	28	29.87	29.83	29.88	83	78
30	30.29	30.18	30.19	72	68	29	29.84	.....	29.82	82	78
31	30.18	30.13	30.14	74	68	30	29.77	29.73	29.78	84	79

La régularité des variations qu'offre le tableau précédent, se retrouve dans plus de mille hauteurs que j'ai examinées avec beaucoup de soin sur les registres de M. l'abbé Richenet. Pendant le cours de toute l'année 1814, le thermomètre centigrade est descendu à Macao, en janvier, à 5° au-dessus du point de la congélation; il s'est élevé, à la fin d'août, à 30°,4. Il y a eu des tempêtes fréquentes et 36 jours d'orage; il est tombé plus de $2^m,316$ d'eau de pluie; et, au milieu de tant de changemens climatériques, je n'ai pas remarqué une seule période de 17 heures pendant laquelle la marche ascendante et descendante du baromètre (de 5^h du matin à 10^h, de 10^h à 5^h après midi, et de 5^h à 10^h du soir) eût été intervertie.

A l'est de Macao, dans la Mer du Sud, MM. de Langsdorf, Horner et Simonoff ont trouvé, par des moyennes tirées de 5700 observations horaires, des heures limites très-semblables; savoir : M. de Langsdorf, en prenant les moyennes pour les zones torrides boréale et australe : $+9^h\ 40'$ du matin; $-5^h\ 55'$ après midi; $+10^h\frac{1}{2}$ du soir; $-3^h\frac{1}{2}$ après minuit. M. Simonoff, en prenant des moyennes pour l'espace contenu entre les parallèles de 10°. et 30° de latitude australe : $+ 9^h\ 24'$ du matin ; $—3^h\ 24'$ après midi ; $+ 9^h\ 30'$ du soir ; et $— 3^h\ 18'$ après minuit. Dans la région équinoxiale de l'Océan atlantique, l'astronome russe a observé à peu près dans les mêmes parages que Lamanon ; mais comme ses observations ont été beaucoup plus nombreuses (s'étendant de 22° 55' lat. austr. à 26° de lat. bor., et correspondant à toutes les heures comprises dans 32 jours et 32 nuits), les résultats qu'il en tira me paroissent plus dignes de confiance. M. Simonoff s'arrête à $+ 9^h\ 39'$ du matin ; $—3^h\ 23'$ après midi ; $+ 9^h\ 47'$ du soir ; $— 3^h\ 25'$ après minuit. Ces époques des *maxima* et des *minima*, déterminées par des moyennes avec une précision extrême, et par l'observateur même, prouvent que, malgré une différence de 140° de longitude, les marées atmosphériques suivent les mêmes heures [1],

---

[1] Cette régularité ou correspondance des époques, à l'est et à l'ouest de l'Amérique, est sans doute bien frappante ; mais, pour dégager les *résultats atlantiques* de M. Simonoff de l'influence de la zone tempérée qu'il a parcourue de 24° à 26° lat. bor., j'ai calculé, sur les

à moins de 18 minutes près, dans les régions équinoxiales de la Mer du Sud et de l'Océan pacifique.

B. *Dans la zone tempérée.* Lorsque, dans le tableau physique des régions équatoriales [1], je tâchai de ramener l'attention des savans d'Europe vers l'étude des marées atmosphériques, j'osai prédire « que, dans les climats tempérés où les variations horaires du poids de l'air sont cachées sous une multitude de causes locales qui font monter et baisser irrégulièrement le baromètre, les moyennes, tirées d'un grand nombre d'observations faites d'heure en heure, prouveroient qu'à de hautes latitudes comme sous la zone torride, le mercure monte et descend à des époques déterminées. » Cette preuve, grâce au zèle des physiciens, a été complétement acquise. Nous suivrons les variations des tropiques vers les zones tempérées.

---

registres que ce savant a bien voulu me confier, les seules observations faites entre 8° 26′ lat. austr. et 8° 22′ lat. bor. Dans cette étendue de l'Atlantique, je trouve encore $+ 9^h$ 42′ du matin, — 3^h 30′ après midi; $+ 9^h$ 48′ du soir; — 3^h 2′ après minuit.

[1] *Voyez* mon *Essai sur la Géographie des plantes*, 1807, p. 94.

M. Simonoff a observé que les heures des *maxima* et des *minima* se manifestent dans les observations partielles et sans avoir recours aux moyennes, dans l'Océan pacifique, entre le tropique du capricorne et les 30° de latitude australe; dans l'Océan atlantique, entre le tropique du cancer et les 26° de latitude boréale. Si cette extension plus grande du *climat tropical*, dans l'hémisphère austral, est confirmée par d'autres voyageurs, elle se liera à plusieurs phénomènes qu'offrent la température, les vents alisés, et la végétation des plantes monocotylédones arborescentes. Aussi M. Horsburgh a trouvé, à l'est de l'Afrique, dans les mers de l'Inde et de la Chine, les variations plus régulières et plus grandes de 10° lat. bor. à 25° lat. austr. que de 10° à 20° au nord de l'équateur. M. Léopold de Buch, dans son voyage aux îles Canaries, a obtenu, par vingt jours d'observations barométriques à Las Palmas, dans la Gran Canaria, pour les limites extrêmes, 10^h et 11^h du matin, 4^h après midi et 11^h du soir [1]. M. Coutelle, pendant le cours des ob-

---

[1] *Einige Bemerkungen über das klima der Canarischen Inseln*, p. 9.

servations météorologiques dont il fut chargé au Kaire par l'Institut d'Égypte, en 1799, 1800 et 1801, ne connoissoit pas la périodicité des variations du baromètre entre les tropiques : mais un séjour de peu de semaines lui suffit pour trouver que, dans toutes les saisons, par 30° 3′ de latitude boréale, le mercure monte de 5^h ou $5^h\frac{1}{2}$ le matin jusqu'à 10^h et $10^h\frac{1}{2}$; qu'il descend régulièrement jusqu'à 5^h ou $5^h\frac{1}{2}$ après midi; qu'il remonte jusqu'à 10^h ou $10^h\frac{1}{2}$ du soir, et qu'il redescend jusqu'à 5^h ou $5^h\frac{1}{2}$ du matin [1]. Dans nos régions plus septentrionales de l'Europe, Van Swinden [2], Chiminello [3], Duc la Chapelle [4], et Hemmer [5], avoient remarqué, depuis quarante ans, avec plus ou moins de certitude, que les variations barométriques étoient sujettes à de certaines lois. Van Swinden annonça l'existence d'une période diurne

---

[1] *Description de l'Égypte, Mémoires d'Hist. nat.*, Tom. II, p. 335.

[2] *Journ. de phys.*, 1778, Tom. XII, p. 301.

[3] *Saggi scientifici di Padova*, 1786, Tom. I, p. 46.

[4] *Bulletin des Sciences*, an 7, n° 2, p. 162.

[5] *Gren, Journ. der Physik.*, B. II, p. 223. (*Ephémérides Manheim* 1783 et 1789.)

dès l'année 1776; il employa la méthode des moyennes pour exclure les effets des perturbations accidentelles; mais il s'arrêta, pour les *maxima* et les *minima*, à des heures ($+1^h\frac{1}{2}$; -6^h; $+10^h$; -22^h temps astronomique) qui, d'après la position de Franecker et l'analogie des observations de Kœnigsberg, paroissent peu probables. Cotte[1], Hemmer, Planer, et d'autres membres de la Société météorologique de Manheim reconnurent que le passage du soleil par le méridien tendoit à faire baisser le baromètre, et que cet instrument étoit généralement plus bas à 2^h après midi que le matin et le soir. Duc la Chapelle observa avec soin la convexité plus ou moins bombée de la colonne de mercure, et conclut de son travail que, dans le midi de la France, le baromètre baisse de 7^h du matin à $2^h\frac{1}{2}$ après midi; qu'il monte jusqu'à $10^h\frac{1}{2}$ du soir, et qu'il redescend rapidement pendant la nuit. Toutes ces assertions étoient vagues et contradictoires : les premières observations précises sur les variations horaires du baromètre en Europe sont dues

---

[1] *Journ. de phys.*, Tom. XXXVII, p. 104.

à M. Ramond. « J'ai obtenu, dit cet excellent observateur [1], des résultats très-analogues à ceux que M. de Humboldt a rapportés de l'équateur ; mais les heures de la variation diffèrent suivant les saisons : pour l'hiver, les *heures tropiques* sont à 9^h du matin, 3^h après midi, et 9^h du soir. En été, l'abaissement paroît commencer dès 8^h du matin, se prolonger jusqu'à 4^h, et ne recommencer qu'à 10^h du soir. Comme j'observe seul, il m'a été impossible de déterminer les variations nocturnes avec une précision suffisante ; car, dans nos climats, des mois entiers d'observations assidues ne suffisent pas pour limiter des quantités qu'une seule nuit de l'équateur offre dans toute leur pureté. »

Tous les aperçus de M. Ramond, sur les époques des limites extrêmes, et les petits changemens qu'éprouvent ces époques en hiver et en été, ont été parfaitement confirmés par des observations faites de 1817 à 1821, à Toulouse, par M. Marqué Victor, et de 1822 à 1823, à Chambéry, par M. Billiet. Le pre-

---

[1] *Mém. de l'Institut pour l'année* 1808, p. 100, 103 et 107.

mier a réuni plus de 20,000 hauteurs barométriques dont les résultats sont consignés dans le *compte rendu* des travaux de l'Académie de Toulouse. Il a observé depuis 6^h du matin jusqu'à minuit, d'heure en heure, avec une assiduité et une patience extraordinaires. A Toulouse, comme à Chambéry et à Clermont en Auvergne, les *maxima* et *minima* diurnes se rapprochent de plus d'une heure de midi, en hiver, lorsque le soleil se lève plus tard; mais le type [1] de l'été ($+20^h; -4^h\frac{1}{2}; +10^h$) est, en Europe, presque identique avec celui que j'ai reconnu dans la zone torride ($+20^h; -4^h\frac{1}{2}; +11^h$). Il seroit intéressant de savoir si cette analogie se maintient dans l'époque du

---

[1] Le type d'hiver en Europe, en prenant des moyennes entre les observations horaires de MM. Ramond, Marqué Victor, et Billiet, paroît être $+21^h\frac{5}{4}; -2^h\frac{3}{4}; +9^h\frac{3}{4}$. Les différences qu'offrent les *époques des limites* en hiver et en été, semblent prouver que les heures les plus convenables à observer le baromètre, dans nos observations d'Europe, seroient (si l'on veut de l'uniformité pour toute l'année) $9^h\frac{1}{4}$ le matin; $3^h\frac{1}{4}$ après midi, et $10^h\frac{1}{4}$ du soir. Le *minimum* du matin paroît tomber, en Europe, entre 3^h et 4^h après minuit.

minimum qui a lieu après minuit ($16^h \frac{1}{2}$), époque pour laquelle on manque de données bien nombreuses dans nos climats.

Un voyageur qui s'est livré avec succès à la mesure des montagnes, M. de Parrot[1], assure, d'après une série d'observations qu'il a faites de demi-heure en demi-heure, pendant 14 jours et 14 nuits, que, pendant l'automne, les *époques des limites* sont à Milan : — 18^h; $+23^h$; $-4^h \frac{1}{2}$; $+12^h$. On ne sauroit révoquer en doute qu'en parcourant les tableaux des variations horaires du baromètre que M. Arago publie depuis neuf ans, et que je regarde, à cause de la perfection de l'instrument et du choix des heures (21^h et 3^h), comme les plus instructifs de ceux que nous possédons jusqu'à ce jour, que les moyennes de deux décades suffisent pour reconnoître que le mercure baisse entre 9^h du matin et 4^h après midi; mais, pour déterminer les quantités des variations, pour savoir si le *maximum* est atteint à 9^h ou à 11^h, il faut, sous la zone tem-

---

[1] *Reise in den Pyrenæen von Friedrich von Parrot*, 1823, p. 11. Ce *maximum* du matin (une seule heure avant midi) me paroît bien tardif.

pérée, observer plus de jours que M. Parrot n'a pu le faire à Milan.

III. *Étendue des variations horaires.* En compulsant l'ensemble de mes observations de Cumana, je trouve, pour cette partie des tropiques et au niveau de la mer, l'étendue des variations réduite à zéro de température, de 9^h du matin à 4^h après midi, de $1^{li},10$ ou $2^m,47$. J'ajouterai aux résultats de Cumana ceux de Caracas, correspondant à une hauteur de 480 toises.

CHAPITRE XXVI.

MARÉES ATMOSPHÉRIQUES DU MATIN A CARACAS.

JOURS.	MAXIMUM du matin en lignes. 9ʰ.	THERMOMÈTRE de Réaumur.	MINIMUM après midi en lignes. 4ʰ.	THERMOMÈTRE de Réaumur.	DIFFÉRENCE apparente.	DIFFÉRENCE vraie réduite à zéro
30 novemb.	304.21	15°	303.00	17°	1.21	1.34
1ᵉʳ déc.	304.03	16°	303.00	18°	1.03	1.16
2	304.90	16°	303.10	17°	1.80	1.87
3	304.40	15°	303.12	18°	1.28	1.48
4	304.40	15°	303.00	18°	1.40	1.60
5	304.32	16°	303.70	17°	0.62	0.69
6	304.20	16°	303.00	17°	1.20	1.27
7	304.40	16°	303.00	16°	1.40	1.40
10	303.80	15°	302.73	16°	1.07	1.14
21	303.70	15°	302.54	17°	1.16	1.30
22	304.00	16°	302.54	18°	1.46	1.60
23	303.55	16°	302.75	18°	0.80	0.94
24	304.20	15°	302.94	17°	1.26	1.40

MARÉES ATMOSPHÉRIQUES DU MATIN A CUMANA.

JOURS.	MAXIMUM du matin en lignes.	THERMOMÈTRE de RÉAUMUR.	MINIMUM après midi en lignes.	THERMOMÈTRE de RÉAUMUR.	DIFFÉRENCE APPARENTE.	DIFFÉRENCE VRAIE, réduite à zéro.
17 juillet.	337.62	17°	336.52	21°	1.10	1.40
18 ——	337.71	20°	336.53	22°	1.18	1.18
19 ——	338.42	22°	336.80	24°	1.62	1.77
20 ——	337.74	19°	336.83	23°	0.91	1.21
21 ——	337.82	20°	336.95	23°	0.87	1.10
22 ——	337.62	19°	337.03	23°	0.59	0.89
16 août.	336.80	22°	335.90	23°	0.90	0.98
17 ——	336.85	20°	335.92	22°	0.93	1.08
18 ——	337.12	18°	336.24	23°	0.88	1.26
21 ——	337.12	19°	336.40	23°	0.72	1.02
22 ——	336.90	20°	336.00	21°	0.90	0.98
23 ——	336.85	21°	336.50	23°	0.35	0.50
24 ——	337.05	23°	336.80	24°	0.25	0.33
25 ——	337.50	19°	336.40	22°	1.10	1.35
26 ——	337.18	19°	336.51	23°	0.67	0.97
27 ——	336.95	19°	336.15	20°	0.80	0.88
28 ——	336.76	20°	335.75	25°	1.01	1.59
29 ——	336.75	21°	335.72	24°	1.03	1.26

M. Boussingault, en me transmettant pour l'Académie des Sciences une année entière d'observations de variations horaires faites conjointement avec M. Rivero, à Santa-Fe de Bogota, s'énonce ainsi sur les heures limites : « C'est un fait établi par vos travaux et vérifié par les nôtres, qu'entre les tropiques le mercure atteint son *maximum* entre 8^h et 10^h du matin ; qu'il descend ensuite jusque vers 4^h, et qu'il est au *minimum* entre 3^h et 5^h après midi; qu'il remonte alors jusqu'à 11^h du soir sans arriver cependant à la même hauteur à laquelle il étoit à 9^h du matin ; enfin qu'il redescend jusqu'à 4^h du matin sans parvenir aussi bas qu'il étoit à 4^h après midi. En consultant l'ensemble de nos observations, faites à Santa-Fe de Bogota, en 1823 et 1824 (il y en a plus de 1200), on remarque que la plus grande hauteur observée a eu lieu le 16 juillet 1824, à 9^h du matin : elle étoit réduite à zéro de température, de $0^m,56388$. La plus petite hauteur a été observée le 5 novembre 1823, à 4^h du soir : elle étoit de $0^m,55768$. Pendant des mois entiers, les hauteurs barométriques, observées aux mêmes heures, ne diffèrent pas, à Bogota, de $0^{mm},4$; et, dans l'espace d'une année entière, le mercure n'a oscillé, à l'époque du *maximum* de 9^h du matin, qu'entre $0^m,55928$ et $0^m,56388$; à l'époque du *minimum* de 4^h du soir, qu'entre $0^m,55768$ et $0^m,56185$. Ce sont là les oscillations extrêmes. » M. Boussingault a trouvé, à Bogota, du 4 au 5 janvier 1824, les marées comme il suit : (16^h) $560^{mm},70$; (17^h) 561.00; (21^h) 562.75; (22^h) 562.75 (23^h) 562.65; (midi) 562.30; (1^h) 561.60; (2^h) 561.25; (3^h) 560.80; (4^h) 560.50; (5^h) 560.65; (6^h) 561.10; (7^h) 561.55; (9^h) 562.60; (10^h) 562.75.

M. Arago a soumis à un nouvel examen les observations que MM. Boussingault et Rivero avoient faites déjà antérieurement, en novembre 1822, au port de la Guayra, presque dans le méridien de Caracas. En réduisant ces observations au zéro du thermomètre centigrade, il trouve que, du 23 nov. au 7 déc., la moyenne de 9^h du matin a été égale à $760^{mm},05$; celle de 10^h, à $760^{mm},03$; celle de 4^h du soir, à $757^{mm},44$; et que, par conséquent, la variation diurne moyenne a été $2^{mm},44$. Les différences partielles des jours ont varié de $2^{mm},04$ à $2^{mm},92$. En comparant toutes les hauteurs absolues du baromètre observées à la Guayra aux mêmes heures dans divers jours, on y remarque des différences qui s'élèvent jusqu'à 2^{mm},10. M. Arago croit que, d'après les observations de MM. Boussingault et Rivero, sous l'équateur comme dans les climats tempérés, la hauteur barométrique de midi peut être considérée, sans erreur sensible, comme la moyenne du jour. Mes observations, faites à différentes hauteurs, au nord et au sud de l'équateur, semblent prouver que la moyenne de midi, dans l'Amérique équinoxiale, est généralement un peu plus élevée que la moyenne de 9^h et de 4^h, le baromètre descendant beaucoup moins rapidement de 9^h à midi que de midi à 4^h. J'ai tiré ce résultat de 260 observations prises au hasard sur mes registres [1].

Une longue série d'observations faites dans un plateau de l'Inde, au pied de l'Himalaya [2],

[1] *Annales de chimie et de physique*, Tom. XXV, p. 428.

[2] *Francis Hamilton, formely Buchanan, Account of the kingdom of Nepaul*, 1819, p. 230. En comparant 9^h du soir et 4^h du matin, il ne faut pas oublier que le *maximum* de la marée du soir tombe entre 10^h et 11^h.

ne peut conduire à un résultat analogue, parce que le *maximum* du matin ne s'y trouve pas indiqué; mais cette série donne avec précision les moyennes des heures de midi, de 3^h après midi, de 9^h du soir, et de 4^h du matin, en centièmes du pouce anglois.

CHAPITRE XXVI.

OBSERVATIONS DE KATHMANDU, LAT. 27° 41'.

1802 et 1803.	HAUTEURS MOYENNES DE				TEMPÉRAT. MOYENNE, thermomètre de Fahr.
	mat.	5ʰ après midi.	9ʰ du soir.	4ʰ du matin.	
Mai............	25.46	25.40	25.41	25.43	72°,8
Juin............	25.20	25.19	25.18	25.18	74°,2
Juillet..........	25.13	25.14	25.13	25.13	75°,5
Août...........	24.98	24.94	24.96	24.96	72°,3
Septembre......	25.05	25.01	25.03	25.03	71°,5
Octobre........	25.20	25.16	25.32	25.22	66°,4
Novembre......	25.31	25.24	25.28	25.34	58°,7
Décembre......	25.31	25.24	25.31	25.36	51°,5
Janvier.........	25.32	25.27	25.31	25.36	48°,1
Février.........	25.28	25.21	25.25	25.26	51°,5
½ mars.........	25.25	25.18	25.19	25.22	56°,2
MOYENNES......	25.23	25.18	25.22	25.23	63,6

Comme nous ignorons les températures moyennes des époques du jour et de la nuit où ces observations ont été faites sur le plateau de Kathmandu, les moyennes des hauteurs barométriques de 3^h après midi et 4^h du matin ne sont pas directement comparables entre elles : mais les observations de M. Dorta[1], faites au Brésil (les plus nombreuses et les plus complètes de toutes celles que l'on a publiées jusqu'à ce jour sur les variations horaires dans l'hémisphère austral), fournissent la possibilité d'une comparaison directe. J'ai ajouté les températures moyennes des heures exprimées en degrés du thermomètre de Fahrenheit. En réduisant à zéro de température les moyennes barométriques du tableau suivant, on trouve pour 10^h du matin $28^p\ 2^{li},01$; pour midi $28^p\ 1^{li},57$; pour 4^h après midi $28^p\ 0^{li},97$; pour 10^h du soir $28^p\ 1^{li},81$. L'étendue des variations de

---

[1] *Mem. de Acad. de Lisboa.*, Tom. II, p. 397-398. Comme M. Dorta n'a observé que de 2 en 2 heures, on n'a pu offrir des hauteurs barométriques de 9^h du matin et 11^h du soir que j'aurois préférées. Les hauteurs sont exprimées en pouces et centièmes de lignes de pied de roi, et ne sont point encore réduites à zéro de température.

10 du matin à 4ʰ après midi est donc de 2^{mm},34; celle de 4ʰ après midi, à 10ʰ du soir, de 1^{mm},89. La moyenne de midi est de 0^{mm},17 plus élevée que la moyenne du jour, conclue du *maximum* du matin et du *minimum* après midi. Les étendues des variations ont été les mêmes dans les mois les plus chauds (janvier et février), et dans les mois les plus froids (juin et juillet).

MOYENNES DU BAROMÈTRE ET DU THERMOMÈTRE À RIO JANEIRO.

MOIS. de L'ANNÉE 1785.	à 10ʰ du matin		à midi		à 4ʰ après midi		à 10ʰ du soir		DIFFÉRENCE app. de 10ʰ du matin et de 4ʰ du soir.
	Bar.	Th.	Bar.	Th.	Bar.	Th.	Bar.	Th.	
Janvier....	p. l. 28 2.22	81.1	p. l. 28 1.96	81.7	p. l. 28 1.26	83.6	p. l. 28 2.30	81.7	l. 0.96
Février....	28 2.12	79.4	28 1.86	80.7	28 1.30	81.9	28 2.15	80.5	0.82
Mars......	28 3.18	76.1	28 2.88	76.8	28 2.28	77.4	28 3.00	76.3	0.90
Avril	28 4.00	75.5	28 3.58	75.6	28 2.97	78.4	28 3.89	77.7	1.03
Mai.......	28 4.74	69.9	28 4.26	71.2	28 3.88	73.5	28 4.60	73.4	0.86
Juin......	28 4.77	67.3	28 4.34	68.7	28 3.93	71.0	28 4.55	70.0	0.84
Juillet....	28 4.65	66.7	28 4.30	68.0	28 3.69	70.4	28 4.40	69.6	0.96
Août......	28 5.06	71.6	28 4.68	72.5	28 4.13	74.7	28 4.73	75.7	0.88
Septembre.	28 4.22	71.6	28 3.89	73.1	28 3.35	73.9	28 4.13	72.4	0.89
Octobre....	28 2.56	73.6	28 2.22	75.1	28 1.67	76.5	28 2.50	73.7	0.89
Novembre..	28 1.68	76.2	28 1.38	77.6	28 0.93	77.8	28 1.73	75.4	0.75
Décembre..	28 1.38	78.5	28 1.18	79.8	28 0.47	80.3	28 1.44	77.8	0.91
MOYENNES...	28 3.58	72.2	28 3.11	77.5	28 2.48	76.6	28 3.28	75.2	0.89

CHAPITRE XXVI.   429

Les premiers physiciens [1] qui ont remarqué la grande régularité de la marche ascendante et descendante du baromètre sous les tropiques, ont déjà été frappés de l'inégalité dans l'étendue des variations que l'on observe souvent entre deux jours consécutifs également calmes et sereins. Il arrive, par exemple, que la colonne de mercure atteint, aux heures du *maximum* du soir, une plus grande hauteur qu'à l'ordinaire; qu'elle diminue très-peu pendant la nuit et jusqu'à 4^h du matin; que le baromètre monte beaucoup plus de 4^h à 9^h du matin qu'il ne descend de 9^h du matin à 4^h après midi, et que ce jeu de mouvemens inégaux continue pendant plusieurs jours. On observe alors, sans que la périodicité ou alternance des variations soit troublée, une tendance générale [2] à l'accroissement ou à la

[1] *Journ. littér. de la Haye*, 1722, p. 234. *Thibault de Chanvalon. Voy.. à la Martinique*, p. 135 (23).

[2] Sous les tropiques, cette tendance modifie l'étendue des oscillations horaires qui restent le phénomène principal et le plus sensible; en Europe, au contraire, lorsque le baromètre a une tendance générale à baisser pendant plusieurs jours, l'abaissement est simplement ralenti ou arrêté aux époques des *maxima*. Le phéno-

diminution de la colonne de mercure. Ce sont deux genres de mouvemens qui se modifient et s'ajoutent; et l'on peut dire que, dans la zone torride comme dans la zone tempérée, le baromètre se tient plus bas une semaine que l'autre. La connoissance de ces limites des *maxima* et des *minima absolus* est très-importante pour la mesure des hauteurs au moyen du baromètre, chaque fois qu'entre les tropiques on croit pouvoir se passer d'observations correspondantes, et que l'on déduit d'un petit nombre d'observations faites dans un lieu quelconque, à certaines heures du jour, l'état du baromètre à toutes les heures consécutives du jour et de la nuit. Bouguer, La Condamine, et la plupart des voyageurs qui, après eux, ont parlé des variations horaires, confondent l'étendue des oscillations correspondantes à une seule marée atmosphérique, avec les changemens des hauteurs moyennes du baromètre, en différentes semaines ou en différens mois.

mène principal et le plus sensible est alors la tendance de la colonne de mercure à baisser; et les marées atmosphériques ne se manifestent qu'en la modifiant un peu à l'approche des *heures limites*.

Bouguer [1] dit que la colonne de mercure, dans la zone torride, varie de 2 ½ à 3 lignes, mais qu'à Quito les variations ne sont que d'une ligne. Dans la première partie de cette assertion, il ne peut être question que de variations extrêmes accidentelles et non de l'étendue des variations pendant une seule marée. En compulsant l'ensemble de mes observations, faites à différentes hauteurs et par des latitudes plus ou moins rapprochées de l'équateur, j'ai cru entrevoir que l'étendue des variations diminue très-peu avec l'élévation du lieu, et qu'elle diminue moins encore que l'inégalité des moyennes barométriques de différens jours. A Cumana, à la Guayra, à Payta, à Lima et à Rio Janeiro, au niveau de la mer, dans les deux hémisphères, l'étendue moyenne des oscillations ou marées atmosphériques est au plus de $2^{mm},4$ à 3 millimètres; la différence des hauteurs absolues, observées aux mêmes

[1] *Figure de la terre*, p. 39. Caldas, dans le *Semanario*, Tom. I, p. 248. Don George Juan avoit cru remarquer une diminution dans l'étendue des oscillations, à mesure qu'on approche du tropique vers l'équateur (*Observ. astronomicas*, p. 99). Il fixe cette étendue, au Petit Goave, à 2 ½ lignes; à Guayaquil, à 1 ½ lig.

heures, dans divers jours, s'élève à 3, rarement à 4 millimètres [1]. A Lima (lat. 12° 2′ sud),

[1] Comme on ne compare pas une hauteur barométrique à l'époque du *minimum* avec une hauteur observée dans une autre semaine, à l'époque du *maximum*, la différence des hauteurs absolues aux mêmes heures, en différentes semaines, peut être moindre que l'étendue des oscillations horaires. Un voyageur qui mesureroit la hauteur d'une montagne au moyen du baromètre, sans avoir des observations correspondantes sur la côte, et qui supposeroit la colonne de mercure invariable à Cumana (en négligeant à la fois la considération des oscillations horaires et celle des différences de hauteurs barométriques absolues résultantes de l'accumulation des inégalités successives dans l'étendue des oscillations diurnes), se tromperoit quelquefois de 6 millimètres; car j'ai vu le baromètre, le 18 juillet, à 11^h du soir, à 337 li. 9, et, le 30 août, à 4^h après midi, à 335 li. 7. Le colonel Lanz a trouvé à la Guayra le baromètre à midi, le 26 février 1822, à 0^m,76603 (th. 26° cent.); le 28 févr., à 0^m,76510 (th. 26°,5); le 1er mars, à 0^m,76465 (th. 26°,5); le 5 mars, à 0^m,76325 (th. 26°,6). En ne négligeant pas la correction relative aux variations horaires, il ne reste, comme source d'erreur dans la mesure des montagnes, sans observation correspondante, sous les tropiques, que la différence des hauteurs barométriques absolues; et, en distinguant entre les différences des écarts extrêmes et les oscillations des écarts autour de la hauteur barométrique moyenne, on conçoit que la limite probable

CHAPITRE XXVI.

l'étendue des oscillations horaires m'a paru un peu plus petite (1,7 à 2,3) que près de l'équateur (2,6 à 3,3), dans les forêts de l'Atabapo et du Rio Negro.

En s'élevant des côtes de Venezuela sur le plateau de Bogota, la différence des *maxima* et des *minima* diurnes ne diminue encore, de l'erreur provenant de la cause que nous discutons sera bien rarement au-dessus de 15 à 20 mètres. Cette évaluation est importante pour ceux qui, dans les nivellemens barométriques projetés pour examiner provisoirement les isthmes de Huasacualco, du Darien ou de Panama, n'emploieroient qu'un seul baromètre. Lorsqu'il s'agit de savoir exactement le nombre des écluses qu'exigera un canal, il faut se servir, même entre les tropiques, où toutes les circonstances sont si favorables à l'emploi du baromètre au nivellement du sol, de deux instrumens, dont le premier restera sur le bord de la mer, ou (ce qui est préférable) suivra le second baromètre de station à station, comme dans les opérations de nivellement exécutées par MM. de Parrot et Engelhardt entre la Mer du Nord et la Caspienne. Si, au contraire, on veut seulement connoître appproximativement (à 20 mètres près) la hauteur des *arétes de partage*, qui offrent des chances favorables à *la coupure d'un isthme*, il suffit d'un seul baromètre que l'on observera en allant et en revenant, comme on devroit aussi le faire toujours dans la *mesure chronométrique* des distances.

malgré la différence de 1365 toises de hauteur, que de $\frac{1}{14}$, et par conséquent pas dans le rapport des hauteurs barométriques des lieux que l'on compare. La comparaison des mêmes heures en différens jours successifs offre, à Santa-Fe de Bogota[1] et à Popayan (911 t.), à

[1] Voyez *Semanario de Bogota*, Tom. I, p. 50, 83, 115, 177, 216, 255, 290. J'ai calculé pour chaque jour la hauteur moyenne du baromètre, et par les oscillations diurnes l'étendue moyenne des oscillations dans les mois entiers : les résultats sont exprimés en centièmes de lignes du pied de roi. M. Caldas énonce d'une manière indirecte (*Semanario*, Tom. I, p. 55) que les *époques des limites* ou *heures tropiques* que j'ai publiées dans mon *Essai sur la Géographie des plantes*, ne sont pas celles qu'a trouvées M. Mutis dans les plaines de Bogota : ce doute ne me paroît pas fondé. MM. Boussingault et Rivero ont confirmé les époques des *maxima* et *minima* que j'avois annoncées, et même M. Mutis, que l'on accusoit de ne pas être très-communicatif, m'a dit, en lui montrant mes registres, « que les périodes observées à Cumana étoient à peu près conformes à celles qui résultent de ses propres recherches ; mais que, dans les jours les plus chauds, le *maximum* étoit déjà atteint, à Santa-Fe de Bogota, à 8' du matin. » Cette dernière observation rappelle la différence des heures tropiques que MM. Ramond, Marqué Victor et Billiet ont remarquée en Europe entre les saisons les plus chaudes et les plus froides. (*Voyez* plus haut, p. 412 et 413.)

CHAPITRE XXVI.

peine des différences de 3 à 4 millimètres dans l'espace d'une année entière. Les tableaux suivans prouvent comment une grande égalité dans l'étendue de chaque marée produit, sur le dos des montagnes, une surprenante uniformité dans les hauteurs barométriques moyennes des mois. Je présenterai ici successivement les résultats des observations faites dans le même endroit (à Santa-Fe de Bogota) en 1807 et 1808 par M. Caldas, et en 1823 et 1824 par MM. Boussingault et Rivero. Les dernières, faites avec des instrumens beaucoup plus précis, méritent la plus haute confiance. M. Caldas trouve, pour les 12 mois de l'année 1807 :

Maxima.		Minima.	Différence.
Janvier	247.23	247.60	1.65
Février	249.33	248.33	1.00
Mars	249.33	247.93	1.40
Avril	249.42	247.92	1.50
Mai	249.67	248.00	1.67
Juin	249.67	248.00	1.67
Juillet	249.50	247.83	1.67
Août	249.42	247.92	1.50
Septembre	249.42	248.00	1.42
Octobre	249.33	247.91	1.42
Novembre	248.92	248.00	1.92
Décembre	248.85	247.60	1.15

Les moyennes de 642 hauteurs barométriques, observées par le même physicien, de janvier à juillet de l'année 1808, offrent les résultats suivans :

VARIATIONS HORAIRES MOYENNES DE SEPT MOIS SUR LE PLATEAU DE BOGOTA.

MOIS.	MOYENNES BAROMÉTRIQUES des		ÉTENDUE des OSCILLATIONS.	TEMPÉRATURE MOYENNE des mois.
	MAXIMA.	MINIMA.		
Janvier....	249.04	257.99	1.05	13°,2 R.
Février....	248.90	247.95	0.95	14°,6
Mars......	249.02	248.03	0.99	13°,7
Avril......	249.04	248.04	1.00	14°,2
Mai.......	249.20	248.22	0.98	13°,8
Juin......	249.17	248.28	0.89	13°,8
Juillet....	249.12	248.17	0.95	14°,2

CHAPITRE XXVI.

Comme M. Caldas a publié la température moyenne de chaque jour et les *maxima* et *minima* de température des mois entiers, mais non les températures de 9^h du matin 4^h du soir, les hauteurs barométriques de 1807 n'ont pu être réduites au terme de la congélation. Il en est de même des observations diurnes de janvier à juillet 1808. On peut admettre cependant que la température moyenne de 9^h du matin est (sur le plateau de Bogota) environ de 1°,2 du thermomètre centigrade plus basse, et la température moyenne de 4^h après midi de 1°,8 plus élevée que la température moyenne du mois.

438 — LIVRE IX.

HAUTEURS MOYENNES DES JOURS ET ÉTENDUES DES OSCILLATIONS DIURNES SUR LE PLATEAU DE BOGOTA.

JANVIER 1808.	HAUTEURS barom. moyennes.	ÉTENDUE des oscillations.	TEMPÉRATURE moyenne Réaumur.
1	248.33	1.34	14°.1
2	248.29	1.42	14.0
3	248.18	1.42	13.9
4	248.33	1.15	13.1
5	248.50	1.00	14.0
6	248.16	1.00	14.4
7	248.16	1.00	15.2
8	248.24	1.17	12.8
9	248.12	0.92	13.0
10	248.41	0.83	13.0
11	248.55	1.10	12.0
12	248.55	1.10	12.0
13	248.41	0.83	13.5
14	248.75	1.00	11.6
15	249.08	0.84	15.7

JANVIER.	HAUTEURS barom. moyennes.	TEMPÉRATURE moyenne Réaumur.	ÉTENDUE des oscillations.
16	248.58	1.16	12.3
17	248.58	0.83	12.9
18	248.58	1.06	13.2
19	248.75	0.83	11.3
20	248.50	1.00	12.1
21	248.75	1.00	12.8
22	248.75	1.00	12.9
23	248.49	0.83	13.0
24	248.87	1.25	13.4
25	249.00	1.00	15.9
26	248.70	1.06	13.8
27	247.87	1.75	13.9
28	248.41	0.83	13.8
29	248.70	0.75	13.9
30	248.79	0.75	13.8
31	248.50	1.00	11.9

JUILLET 1808.	HAUTEURS barom. moyennes.	ÉTENDUE des oscillations.	TEMPÉRATURE moyenne Réaumur.
1	248.62	0.75	14°.5
2	248.50	1.00	14.6
3	248.75	1.00	14.1
4	248.45	0.75	14.5
5	248.45	0.91	14.5
6	248.58	1.00	14.3
7	248.83	1.00	13.8
8	248.75	1.00	14.0
9	248.37	0.75	14.6
10	248.37	0.67	14.6
11	248.83	1.09	15.0
12	248.62	0.67	14.5
13	248.37	0.75	15.5
14	247.91	0.83	15.0
15	248.50	1.90	14.3

JUILLET.	HAUTEURS barom. moyennes.	ÉTENDUE des oscillations.	TEMPÉRATURE moyenne Réaumur.
16	248.50	1.00	14°.4
17	248.50	1.00	14.5
18	248.83	1.00	14.0
19	249.00	1.00	14.0
20	249.00	0.75	14.2
21	248.87	1.00	14.2
22	248.87	0.92	14.0
23	248.79	0.75	14.0
24	248.83	1.00	13.4
25	248.87	0.75	15.4
26	248.50	1.00	14.1
27	248.50	1.00	15.0
28	248.67	1.00	14.2
29	248.75	1.00	14.2
30	248.75	1.00	14.5
31	248.75	1.00	13.6

En examinant pendant sept mois *les hauteurs barométriques moyennes des jours*, observées par M. Caldas, je trouve la plus petite hauteur de $247^{li},8$; la plus grande de $249^{li},0$. Cette différence de $1^{li},2$, ou $2^{m},7$, est l'effet des petites inégalités des oscillations diurnes qui s'accumulent peu à peu. Dans les observations de M. Boussingault, elle a été de $3^{mm},12$. Une seule fois l'étendue des variations du jour n'a été que de $0^{mm},63$; une seule fois elle s'est élevée à $3^{mm},64$. En comparant entre elles, jour par jour, les observations de 9^h du matin et de 4^h après midi, je trouve que, dans le travail de M. Caldas, les écarts à 9^h ont été de $248^{li},30$ à $249^{li},50$; les écarts à 4^h, de $247^{li},00$ à $248_{li},66$; d'où résulte des différences, pour 9^h, de $2^{mm},7$; pour 4^h, de $3^{mm},6$. Le travail de M. Boussingault donne, pour ces deux heures limites, $4^{mm},6$ et $4^{mm},21$. Les limites des oscillations accidentelles autour de la moyenne des même heures ont par conséquent été à 1365 toises de hauteur, à peu près comme au niveau des mers équinoxiales; mais ces limites extrêmes me paroissent beaucoup plus rarement atteintes sur le dos des Cordillères. Les nouvelles observations de MM. Rivero et Boussingault, faites au moyen d'excellens baromètres de Fortin, offrent les notions les plus certaines que nous ayons jusqu'ici sur les lois que nous venons de discuter. Elles donnent, pour la moyenne étendue des oscillations, de 9^h du matin à 4^h après midi (en réduisant les hauteurs barométriques à zéro de température), $2^{mm},29$.

CHAPITRE XXVI.

MAXIMA ET MINIMA DES JOURS OBSERVÉS SUR LE PLATEAU DE BOGOTA.

AOUT 1823.	BAROMÈTRE à 9ʰ du matin.	BAROMÈTRE à 4ʰ après midi.	DIFFÉRENCE.	AOUT 1823.	BAROMÈTRE à 9ʰ du matin.	BAROMÈTRE à 4ʰ après midi.	DIFFÉRENCE.	DÉCEMB. 1823.	BAROMÈTRE à 9ʰ du matin.	BAROMÈTRE à 4ʰ après midi.	DIFFÉRENCE.	DÉCEMB. 1823.	BAROMÈTRE à 9ʰ du matin.	BAROMÈTRE à 4ʰ après midi.	DIFFÉRENCE.
1	561.18	559.46	1.72	16	561.94	559.48	2.46	1	562.37	559.78	2.55	16	561.45	558.68	2.77
2	562.09	559.63	1.80	17	561.88	559.65	2.23	2	562.23	559.83	2.40	17	561.58	558.90	2.68
3	560.28	559.28	1.90	18	562.47	559.95	2.24	3	562.23	560.35	1.88	18	561.88	559.03	2.85
4	562.18	560.28	1.90	19	562.59	560.18	2.41	4	562.25	559.75	2.50	19	561.13	559.03	2.10
5	562.00	560.03	1.97	20	562.63	560.03	2.60	5	562.48	559.63	2.85	20	560.51	558.33	2.18
6	562.44	560.20	2.24	21	562.83	560.63	2.20	6	561.55	558.95	2.58	21	560.70	558.73	1.97
7	562.81	561.33	1.48	22	562.60	560.03	2.57	7	558.83	558.82	2.01	22	561.08	558.27	2.81
8	562.95	560.75	2.20	23	562.11	560.02	2.09	8	560.60	557.98	2.62	23	560.63	557.76	2.87
9	562.40	559.74	2.66	24	561.93	»	»	9	560.98	558.56	2.42	24	560.63	558.00	2.63
10	562.35	559.81	2.54	25	561.88	560.36	1.52	10	560.60	558.48	2.12	25	560.80	558.95	1.85
11	562.08	559.94	2.14	26	561.18	559.56	1.62	11	560.89	558.13	2.76	26	560.88	558.44	2.44
12	562.23	559.90	2.33	27	561.53	559.01	2.52	12	561.04	559.09	1.95	27	561.00	558.88	2.12
13	561.73	»	»	28	562.62	559.93	2.69	13	561.65	559.16	2.49	28	560.96	558.48	2.48
14	562.03	»	»	29	562.62	559.73	2.69	14	560.98	558.50	2.48	29	561.50	559.14	2.36
15	562.01	559.93	2.22	30	562.13	559.54	2.49	15	560.68	559.48	1.20	30	561.84	559.23	2.61
												31	562.38	559.90	2.48

A neuf heures du matin, le 8 et le 29, forte grêle avec tonnerre.

Les hauteurs du baromètre sont en centièmes de millimètre. Nous ne choisissons que deux mois sur l'année entière que nous possédons. M. Boussingault observe avec justesse « que les hauteurs moyennes mensuelles sont les plus grandes en juin et juillet; les plus petites en décembre et janvier, lorsque la terre est la plus rapprochée du soleil. » Voici les hauteurs moyennes réduites, comme dans le tableau du mois d'août et de décembre, à zéro de température. J'ai placé à côté des moyennes barométriques l'étendue moyenne des oscillations diurnes de 9^h à 4^h, et la moyenne des températures correspondantes à ces mêmes époques du matin et de l'après-midi. M. Ramond, dès l'année 1814, a jeté un grand jour sur ce phénomène curieux des oscillations mensuelles du baromètre.

CHAPITRE XXVI.

MOYENNES MENSUELLES DU BAR. A BOGOTA (lat. 4° 55′ 50″).				MOYENNES MENSUELLES A STRASBOURG (lat. 48° 54′ 56″).		
RÉSULTATS d'une année.	HAUTEURS barom. moyennes.	MOYENNES des oscillations.	TEMPÉRATURE moyenne de 9ʰ et 4ʰ.	RÉSULTATS de 14 années.	HAUTEURS barométriques moyennes.	DIFFÉRENCE des max. et min. extrêmes.
	m	m	°		li	l
Janvier....	0.56045	2.31	15.7 c.	Janvier....	333.128	6.136
Février....	0.56048	2.31	15.9	Février....	333.452	3.646
Mars......	0.56061	2.39	15.3	Mars......	332.905	4.573
Avril......	0.56113	2.34	15.2	Avril......	332.449	4.127
Mai.......	0.56075	2.45	15.4	Mai.......	332.516	1.964
Juin.......	0.56124	1.86	15.1	Juin.......	333.416	2.563
Juillet.....	0.56134	1.50	14.2	Juillet.....	333.168	2.385
Août......	0.56111	2.22	16.6	Août......	333.352	1.201
Septembre.	0.56094	2.59	16.2	Septembre.	333.633	2.471
Octobre...	0.56071	2.77	15.3	Octobre...	332.981	4.163
Novembre.	0.56043	2.44	15.1	Novembre.	332.866	5.376
Décembre.	0.56013	2.40	15.0	Décembre.	332.700	3.881

La marche du baromètre à Bogota est d'une prodigieuse régularité : les hauteurs moyennes acquièrent leur *minimum* au solstice d'hiver, augmentent jusqu'après le solstice d'été, et décroissent de nouveau, sans qu'il se présente une autre anomalie que celle du mois de mai. Cette remarque, neuve et curieuse, est due aux observations de MM. Boussingault et Rivero : ces habiles physiciens l'ont trouvée confirmée par les observations de M. Caldas, faites en 1807. Dans nos climats tempérés, à Strasbourg, par exemple, quatorze années d'observations de M. Herrenschneider (indiquées en lignes du pied de roi, et réduites à 15° de température centigrade) prouvent que les moyennes mensuelles [1] sont les plus hautes en septembre et les plus basses en avril : cependant, en général, les hauteurs moyennes de juin à septembre excèdent celles d'octobre à février. L'étendue des variations extrêmes, en Europe, offre une régularité plus grande : elle décroît d'hiver en été.

[1] Sept années ont prouvé à M. Ramond (*Mém. de l'Inst.*, 1812, Tom. II, p. 44) qu'à Clermont, le mercure est le plus haut en janvier et juin, et le plus bas en avril et novembre.

CHAPITRE XXVI. 445

Dans la ville de Mexico [1], quoique déjà voisine du tropique, j'ai trouvé les étendues des oscillations horaires encore très-uniformes. Aux mêmes heures, les hauteurs barométriques diffèrent, pendant des mois entiers, à peine de 2 à 2½ millimètres. Mais quelquefois les vents du nord, qui sont si impétueux dans le golfe du Mexique, refoulent l'air jusque sur le plateau d'Anahuac, et élèvent subitement le mercure. Un tel refoulement a fait monter [2] le baromètre, le 23 mars 1783, la nuit, à 10^h,

---

[1] Ce phénomène, qui est très-commun à la Vera-Cruz dans la saison des *Nortes*, n'a été observé à Mexico (à 1168 t. de hauteur) qu'une seule fois dans un grand nombre d'années. (*Antonio Gama, Dissertacion fisica sobre la aurora boreal del 14 nov.* 1789, p. 14.) J'ai vu baisser le baromètre à Mexico, à l'époque du *minimum*, jusqu'à 258 lig. 2. (therm. 22° cent.) Je l'ai vu le plus haut, à l'heure du *maximum*, 260 lignes (therm. 18°,8).

[2] *Essai politique*, Tom. I, p. 50; Tom. II, p. 766. Pendant ce refoulement de l'air qui se porte des régions boréales vers le sud, le thermomètre centigrade ne baisse à la Vera-Cruz (dans les couches inférieures de l'atmosphère) que jusqu'à 20° à 18°, au plus jusqu'à 16°,5.

à 264 lignes, tandis que le *minimum* de toutes les hauteurs observées dans l'année entière (le 20 janvier 1783) étoit de $259^{li},3$. En décomptant l'effet des oscillations périodiques, les variations extrêmes, aux mêmes heures *des maxima* et des *minima*, atteignent, par un concours de circonstances accidentelles, au plus $3_{li},8$ ou $8\frac{1}{2}$ millimètres. On est surpris de voir cette constance dans l'étendue des oscillations, sur un plateau où, par 19° 25' de latitude, le thermomètre baisse en hiver, entre 4^h et 5^h du matin, plusieurs degrés au-dessous de zéro. Sur les côtes orientales du Méxique, à la Vera-Cruz (lat. 19° 11'), les vents du nord interrompent souvent et subitement, pendant 5, 6 et même 8 jours, la régularité des variations horaires, et font osciller le mercure de 333 à 341 lignes (différence de 18 millimètres). J'ai exposé, dans un autre endroit, comment ce phénomène que M. Orta, capitaine du port de la Vera-Cruz, a étudié dans ses diverses modifications, est devenu d'une grande importance pour la sûreté des navigateurs qui veulent mettre à la voile dans ces dangereux parages. A la vue du baromètre, on peut pronostiquer avec beaucoup

CHAPITRE XXVI.

de probabilité la proximité de la tempête, sa force et sa durée. J'ai vu entre les mains de M. Orta près de 28,000 observations thermométriques et barométriques, faites avec d'excellens instrumens de Dollond, au port de la Vera-Cruz, de 1791 à 1803, quatre fois par jour, à 6^h du matin, à midi, à 4^h après midi, et à 10^h du soir. J'avois conseillé à cet infatigable observateur d'envoyer en Europe une masse si précieuse de matériaux (la plus considérable peut-être qu'on ait jamais recueillie sous les tropiques dans un même lieu) pour être déposée dans les archives de quelque société savante. Il est à craindre que les malheurs qu'a éprouvés récemment la ville de la Vera-Cruz, pendant le bombardement du château de San Juan d'Ulua, n'aient privé les physiciens des travaux de M. Orta.

Nous voyons qu'en avançant dans les plaines et sur le dos des Cordillères, de l'équateur vers les tropiques, la proximité de la zone tempérée rend les moyennes barométriques des mois de plus en plus inégales, parce que les causes accidentelles commencent à agir avec plus de force. A l'extrémité même de la zone torride boréale, à la Havane (lat. 23° 8'), les hauteurs barométriques moyennes des mois diffèrent, sous le rapport de leur égalité entre elles, très-peu des hauteurs moyennes des mois à Rio Janeiro (lat. 22° 54'), qui est situé près de l'extrémité de la zone torride australe. Il est intéressant de comparer, d'après les belles observations de MM. Dorta, Robredo [1] et Ferrer [2], les variations du poids de l'atmosphère dans le voisinage des deux tropiques. A Rio Janeiro [3], les moyennes barométriques extrêmes de décembre et d'août; à la Havane, celles de septembre et de janvier diffèrent près de 8 millimètres, tandis qu'à Bogota, plus près de l'équateur, les moyennes mensuelles ne s'écartent pas de $1\frac{1}{2}$ millimètre.

[1] *Observ. meteorologicas hechas en la Havana y en el pueblo de Ubajay* (manuscrit).

[2] *Conn. des temps pour* 1817; p. 338.

[3] A Rio Janeiro : haut. bar. moy., en décembre 1785, de $337^{li},02$ (th. 25°,7 cent.); en août, $340^{li},59$ (th. 22°,1); à la Havane (1810-1812), en septembre, $761^{mm},23$ (th. 28°,8 cent.); en janvier, $768^{mm},09$ (th. 21°,17). Réduite à zéro de température, la différence est, près du tropique du capricorne, $8^{mm},3$; près du tropique du cancer, $7^{mm},9$.

CHAPITRE XXVI.

Havane. — *Moyennes des mois pendant les années 1810-1812.*

	Baromètre.	Thermomètre centigrade.
Janvier	$0^m,76809$	21°,1
Février	$0,76301$	22,2
Mars	$0,76428$	24,3
Avril	$0,76301$	26,1
Mai	$0,76199$	28,1
Juin	$0,76453$	28,4
Juillet	$0,76453$	28,5
Août	$0,76123$	28,8
Septembre	$0,76098$	27,8
Octobre	$0,76174$	26,4
Novembre	$0,76453$	24,2
Décembre	$0,76656$	22,1
Moyenne de l'année.	$0,76371$	25,7

La plus petite hauteur du baromètre, pendant ces trois années, eut lieu, à 25° de température, et par un vent furieux de SSO., le 25 octobre 1810 : elle étoit de $0^m 74472$; on observa la plus grande hauteur le 20 février 1811, et elle fut de $0^m,77545$; la différence de ces deux nombres ($0^m,03073$) est la plus grande variation barométrique qu'on ait jamais observée dans cette île. Pendant les deux séjours que j'ai faits à la Havane, mon baromètre s'éleva (la température étant la même), pendant les fortes brises de NNE., de 4 lignes (9 millimètres) de plus que par les vents impétueux du sud[1]. Le journal météorologique de M. Robredo prouve que ces différences se remarquent également loin des côtes, dans l'intérieur de l'île. Ce ne sont pas les moyennes des mois qui diffèrent plus entre elles près du tropique du cancer que près du tropique du capricorne ; ce sont plutôt les hauteurs extrê-

---

[1] Les ouragans ne sont pas généralement accompagnés d'abaissemens de baromètre aussi extraordinaires qu'on se l'imagine en Europe. Je possède 56 observations barométriques faites par le capitaine de vaisseau D. Tomas de Ugarte, presque d'heure en heure, à la Havane, pendant le terrible ouragan des 27 et 28 août 1794. La colonne de mercure ne diminua, au plus fort de la tempête, que de 5 lignes ($11^{mm},3$). Kirwan assure cependant qu'à l'île Saint-Barthólomé on a vu, dans un ouragan (1792), baisser le baromètre de 42 millimètres. *Irish Trans.*, Vol. VIII, p. 387. Ce fait est-il aussi bien constaté qu'un abaissement de 25 millimètres à l'Ile de France ? *(Moreau de Jonnès, Hist. phys. des Ant.,* Tom. I, p. 420.) *Voyez,* sur les hauteurs barométriques observées sur les côtes du Chili, *Espinosa, Memorias de los Naveg. Esp.,* Tom. I, p. 129, 134, 179.

mes dues à des causes accidentelles. Au bord de la zone torride australe, les oscillations extrêmes [1] du baromètre n'atteignent que 21 millimètres (9^{li},3); à l'extrémité de la zone torride boréale, elles sont souvent de 25 millimètres, quelquefois de 30^{mm},5 (13^{li},3). L'hémisphère austral, au sud du parallele de 23°, renferme une très-petite portion de terres fermes; et l'atmosphère, par cette cause même, est moins violemment agitée que dans l'hémisphère boréal.

Presque sur le parallèle de la Havane, mais 164° plus à l'ouest, à Canton et à Macao en Chine, l'étendue des oscillations horaires offre à peu près la même constance d'égalité : les moyennes des mois diffèrent [2] entre elles

[1] En décembre et en mars. Voy. *Mem. de Lisboa*, Tom. II, p. 397.

[2] Je trouve, d'après le journal manuscrit de M. l'abbé Richenet, les moyennes des 12 mois de l'année 1814, à Macao, comme il suit : 30 po. 34 (th. 68° Fahr.); 30,30 (th. 65°); 30,26 (th. 66°); 30,11 (th. 71°); 30,11 (th. 74°); 29,96 (th. 81°); 29,99 (th. 83°); 29,99 (th. 83°); 30,15 (th. 80°); 30,19 (th. 78°); 30,28 (th. 72°); 30,35 (th. 62°). Moy. de l'année, 30 po. 17 (th. 74°. L'échelle est en pouces anglois. Les hauteurs barométriques ne sont pas réduites à zéro de température.

de 7 ½ millimètres ; mais la plus grande variation que, pendant une année entière, on ait observée dans la même journée (le 15 janvier 1814), n'a été que de 4 millimètres.

Au Caire où (comme aux îles Canaries) les variations horaires moyennes ne s'élèvent déjà plus qu'à 0^{li},5 ou 0^{li},8 (1^{mm},10 ou 1^{mm},76), les variations extrêmes sont encore peu considérables ; elles ne diffèrent presque pas de celles que M. Dorta a observées à Rio Janeiro. M. Coutelle [1], pendant trois ans, n'a vu varier la colonne de mercure par l'effet des perturbations accidentelles que de 22 millimètres. Ces limites des écarts sont plus rapprochées qu'on les trouve à la Havane, dans le système des climats américains.

La diminution qu'offre l'étendue des variations horaires, en avançant de l'équateur [2]

---

[1] Au Caire, le 3 janv., 342 li. 0 (th. 5°,5 R.); le 16 janv., 335 li. 5 (th. 10°). Différence réduite à zéro de température : 15^{mm},41.

[2] Au Sénégal (lat. 15°53′), un voyageur instruit et très-digne d'éloges, M. de Beaufort, a trouvé récemment, par les moyennes d'observations qui embrassent deux mois et demi, l'étendue des oscillations horaires de 2^{mm},7. Il donne, pour 7^h du matin, 0^{m}7629 (th. 21°);

CHAPITRE XXVI. 453

vers le pôle, a frappé M. Ramond [1] dès qu'il a commencé à comparer les résultats de ses observations de Clermont-Ferrand avec ceux que j'avois recueillis sous la zone torride. « L'étendue des variations, dit cet habile physicien, est en France la moitié moindre qu'entre les tropiques. Le *maximum* des variations, dans nos climats, est au printemps : l'ascension du jour est en Europe à peu près égale à l'abaissement qui l'a précédée; tandis que, sous les tropiques, ces quantités diffèrent du simple [2] au double. » M. Arago, dont les

pour midi, $0^m,7654$ (th. 25°); pour 4^h après midi, $0^m,7663$ (th. 23°); pour 8^h du soir, $0^m,7667$ (th. 19°). Réduites à zéro de température, les observations de midi et de 4^h du soir donnent $0^m,7619$ et $0^m,7631$; et non comme il est dit dans la lettre adressée à M. Jomard (le 25 janv. 1824), $0^m,7631$ et $0^m,7658$ (*Bulletin de la Soc. de Géographie*, p. 14, 59.) *Hertha*, 1825, n. 3, p. 143. Ces observations s'accordent bien peu avec ce que l'on a trouvé partout ailleurs sur la terre, le baromètre ayant été vu partout plus bas à 4^h du soir qu'entre 8^h du matin et midi.

[1] *Mém. de l'Institut*, 1808, p. 107, et 1812, p. 46.

[2] D'après un premier aperçu, le type de la marche du baromètre, au bord des mers équinoxiales, m'a paru comme il suit: soit h la hauteur barométrique moyenne

observations météorologiques embrassent déjà 9 ans, et qui les a disposées de manière à mettre le plus en évidence la valeur de la variation diurne [1] du baromètre, trouve qu'à Paris l'oscillation descendante, de 9^h du matin à 3^h après midi, n'est que de $0^{mm},8$ ($0^{li},35$); et qu'en réduisant toutes les hauteurs à une même température, la moyenne de 15 à 20 jours suffit, dans toutes les saisons, pour reconnoître l'existence et la marche des oscillations horaires [2]. Nous avons vu que les

on aura, à 9^h du matin, $h + 0^{li},5$; à 4^h de l'après midi, $h - 0^{li},4$; à 11^h du soir, $h + 0^{li},1$; à 4^h après minuit, $h - 0^{li},2$. Il résulte de cette hypothèse : pour 9^h du matin, $338^{li},30$; pour midi, $338^{li},02$; pour 4^h après midi, $337^{li},40$; pour 11^h du soir, $337^{li},91$; pour 4^h après minuit, $337^{li},60$. Voyez mon *Essai sur la Géogr. des plantes*, p. 91, et mon *Rec. d'Obs. astr.*, Tom. I, p. 286 et 289.

[1] *Voyez* les discussions importantes qu'offrent les *Annales de chimie et de physique*, Tom. III, p. 442; Tom. VI, p. 439; Tom. IX, p. 426; Tom. XII, p. 421; Tom. XV, p. 416; Tom. XVIII, p. 407.

[2] Il est à regretter qu'on ne puisse comparer les observations de Paris et de Genève, les dernières ne renfermant aucun élément qui serve à faire connoître les variations horaires. (*L. c.*, Tom. VI, p. 440.)

moyennes des hauteurs barométriques des mois diffèrent, près de l'équateur, de 1^{mm},2; près des tropiques du cancer et du capricorne (à Rio Janeiro et à la Havane), de 8^{mm}. A Paris (lat. 48° 50′), ces moyennes mensuelles varient aussi généralement, dans une même année, de 8 à 9 millimètres [1]. Les compensations des variations accidentelles sont telles, au centre de l'Europe tempérée, qu'un mois suffit pour rapprocher à moins de $\frac{1}{8}$ près la valeur moyenne des hauteurs barométriques de celle que l'on trouve sur les confins des deux zones équinoxiale et tempérée [2].

[1] Je désirerois pouvoir comparer Paris à quelque endroit placé sous la même latitude, sur la côte orientale de l'Amérique; mais nous n'avons jusqu'ici d'observations précises, sur les variations horaires du baromètre, que celles qu'un observateur plein de zèle, M. Jules de Wallenstein, vient de faire à Washington (lat. 38° 55′), où la température moyenne (14°,7 cent.) est de 4° supérieure à la température moyenne de Paris. Les hauteurs barométriques des différens mois ont varié, à Washington, en 1814, de 14^{mm},8 ou de 6 $\frac{1}{2}$ lig.; ce qui prouve combien, sur la côte *orientale* des États-Unis, l'atmosphère est sujette à de grandes variations. (*Amer. Trans.*, 1824, p. 7.)

[2] Il y a eu même des années où les moyennes baro-

M. Marqué-Victor trouve pour Toulouse (lat. 43° 35′) la moyenne de l'étendue des oscillations horaires de $1^{mm},2$; il n'a pas remarqué de rapport entre la grandeur des oscillations horaires et les saisons [1] : mais à Paris ce rapport se manifeste par des moyennes de 72 mois. L'étendue des oscillations de 9^h du matin à 3^h après midi n'a été trouvée, dans les trois mois de novembre, décembre et janvier, que de $0^{mm},54$; dans les trois mois suivans [2], de $1^{mm},05$. Cette même différence s'est manifestée dans les observations faites par M. Ramond à Clermont-Ferrand. A Chambéry (lat. 45° 34′), M. Billiet a trouvé, en 1822 et 1823, l'étendue des variations horaires, en hiver, de $0^{mm},90$ et $0^{mm},82$; quant à Paris, elle étoit, à la même époque, de $0^{mm},69$ et $0^{mm},73$. Au contraire, dans les mois d'été de 1822 et 1823, ces quantités atteignoient

métriques des mois ont différé moins à Paris qu'à Rio Janeiro et à la Havane. Cette différence, en 1816 et 1819, n'étoit que de $5\frac{1}{2}$ à $6\frac{1}{2}$ millimètres.

[1] *Bibl. univ.*, Tom. XX, p. 246.

[2] *Laplace, Essai phil. sur les probabilités*, 1825, p. 122.

à Chambéry $1^{mm},29$ et $1^{mm},00$; à Paris, $0^{mm},90$ et $0^{mm},75$. Les deux années entières que nous prenons pour exemple donnent [1], pour Chambéry, $1^{mm},06$; pour Paris, à peine $0^{mm},78$; pour la Chapelle [2], près de Dieppe, $0^{mm},36$. Je ne connois pas d'observations bien précises et bien nombreuses pour la latitude de 60°; mais M. Bessel a publié un résultat très-important qui correspond au parallèle de Kœnigsberg (lat. 54° 42'), où des moyennes de huit années d'observations faites par M. Som-

---

[1] Ces différences, que l'on trouve en réduisant à zéro de température toutes les observations de Paris, de Chambéry et de Toulouse, sont d'autant plus remarquables que les latitudes ne diffèrent encore que de 5°, et qu'à Chambéry les variations accidentelles observées aux mêmes heures sont de $\frac{1}{2}$ plus petites qu'à Paris. M. Marcel de Serres assure avoir trouvé, pour une seule année (1819), en réduisant les hauteurs à zéro de température, l'étendue des oscillations à Montpellier de $1^{mm},67$. Dans cette même année, M. Arago obtint pour Paris $0^{mm},33$. *Bullet. de la Soc. d'Agr. du Hérault.* Sept. 1824.

[2] Moyenne de 4 années (1819-1822). La petitesse des oscillations dépend peut-être, selon M. Arago, de l'élévation du site qui n'est pas un plateau. M. Nell de Bréauté, dans la *Bibl. univer.*, Tom. XXII, p. 105.

mer avec un même instrument, et réduites à la température de 10° cent., donnent, pour 8^h et 9^h du matin, 337^{li},351 ; pour 2^h et 3^h après midi, 337^{li},264 ; pour 9^h et 10^h du soir, 337^{li},351. L'étendue des oscillations horaires n'est donc plus à cette haute latitude que de 0^{li},087 (à peine de $\frac{2}{10}$ de millimètre) ou 4 fois plus petite qu'à Paris. Ces observations de Kœnisberg sont si précises, ajoute M. Bessel, que, malgré la petitesse des oscillations, on reconnoît la valeur de la variation horaire dans les moyennes de chaque année [1].

Les hauteurs moyennes de l'heure de midi ne diffèrent, à Paris, dans l'année entière, d'après la remarque de M. Arago [2], à peine de $\frac{1}{10}$ de millimètre de la hauteur moyenne déterminée par les observations de 9^h du matin et 3^h du soir. M. Herrenschneider observe

---

[1] *Schumacher, Astron. Nachrichten*, 1823, p. 26.

[2] *Annales de chimie*, Tom. IX, p. 428. M. Billiet trouve qv'à Chambéry, dans aucune saison, la moyenne de midi diffère de $\frac{1}{2}$ millimètre de la moyenne du mois. (*Bibl. univ.*, 1824, *févr.*, p. 93). Sur les variations horaires observées à Strasbourg par M. Herrenschneider, voyez un excellent Mémoire parmi ceux de la *Société des Sciences à Strasbourg*, Tom. II, p. 403.

CHAPITRE XXVI. 459

qu'en 16 années (1807-1822), les moyennes barométriques de midi n'ont différé entre elles que de 1^{mm},8; et de la moyenne barométrique générale de Strasbourg, de $\frac{1}{40}$ de millimètre. Le tableau suivant offre les résultats de neuf années faits à l'observatoire royal de Paris :

ANNÉES.	MOYENNES		
	DE 9^h DU MATIN.	DE MIDI.	DE 5^h AP. MIDI.
1816	754.13	753.94	753.45
1817	756.48	756.16	755.69
1818	755.11	755.81	755.22
1819	755.07	754.85	754.35
1820	756.10	755.85	755.37
1821	756.04	755.83	755.36
1822	757.48	757.17	756.65
1823	755.04	754.78	754.29
1824	755.78	755.54	755.05
MOYENNE de 9 ans.	755.80	755.54	755.08

J'ai réuni dans les pages qui précèdent un grand nombre de matériaux inédits à ceux qui se trouvent dispersés dans différens ouvrages.

Je terminerai ce travail par l'indication des lois ou plutôt des rapports les plus généraux qu'offre le singulier phénomène des petites marées atmosphériques :

1° Les oscillations horaires du baromètre se font sentir dans tous les lieux de la terre, dans la zone torride comme dans les zones tempérées et froides, au niveau de la mer comme à des hauteurs qui excèdent 2000 t. Ces oscillations sont périodiques et se composent partout de deux mouvemens ascendans et descendans. Les deux marées atmosphériques ne sont généralement pas d'égale durée [1]. En comparant des résultats d'une exactitude inégale, et obtenus par trente observateurs entre les 25° de latitude australe et les 55° de latitude boréale, on trouve, pour les époques des *maxima* et des *minima*, des écarts de 2 heures : en excluant 5 résultats seulement, on voit tomber le *maximum* du matin entre $8^h \frac{1}{2}$ et $10^h \frac{1}{2}$, le *minimum* après midi entre 3^h et 5^h, le *maximum* du soir entre

---

[1] Voyez le *Tableau du résumé général des observations horaires*. Il résulte, pour la durée des marées ascendantes et descendantes entre les tropiques le plus généralement : $6^h \frac{1}{2}$, 6^h, 6^h et $5^h \frac{1}{2}$.

CHAPITRE XXVI. 461

9^h et 11^h, et le *minimum* après minuit entre 3^h et 5^h. Il est à présumer que ces limites des écarts se trouveront beaucoup plus rapprochées lorsqu'on aura, pour les différentes zones, un plus grand nombre d'observations d'égale exactitude. Provisoirement, on peut adopter comme type le plus généralement reconnu des *maxima* et des *minima* : dans la zone équatoriale : $+ 21^h\frac{1}{4}$; $- 16^h$; $+ 10^h\frac{1}{2}$; $- 16^h$. Dans la zone tempérée : $+ 20^h\frac{1}{2}$; $- 5^h\frac{1}{2}$; $+ 9^h\frac{1}{2}$; $- 17^h$, temps astronomique compté de midi.

2° Dans la zone tempérée, les époques du *maximum* du matin et du *minimum* du soir sont plus voisines de 1 ou 2 heures, du passage du soleil par le méridien, en hiver qu'en été; mais le type de l'été est celui qui ressemble le plus au type que l'on observe entre les tropiques. On manque surtout d'observations du *minimum* qui a lieu après minuit, et il est à désirer que l'on examine l'influence de l'époque variable du lever du soleil sur l'heure de ce *minimum* matinal.

3° Dans la zone torride, les heures limites (c'est-à-dire les instans où les oscillations atteignent le *maximum* et le *minimum*) sont les mêmes au niveau de la mer et sur des plateaux élevés de 1300 à 1400 toises. On assure que cet isochronisme ne se manifeste pas dans quelques parties de la zone tempérée, et qu'au couvent du Grand-Saint-Bernard, par exemple, le baromètre baisse aux mêmes heures où il monte à Genève. Si ce phénomène est général [1] en Europe, il reste à savoir

[1] Quelques observations faites en Europe dans des gorges et à la pente des montagnes, et la supposition d'un déplacement de l'air dans les couches superposées les unes aux autres, ont fait croire à quelques physiciens que les *maxima* et les *minima* ne pouvoient coïncider à la Guayra et à Caracas; sur les côtes de la Mer du Sud (par exemple à Payta), et à Popayan ou à Santa-Fe de Bogota; à la Vera-Cruz et à Mexico; sur les côtes du Malabar où a observé M. Horsburgh, et sur les plateaux du Mysore et du Nepaul. Les tableaux qui précèdent prouvent que ces doutes ne sont aucunement fondés pour ce qui concerne des plateaux situés entre les tropiques. Les observations de M. Ramond, faites à 210 toises de hauteur, à Clermont-Ferrand, nous mettent en droit de supposer, par analogie, que, dans les hautes plaines de la Mancha, en Espagne, élevées de 320 toises, on verroit monter le baromètre aux mêmes heures qu'à Valence ou à Cadix. Au Saint-Bernard et à Genève, on observe, comme nous l'avons déjà dit plus haut, aux deux époques du jour qui sont

si des plateaux étendus le produisent comme des *cols* ou gorges étroites.

les moins convenables pour nous instruire sur les oscillations du mercure ; on observe à l'heure variable du lever du soleil et à l'heure fixe de 2^h après midi. Ces époques précèdent inégalement les *maxima* et les *minima*. Dans les observations de Genève, le baromètre est, en hiver comme en été, au lever du soleil, un peu plus haut qu'à 2 heures; mais au Saint-Bernard, pendant les 12 mois de l'année 1824, les moyennes du lever du soleil ont été 5 fois plus basses (janv., avr., juin, août, oct.); 3 fois plus hautes (févr., mai, juill.), et 4 fois égales aux moyennes de 2^h après midi. *(Bouguer, Fig. de la Terre*, p. 39. *Deluc, Rech. sur les modif. de l'atm.*, § 528, 530 et 596. *Bibl. univ.* pour 1820. *Juillet*, p. 190, Tom. X, p. 20. *Daubuisson,* dans le *Journ. de phys.*, Tom. LXXI, p. 24.) Lors de l'abaissement rapide du baromètre, le 2 février 1825, le *maximum* d'abaissement a eu lieu au Saint-Bernard à la même heure qu'à Genève. (*Bibl. univ.*, T. XXII, p. 111). Ces incertitudes, sur l'isochronisme des oscillations, ne pourront être levées que lorsqu'on aura, pour Genève et le Saint-Bernard, pour Milan et le village du Simplon, pour Trento et Inspruck, des moyennes d'observations faites aux *heures limites* mêmes. Il se peut d'ailleurs que des *cols*, situés sur le faîte des Alpes et entourés de hautes cimes, retardent et modifient les périodes des *maxima* et des *minima*,

4° On voit partout (comme on pouvoit le supposer) que les variations se ralentissent près des sommets concaves et convexes de la courbe qui les représente, c'est-a-dire lorsque les hauteurs barométriques atteignent alternativement leur *maximum* ou leur *minimum;* et, dans quelques lieux de la terre, le mercure paroît rester stationnaire pendant un temps très-considérable. Ce temps varie de 15$'$ à 2^h; et, en déterminant avec pré-

et que ces influences locales cessent dans les plateaux d'une plus grande étendue. Pour savoir si, même sous la zone torride, un manque d'isochronisme se manifeste dans de certaines circonstances, j'ai engagé récemment MM. Boussingault et Rivero d'observer simultanément leurs baromètres à Santa-Fe de Bogota et à la Chapelle de Notre-Dame de Guadalupe, qui se trouve comme accolée à un rocher, presque perpendiculairement au-dessus de la ville, avec une différence de hauteur de 322 toises. M. Daniell (*Meteor. Essais*, 1823, p. 260) a cru reconnoître, dans des observations faites pendant les derniers voyages aux régions polaires, surtout à l'île de Melville et aux Montagnes Rocheuses, que le baromètre monte par les 74° de latitude lorsqu'il baisse par les 41°. Ce savant physicien paroît attribuer ce phénomène à des courans atmosphériques dont l'existence n'est pas facile à constater.

cision la *demi-durée* de l'état stationnaire, on doit distinguer entre l'instant vrai du *maximum* et l'époque où le baromètre cesse, pour nos sens, à monter ou à baisser.

5° Généralement, sous la zone torride, entre l'équateur et le parallèle de 15° nord et sud, les vents les plus forts, les orages, les tremblemens de terre, les variations les plus brusques de température et d'humidité, n'interrompent et ne modifient pas la périodicité des variations. Il est d'autant plus digne d'attention que, dans quelques parties de l'Asie équatoriale, où soufflent les *moussons* avec violence (par exemple dans l'Inde), la saison des pluies masque entièrement le type des variations horaires, et qu'à la même époque où ces variations sont insensibles dans l'intérieur du continent, sur les côtes et dans les détroits, elles se manifestent sans aucune altération, sous les mêmes parallèles, en pleine mer.

6° Entre les tropiques, un jour et une nuit suffisent pour connoître les *heures limites* et la durée des petites marées atmosphériques; dans la zone tempérée, par les 44° et 48° de latitude, les phénomènes de la périodicité se manifestent dans toutes les saisons avec beaucoup de clarté dans des moyennes de 15 à 20 jours.

7° L'étendue inégale des variations diurnes produit, dans la zone torride, aux mêmes heures, en différens mois, des différences de hauteur barométrique plus ou moins considérables. L'étendue des oscillations décroît à mesure que la latitude et les écarts annuels, dus à des perturbations accidentelles, augmentent. Dans les *maxima* du soir, le mercure est généralement un peu moins élevé que dans les *maxima* du matin. Si l'on se borne aux observations précises et assez nombreuses pour donner des moyennes dignes de foi, on trouve que l'étendue des oscillations est, sous la zone torride, entre l'équateur et le parallèle, de 10° dans la marée de 9^h du matin à 4^h après midi, dans les plaines, $2^{mm},6$ à $3^{mm},3$ (p. 299); sur le plateau de Bogota (1365 t.), de $2^{mm},3$ (p. 302); vers l'extrémité de la zone torride australe, dans les plaines, de 2 millimètres (p. 298). Dans l'année entière, les oscillations diurnes varient (à Bogota) de $0^{mm},63$ à $3^{mm},64$; les moyennes des oscillations mensuelles varient de $1^{mm},5$ à $2^{mm},7$ (p. 301-302). Les étendues d'oscillations, dans les marées du matin (de 9^h à 4^h) et du soir (de 4^h à 11^h), sont généralement, sous les tropiques, dans le rapport de 5 : 4 ou 5 : 3. Les hauteurs barométriques moyennes des jours varient, entre 0° et 10° de lat., dans les plaines, de $3^{mm},8$; sur le plateau de Bogota, de 3 millimètres. Une différence de niveau de 1400 toises influe, par conséquent, bien peu sur la moyenne des oscillations diurnes et les extrêmes de ces oscillations. Les moyennes de l'heure de midi, entre les tropiques, constamment (de quelques dixièmes de millimètre) plus élevées que les moyennes générales du jour, tirées du *maximum* de 9^h du matin et du *minimum* de 4^h après midi. En avançant de l'équateur vers les régions polaires, on trouve les différences des hauteurs barométriques de 9^h du matin et de 4^h après midi : par les 0°-20° de lat. de $2^{mm},5$ à $3^{mm},0$; par les 28°-30° lat., de $1^{mm},5$; par les 43°-45° lat., de $1^{mm},0$; par les 48°-49° lat., de $0^{mm},8$; par les 55° lat., de $0^{mm},2$.

8° Les moyennes barométriques des mois diffèrent entre elles, sous les tropiques, de $1^{mm},2$ à $1^{mm},5$; à la Havane, à Macao, et à Rio Janeiro, près des tropiques du Cancer et du

Capricorne, de 7 à 8 millimètres, comme dans la zone tempérée. Les écarts extrêmes de l'année sont aux mêmes heures, près de l'équateur, de 4 à 4 ½ millimètres; elles s'élèvent quelquefois, à l'extrémité de la zone équinoxiale, près du tropique du Capricorne, à 21^{mm}; et près du tropique du Cancer, à 25 et 30 millimètres. Sous le climat de l'Europe tempérée, les limites des oscillations extrêmes mensuelles sont, dans le mouvement ascendant, de la moitié plus rapprochées entre elles que sous le tropique du Cancer; dans les limites des oscillations descendantes, cette différence entre les deux zones est beaucoup moins sensible. L'interruption des oscillations horaires offre, près du tropique du Cancer (dans le golfe du Mexique), un pronostic de la proximité des tempêtes, de leur force et de leur durée. Les moyennes mensuelles des hauteurs barométriques diminuant régulièrement de juillet en décembre et janvier, sur le plateau de Bogota (p. 302), et même dans l'hémisphère austral, sur les côtes de Rio Janeiro (p. 298). A l'extrémité de la zone équinoxiale boréale, le refoulement des vents du nord élève les moyennes de décembre et de janvier au-dessus de celles de juillet et d'août (p. 297 et 304).

9° Sous les tropiques, comme dans la zone tempérée, en comparant les écarts extrêmes du baromètre mois par mois, on trouve les limites des oscillations ascendantes 2 à 3 fois plus rapprochées que les limites des oscillations descendantes [1].

10° Les observations que l'on a pu réunir jusqu'ici n'ont pas indiqué une influence sensible de la lune [2] sur les oscillations de l'atmos-

[1] A la Havane, d'après le journal météorologique (manuscrit) de M. Don Antonio Robredo, les oscillations extrêmes étoient, en 1801, dans les *maxima* des mois, de $30^p,16$ (mesure angl.), et de $30^p,41$; dans les *minima*, 29,52 et 30,38. Différence des *maxima*, $5^{mm},28$; des *minima*, $18^{mm},20$. A Paris et à Strasbourg, les oscillations extrêmes ascendantes ne varient entre elles, en différens mois, que de 10 à 12 millimètres; les oscillations extrêmes descendantes varient de 20 à 30 millimètres.

[2] *Laplace, Essai phil. sur les probabilités*, 1825, p. 119, 123, 274; *Conn. des temps pour* 1825, p. 312. L'influence de l'attraction lunaire seroit plus facile à reconnoître entre les tropiques, où les perturbations accidentelles masquent si peu le jeu des variations horaires. Je n'ai, en veillant plusieurs nuits, rien observé

phère. Ces oscillations paroissent dues au soleil, qui agit, non par sa masse (par attraction),

de satisfaisant à ce sujet; mais M. Mutis m'a assuré avoir reconnu « qu'à Santa-Fe de Bogota le baromètre monte et descend le plus dans les quadratures, tandis qu'à l'époque des oppositions et des conjonctions, les différences de 11^h du soir et $3^h\frac{1}{2}$ du matin deviennent singulièrement petites. » M. Caldas (*Semanario*, T. I, p. 55) parle aussi de cette observation de son maître. Il seroit à désirer que l'on examinât avec soin les journaux météorologiques que M. Mutis a tenus pendant 30 à 40 ans, si toutefois plusieurs de ces manuscrits précieux n'ont pas été dispersés après sa mort, dans le temps des troubles politiques de la Nouvelle-Grenade. M. Boussingault, qui se livre avec la même ardeur à la recherche de tous les phénomènes physiques, a refait le travail de M. Mutis (en employant des instrumens beaucoup plus parfaits) dans les syzygies comme les quadratures et aux heures des passages de la lune par le méridien; mais il n'a pu reconnoître l'influence lunaire sur les hauteurs barométriques. « Je n'ose nier, m'écrit-il de Santa-Fe de Bogota (le 9 février 1825), toute influence lunaire sur la hauteur moyenne du mercure; mais je crois que cette influence, si elle existe, est à peine sensible, parce qu'elle se perd entre les autres causes des variations horaires. » Cherchant à réunir dans cet ouvrage tout ce qui peut jeter du jour sur la *Météorologie de la zone torride*, je crois faire mais comme astre calorifiant. Si les rayons solaires produisent, en modifiant la température, des changemens périodiques dans l'atmosphère, il reste à expliquer pourquoi les deux *minima* barométriques coïncident presque avec les époques les plus chaudes et les plus froides du jour et de la nuit.

quelque chose d'agréable aux physiciens en plaçant, à la fin de ce mémoire, une partie des observations de M. Boussingault sur les influences lunaires. On verra que la moyenne des syzygies n'y diffère que de 0^{mm},16 de la moyenne des quadratures. Toaldo crut trouver par des moyennes de 40 années, en employant une méthode peu exacte, que le baromètre est en Italie plus haut dans les quadratures que dans les syzygies, dans l'apogée que dans le périgée. (*De la Infl. degli astri*, 1781, p. 122. *Lambert, Act. Helv.*, Tom. IV, p. 123. *Journ. de Phys.*, 1779 *juin*, p. 270.)

MAXIMA BAROMÉTRIQUES DE 9ʰ DU MATIN (RÉDUITS A ZÉRO DE TEMPÉRATURE) OBSERVÉS A SANTA-FE DE BOGOTA PAR MM. BOUSSINGAULT ET RIVERO, POUR EXAMINER L'INFLUENCE DES ZYZYGIES ET DES QUADRATURES SUR LES VARIATIONS HORAIRES.

JOURS DES PHASES LUNAIRES.	NOUVELLE LUNE.	PREMIER QUARTIER.	PLEINE LUNE.	SECOND QUARTIER.
	m	m	m	m
6, 13, 21, 29 août 1823.......	0.56244	0.56173	0.56283	0.56262
4, 12, 20, 27 septembre......	0.56237	0.56187	0.56283	0.56294
4, 12, 19, 26 octobre.........	0.56221	0.56218	0.56108	0.56258
2, 10, 18, 25 novembre.......	0.56183	0.56148	0.56230	0.56215
2, 10, 17, 24 décembre.......	0.56233	0.56100	0.56158	0.56063
1, 9, 16, 23 janvier 1824.....	0.56205	0.56063	0.56171	0.56265
31 janvier, 8, 14 et 21 février.	0.56192	0.56151	0.56082	0.56168
29 février, 8, 15 mars........	0.56248	0.56198	0.56228	....
30 mars, 13, 21 avril	0.56164	....	0.56202	0.56312
29 avril, 6, 13, 20 mai.......	0.56251	0.56263	0.56196	0.56241
28 mai, 4, 11, 19 juin........	0.56150	0.56168	0.56201	0.56163
26 juin, 3, 11, 19 juillet.....	0.56259	0.56103	0.56233	0.56198
MOYENNES................	0.56216	0.56161	0.56198	0.56222

[La première colonne indique les jours où les observations de 9^h ont été les plus rapprochées de l'époque des syzygies et des quadratures. Sous la zone tempérée, une décade suffit le plus souvent pour reconnoître la périodicité des marées atmosphériques ; cependant le tableau qui précède rend probable que douze jours d'observations faites sous les tropiques, les jours de syzygies et des quadratures, ne suffisent point encore pour dégager l'effet lunaire des perturbations accidentelles. On obtiendra des résultats plus positifs si, après avoir réuni un grand nombre d'observations faites à l'instant du passage du soleil et de la lune par le méridien, on défalque les effets réguliers de la période diurne.]

LIVRE IX.

OBSERVATIONS DE VARIATIONS HORAIRES (NON RÉDUITES A LA MÊME TEMPÉRATURE) FAITES PAR M. BOUSSINGAULT A SANTA-FE DE BOGOTA, EN 1824, POUR EXAMINER L'INFLUENCE DU PASSAGE DE LA LUNE PAR LE MÉRIDIEN SUR LES OSCILLATIONS DU BAROMÈTRE.

	h	m	o
3 janvier..	9	0.56300	Temp. du B. 14.5 C.
	10	0.56265	16.5
	11	0,56225	16.3
	midi.	0.56180	16.5
	1	0.56095	16.5
	2	0.56005	16.5
	3	0.55957	16.3
	4	0.55955	16.2
	11	0.56190	16.0
4 janvier...	4	0.56070	☾ au mer. 1ʰ 49' 16.2
5 janvier..	5	0.56100	16.1
	9	0.46275	16.2
	10	0.56275	16.3
	11	0.56265	16.5
	midi.	0.56230	16.8
	1	0.56160	16.2
	2	0.56125	16.2
	3	0.36080	16.5
	4	0.56050	16.2
	5	0.56065	☾ au mer. 3ʰ 11' 16.4
	6	0.56110	16.3
	7	0.56155	16.8
	9	0.56260	16.5
	10	0.56275	16.8
	11	0.56245	16.8
6 janvier..	8½	0.56315	16.2
	9	0.56300	16.1
	10	0.56295	16.1

CHAPITRE XXVI.

OBSERVATIONS DE VARIATIONS HORAIRES. (*Continuation.*)

	h	m		q
6 janvier..	1	0.56255	Temp. du B.	16.2 C.
6 janvier. midi.		0.56205		16.5
	1	0.56155		16.5
	2	0.56115		16.5
	3	0.56080		16.3
	4	0.56070		16.5
		0.56070		16.2
	10	0.56255	☾ au mer. 3ʰ 52'.	15.8
	11	0.56255		15.8
7 janvier..	4	0.56145		15.9
	7	0.56275		16.0
	8	0.56300		16.1
	9	0.56300		16.0
	10	0.56295	☾	16.1
	11	0.56260		16.0
midi.		0.56220	au mer. 4ʰ 33'.	16.1
	1	0.56190		16.2
	2	0.56120		16.2
	3	0.56095		16.2
	4	0.56090		16.0
	5	0.56095		16.0
	6	0.56110		16.1
	10	0.56245		16.0
	11	0.56240	☾ au mer. 5ʰ 14'.	16.0
8 janvier. midi.		0.56145		16.0
	4	0.56015		15.9
	5	0.56050		16.0
	6	0.56075		16.1
9 janvier..	9	0.56220		15.9
	4	0.55965		16.1

RÉSUMÉ DES OBSERVATIONS DE VARIATIONS HORAIRES FAITES ENTRE LES PARALLÈLES DE LAT. 25° SUD ET LAT. 55° NORD, DEPUIS LE NIVEAU DE L'OCÉAN JUSQU'À 1400 TOISES DE HAUTEUR.

ZONES.	NOMS des OBSERVATEURS.	HEURES LIMITES.				ÉTENDUE MOYENNE des oscillations du baromètre (en centièmes de millim.)	LIEUX DE L'OBSERVATION.
		MINIMA après minuit.	MAXIMA du matin.	MINIMA après midi.	MAXIMA du soir.		
ÉQUATEUR. (ZONES TORRIDE, BORÉALE ET AUSTRALE).	Lamanon et Mongès.	— 4ʰ	+ 10ʰ	— 4ʰ	+ 10ʰ	.....	Océan atlantique équatorial.
	Humboldt et Bonpland.	— 4ʰ½	+ 9ʰ¾	— 4ʰ½	+ 11ʰ	2,55	Amérique équatoriale, de lat. 25°N. à lat. 12° S., entre 0° t. et 1500 t. de hauteur.
	Duperrey.	— 3ʰ	+ 9ʰ	— 3ʰ½	+ 11ʰ½	3,40	Payta (sur les côtes du Pérou) lat. 5° 6' sud.
	Boussingault et Rivero.	.....	+ 9ʰ½	— 3ʰ½	+ 10ʰ	2,44	La Guayra, lat. 10° 36' N.
		— 4ʰ	+ 9ʰ	— 4ʰ	+ 10ʰ	2,29	Santa-Fe de Bogota (lat. 4° 35' N. haut. 1366 t.).

CHAPITRE XXVI.

ZONES.	NOMS des OBSERVATEURS.	HEURES-LIMITES.				ÉTENDUE MOYENNE des oscillations du baromètre (en centièmes de millim.)	LIEUX DE L'OBSERVATION.
		MAXIMA après minuit.	MAXIMA du matin.	MAXIMA après midi.	MAXIMA du soir.		
ÉQUATEUR. (ZONES TORRIDE, BORÉALE ET AUSTRALE).	Horsburgh.	-4^h	$+8^h\tfrac{1}{2}$	-4^h	$+11^h$	.....	Mers de l'Inde et d'Afrique (lat. 10° N., lat. 25° S.).
	Langsdorff et Horner.	$-3^h\tfrac{1}{2}$	$+9^h\tfrac{3}{4}$	-4^h	$+10^h\tfrac{1}{2}$	.....	Océan pacifique équatorial.
	Sabine.	-5^h	$+9^h\tfrac{1}{2}$	$-3^h\tfrac{3}{4}$	$+10^h$	.....	Sierra Leone, lat. 8° 30′ N.
	Kater.	-5^h	$+10^h\tfrac{1}{2}$	-4^h	$+10^h\tfrac{1}{2}$	.....	Plateau du Mysore (lat. 14° 11′ N., haut. 400 t.). Saison des pluies.
	Simonoff.	$-3^h\tfrac{1}{2}$	$+9^h\tfrac{1}{2}$	$-3^h\tfrac{1}{2}$	$+9^h\tfrac{3}{4}$	.....	Océan pacifique, de lat. 24° 30′ N. à lat. 25° 0′ S.).
	Richelet.	-5^h	$+9^h$	-5^h	$+10^h$	.....	Macao, lat. 22° 12′ N.
	Balfour.	-6^h	$+9^h\tfrac{3}{4}$	-6^h	$+10^h$	.....	Calcutta, lat. 22° 34′ N.
	Dorta, Freycinet, Eschwege.	-3^h	$+9^h\tfrac{3}{4}$	-4^h	$+11^h$	2,34	Brésil équinoxial, à Rio Janeiro (lat. 22° 54′ S.), et aux missions des Indiens Coroatos).
	Hamilton.	.....	.....	.....	.....	.....	Plateau de Katmandoo (dans l'Inde), lat. 27° 48′ N.

ZONES.	NOMS des OBSERVATEURS.	HEURES-LIMITES.				ÉTENDUE MOYENNE des oscillations du baromètre (en centièmes de millim.)	LIEUX DE L'OBSERVATION.
		MINIMA après minuit.	MAXIMA du matin.	MINIMA après midi.	MAXIMA du soir.		
TROPIQUE.	Léopold de Buch.	.....	$+\ 10^h$	$-\ 4^h$	$+\ 11^h$	1,10	Las Palmas (dans l'île Gran Canaria, lat. 28° 8′ N.)
(ZONE TEMPÉRÉE).	Coutelle.	$-\ 5^h$	$+\ 10^h$	$-\ 5^h$	$+\ 10^{h\frac12}$	1,75	Caire, lat. 30° 3′.
	Marqué-Victor.	été. hiver.	$+\ 8^{h\frac12}$ $+\ 10^h$	$-\ 5^{h\frac12}$ $-\ 2^{h\frac12}$	$+\ 11^h$	1,20	Toulouse, latitude 43° 34′. (Moy. de cinq années.)
	Billiet.	été. hiver.	$+\ 7^{h\frac12}$ $+\ 10^h$	$-\ 3^h$ $-\ 2^h$	.....	1,00	Chambéry, lat. 45°34′ (haut. 137 t.)
	Ramond.	été. hiver.	$+\ 8^h$ $+\ 9^h$	$-\ 4^h$ $-\ 3^h$	$+\ 10^h$ $+\ 9^h$	0,94	Clermont-Ferrand, latit. 45°46′ (haut. 210 t.)
	Herrenschneider.	$-\ 5^h$	$+\ 8^{h\frac12}$	$-\ 3^{h\frac12}$	$+\ 9^{h\frac12}$	0,80	Strasbourg, lat. 48° 34′. (Moy. de six années.)
	Arago.	.....	$+\ 9^h$	$-\ 3^h$	.....	0,72	Paris, lat. 48° 50′. (9 années d'obs. les plus précises.)
	Nell de Bréauté.	.....	$+\ 9^h$	$-\ 3^h$	.....	0,36	La Chapelle, près Dieppe (lat. 49° 55′).
	Sommer et Bessel.	.....	$+\ 8^{h\frac12}$	$-\ 2^{h\frac12}$	$+\ 10^h$	0,20	Kœnigsberg, latitude 54°42′ (Huit années.)

FIN DU DIXIÈME VOLUME.

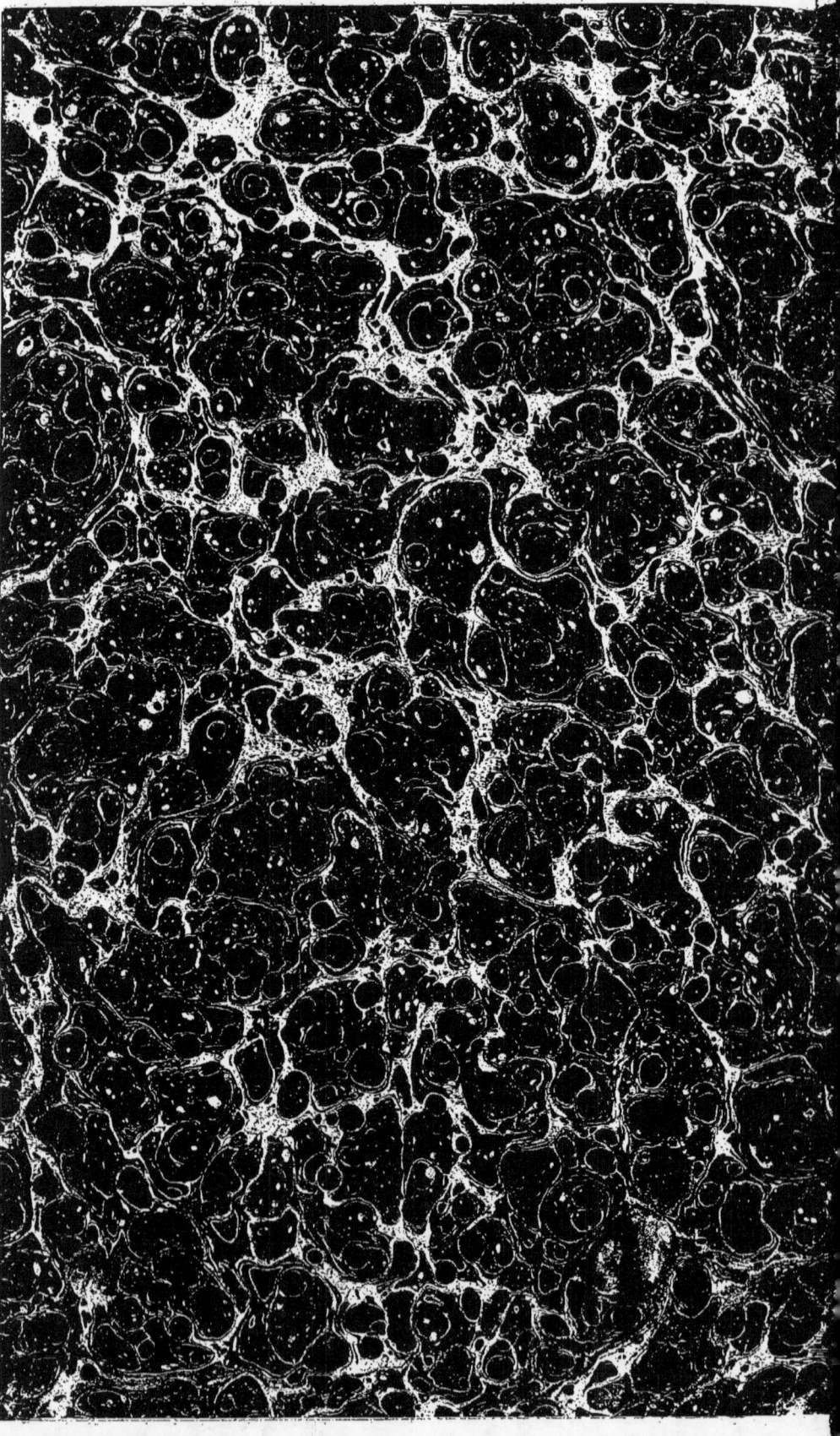

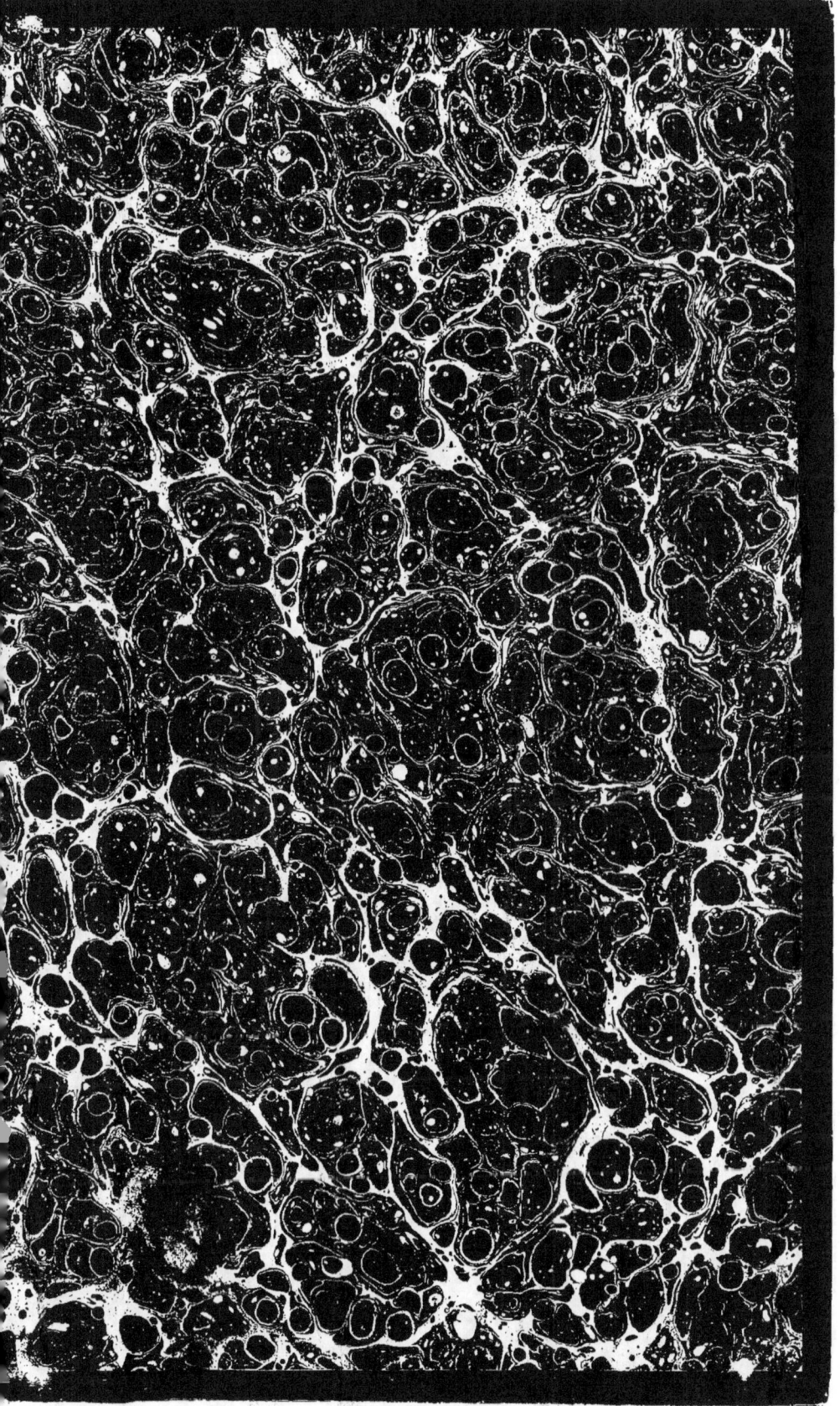

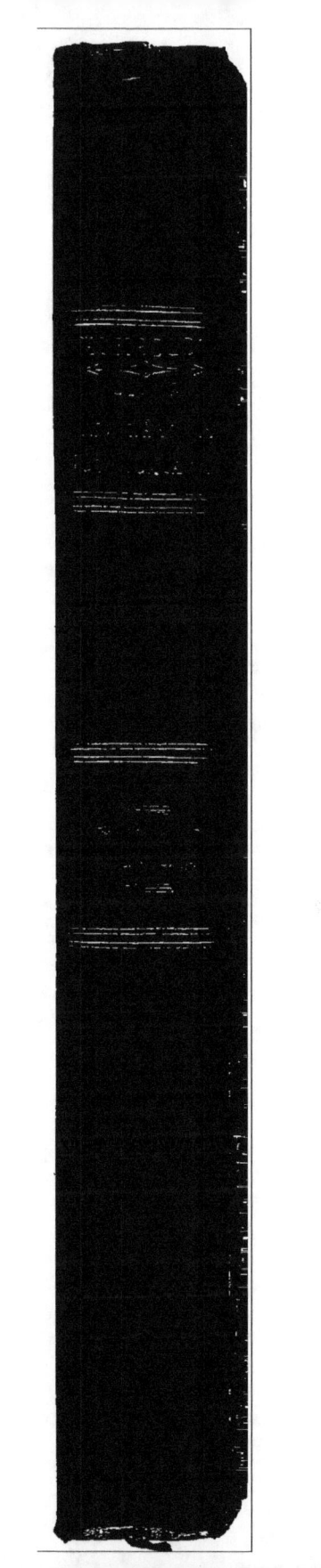

www.ingramcontent.com/pod-product-compliance
Lightning Source LLC
Chambersburg PA
CBHW060232230426
43664CB00011B/1627